尽善尽美　　🌀　　弗求弗迪

检验一流智力的标准，就是看你能不能在头脑中同时存在两种相反的想法，还维持正常行事的能力。

　　　　　　　　　　　　　　　　　　—— 菲茨杰拉德（F. Scott Fitzgerald）

高手

精英的见识和我们的时代

万维钢 ◎ 著

电子工业出版社

Publishing House of Electronics Industry

北京·BEIJING

内 容 简 介

本书是"得到"APP订阅专栏《万维钢·精英日课》的精选，集结了全球经济、社会、科技、哲学等领域的最新思想，并用中国人习惯的表达方式分享给你。

不是所有人都有现代化思维的。万维钢为之努力的，是第一时间用全球主流精英思想武装你。

图书在版编目（CIP）数据

高手：精英的见识和我们的时代 / 万维钢著. —北京：电子工业出版社，2017.11
ISBN 978-7-121-32334-8

Ⅰ.①高…　Ⅱ.①万…　Ⅲ.①社会科学—通俗读物　Ⅳ.①C49

中国版本图书馆CIP数据核字（2017）第182916号

策划编辑：林飞翔
责任编辑：张　毅
印　　刷：三河市鑫金马印装有限公司
装　　订：三河市鑫金马印装有限公司
出版发行：电子工业出版社
　　　　　北京市海淀区万寿路173信箱　邮编　100036
开　　本：720×1000　1/16　印张：21　字数：312千字
版　　次：2017年11月第1版
印　　次：2024年12月第29次印刷
定　　价：65.00元

凡所购买电子工业出版社图书有缺损问题，请向购买书店调换。若书店售缺，请与本社发行部联系，联系及邮购电话：（010）88254888，88258888。

质量投诉请发邮件至zlts@phei.com.cn，盗版侵权举报请发邮件至dbqq@phei.com.cn。

本书咨询联系方式：（010）57565890，meidipub@phei.com.cn。

序：精英的见识和我们的时代

一

有个十几岁的小男孩，生活在大城市，家里经济条件很不错，在好学校里读书。可是他的爸爸很少回家，因为他的妈妈脾气很差。也许是因为以前过了苦日子，他的妈妈竟然会给家里的冰箱上锁，来防止孩子偷吃东西。男孩感受不到家庭的温暖。

有一次，男孩在外面捡到两只流浪的小猫，觉得非常可爱，就抱回家想偷偷养起来。不幸的是，他的妈妈发现小猫的时候，小猫正在喝她杯子里的牛奶。于是她当着男孩的面，拎起两只小猫，直接把它们的头往墙上撞，活活给撞死了。

男孩非常难过。但是除了难过，一个很特别的想法在他心里埋下了种子，并从此伴随了他的一生。

这个大城市是100年前的美国纽约，这个男孩就是以提出"需求层次理论"闻名的心理学家亚伯拉罕·马斯洛，这个想法就是——满足了基本的经济需求，对人而言还远远不够。

二

马斯洛的需求层次理论说，人的需求像一个金字塔，是有不同层次的。底层是生理和安全需求，往上是爱、尊重和自我实现的需求。满足了底层的，就会有高层的需求。

马斯洛的理论一直有争议，但是你得承认，它很好地描述了人与人之间的差距。有的人像马斯洛的妈妈一样，认为最微小的物质比什么都重要，有的人却在追求自我实现。他们之间的差别，当然不仅仅是钱多钱少的事，还有认知上的。

这个认知不是智商。人的智商和身高一样，是正态分布，再高也高不到哪儿去；可是人的成就却是幂律分布的——是一系列苦练和正反馈积累的结果，差距如同云泥。

成就到了一定程度，你就算把他所有的资源都拿走，他还是能像穿越小说里的主人公一样干一番大事，因为他已经积累了大量的智识——智慧和见识。

大人物应该有什么样的见识呢？

三

美苏冷战期间，双方曾经有过一些表示友好的举动，比如在对方国家办展览。1959年，苏联搞了一个美国展，其中展示了美式的大房子，里面有各种家用电器。苏联宣称这种生活是一般美国人享受不到的，但其实那就是美国普通中产阶级的生活水准。没错，电冰箱早在1920年就已经在美国家庭普及了。

当时尼克松作为美国副总统访问苏联，跟赫鲁晓夫一起参观了这个美国展。二人走进美式样板房，尼克松看见里面有一台洗衣机，他找到了一个话题灵感。尼克松说："咱们两国为什么非得搞火箭竞争呢，咱们搞制造洗衣机竞争不是更好吗？

可是赫鲁晓夫有完全不同的思路。赫鲁晓夫说，你们美国人不要以为苏联人没见过洗衣机，其实我们苏联每个新房里都有洗衣机，而且我们的洗衣机都是一样的，不像你们美国搞各种不同型号的洗衣机，这不纯属浪费吗？

这就是史上著名的"厨房辩论"，尼克松因为这个辩论拿到了很高的形象分。现在我们可以判定，赫鲁晓夫在这场辩论中完败。中间有个小花絮是，尼克松说美国将会让每个家庭都拥有一辆汽车，赫鲁晓夫可能太过急于找回场子，竟然说苏联能让每个家庭都拥有一架飞机！尼克松马上反问，你想把这些飞机停在哪儿？

1959年，世界各国正在从传统向现代演变。赫鲁晓夫在别的方面可能才智过人，在一个更传统的场合肯定游刃有余，但是面对"现代世界"，竟然没有一个最基本的见识。

这是因为现代化的见识不是常识。

四

就算生活在发达国家，也不是所有人都有现代化思维的。

美国社会学家赫伯特·甘斯（Herbert Gans）曾经有一项研究，他比较了波士顿工薪阶层和精英阶层的文化差异。他发现，工薪阶层的一个特点是只相信自己的亲友，而非常不信任外部世界，甚至可能对陌生人有一种自发的敌意。他把这些人称为"都市村民"——住在都市里，却仍然是村民思维。

相比之下，中产阶级和精英阶层的人没有那么强烈的亲缘意识，他们很容易跟陌生人合作，而且非常信任办事规则。

再看今日的中国，这个现象不是很明显吗？小城镇里的人特别讲究亲属和熟人关系，没有关系寸步难行，这也是为什么有理想的年轻人非要去大城市！什么叫发达？什么叫精英？真正的差异是思维模式。

像这样的差异，我们还可以列举很多，请允许我用"精英"和"普通人"来标记这两种思维。

- 精英能够理解复杂的抽象概念，而普通人处处使用简单的形象思维。
- 精英探索未知，而普通人恐惧未知。
- 精英能从长远打算，而普通人缺乏自控力。
- 精英注重个人选择和自由，而普通人认为别人应该跟自己一样。
- 精英拥抱改变，而普通人拒绝改变。
- 精英跟各个阶层的人都有交往，而普通人只跟本阶层的人交往。
- 精英爱谈论想法，而普通人爱谈论人和东西。
- 精英把自由时间花在学习上，而普通人把自由时间花在娱乐上。

……

还有一个区别值得特别提一下，那就是精英注重效率，而普通人强调公平。这个结论来自2015年的一项新研究，让受试者玩一个游戏，在两个选择中决策：选第一种，两人的总收益会大幅增加，但是分配很不均匀；选第二种，新增收益在两人之间分配得更均匀，但是总收益增加得没有第一种快。结果，越是精英人物——比如耶鲁法学院的学生——越倾向于选择第一种，而普通人则更愿意选第二种。

现在世界的一个趋势是贫富差距越来越大，而这个研究说明精英对此根本不在乎。这也是为什么"精英"在美国已经几乎是一个贬义词。

问题在于，如果精英比普通人仅仅强在他是个富二代或者官二代，我们完全有权鄙视他们；可是，如果精英的成功是基于努力程度和见识水平，那我们的道德优越感还有多大意义呢？

好在在中国，"精英"目前可能还算是一个好词。

中国不但跟美国搞了洗衣机竞争，而且正在取胜。在美国中产阶级日渐萎缩的时代，中国中产阶级正在快速崛起。有人说，非得有房有车或者年薪百万才叫中产阶级，在我看来纯属夸张。只要往马斯洛金字塔的顶层攀登，有自我实现的需求，就是中产阶级。

我们也想成为精英。既然现代世界跟我们的直觉、心灵鸡汤、寓言故事和成语典故都非常不同，那么我们就想用精英的眼光和思维方式去洞察、理解和改变这个世界。

最好的办法当然是亲身参与，而最快的办法则是读书。

五

我本来是个搞科研的物理学家，写文章是业余爱好，但是很幸运地受到了读者的欢迎。2016年，我索性从科罗拉多大学物理系辞职，开始全职写作。这时候罗振宇的《罗辑思维》正好推出了"得到"APP，用收费专栏的形式吸引了大量的读者。我们就决定搞一个以传播现代世界最新思想为宗旨的专栏，叫《万维钢·精英日课》。现在你手里的这本书，就是"精英日课"专栏一年以来的文章精选集。

罗振宇说，付费和免费是完全不一样的逻辑，我们不是娱乐读者，更不是炫耀自己有多少知识，而是向读者提供"知识服务"。这意味着我们不仅必须向读者提供"干货"和"猛料"，还必须让读者能"得到"——我们得把思想真正"交付"给读者，不仅仅让读者鼓掌赞叹，更要让读者理解掌握。

人们都说"互联网上知识丰富"，其实免费的信息价值有限。如果有关现代化的见识是一片汪洋大海，我们每天在新闻、论坛、微博和朋友圈看到的东西，大约相当于海滩上几个漂亮的贝壳。

最有用的东西在哪里？最深刻的东西在哪里？最高妙的东西在哪里？它们和最新奇、最刺激、最野性的东西一起——在书里，在小众刊物里，在论文里。我的任务是通过广泛阅读，追踪英文世界里的最新思想，然后就像一个厨师一样，把这些好东西做成适合中国人口味的菜，交付给读者。

我确定选题的标准有三个。第一，要新；第二，要过硬；第三，要让读者能"得到"。

经典的东西都经过了时间的考验，当然好，但是我更偏爱新思想，这可能是以前搞科研的职业病，而更重要的是，我们正处在一个知识快速更新的时代。成功是因为能力，还是因为运气？引爆市场的歌曲和电影到底为什么能流行？互联网公司有什么办法能让用户对产品上瘾？这些知识刚刚出来，我们立即就给读者解读。

所谓"新思想"，并不一定是距离我们生活很远的"前沿"思想，其实我们平时习以为常的观念都在不断被刷新，也有一些老问题因为新思想而获得了解决方案。我们应该怎么选择配偶？应该什么时候停止尝试新事物？过去的人可能想象不到，现在这些问题的最优解，来自计算机算法——我们解读过两位计算机科学家写的《指导生活的算法》这本书，读者非常欢迎。

读新书的另一个理由是有些经典的思想，放在今天看，会有不同的视角。比如，亚当·斯密的《国富论》说每个人都为自己谋私利、多工作多挣钱，"看不见的手"就会让整个社会进步；可是他的《道德情操论》又说人不应该过分追求财富和名望，应该讲道德。那这是不是有点矛盾呢？这是一个历史上的著名问题，还被熊彼特称为"亚当·斯密问题"。我们专栏在谈论亚当·斯密的时候，用的是斯坦福大学胡佛研究所的罗斯·罗伯茨的新书《亚当·斯密如何改变你的人生》，这本书就以一个现代人的视角很好地解释了"亚当·斯密问题"。

那么"新思想"要新到什么程度呢？最好是刚刚出版的书、刚刚发表的文章和论文，我们希望在第一时间解读。图书方面的最快纪录是在美国刚刚出版一周，精英日课就开始了连载解读。

事实上，我们专栏在一定程度上促进了英文世界里的新思想在国内的传播。像《未来简史》《注意力商人》《平均的终结》《出奇制胜》《成功与运气》等书，都是在我们专栏连载解读之后，国内出版社迅速引进的，其中有几本我还写了中文版序言。

所谓"过硬"，就是这个思想背后最好要有学术研究的支持。有几次我们是直接讲解一篇经济学论文，但多数情况下还是尽量选择比较通俗的书和文章。这些书和文章大多是新型的"科学写作"，作者不能信口开河，就算本身是面向普通读者的通俗作品，也要引用学术研究。

这也意味着在"名人"和"学者"之间，我们更倾向于选择学者写的东西。中国的创业者经常发表各种看法，他们说的都很有价值，但是学者可以把很多很多创业者放在一起研究比较，给我们一个更科学的说法。

要让读者"得到"，就得做到让读者看了以后能有用，或者"三观"能发生一点改变。普通的新闻，包括一些科学报道，只是提供了一条新知识而已，并不能"得到"。新想法，甚至包括有意思的新发现，都不一定能让读者"得到"——比如有新研究发现，有些章鱼的智力水平很高，甚至还有自己的个性。这是一个很有意思的知识，我也乐意读，但是放在精英日课里就不太合适。更何况大量的新想法都是没意思的。

找到这些思想，再用读者喜欢的方式解读，这个工作的难度大大超出了我的预期。一篇文章从确定选题、研发到写作，我自己就要花大概七八个小时，这还不算"得到"团队的编辑和音频录制。所幸的是《罗辑思维》给专栏作者提供支持的团队非常强大，我的专栏有个特别有创造力的主编，还请到一位中央电视台出来的音频转述师……从设计、内容到技术，新主意层出不穷，每个人都很厉害。

专栏的推出受到了读者的热烈欢迎。不到一年时间我们就有了超过11万个付费读者。这些读者之中藏龙卧虎，有的读者能从专业角度提供见解，有的读者分享自己在某个问题上的亲身经历，有很多评论精彩绝伦，简直就像禅宗暗藏的机锋。我们有很多文章被读者广泛传播，取得了比免费内容更大的影响力。

最后，感谢《罗辑思维》和电子工业出版社的编辑老师们所做的大量工作，他们使用读者点赞和编辑评判相结合的"算法"，为你精心打磨出了这本书。

现在，我迫不及待，想把这些思想交付给你。

目　录
CONTENTS

PART 1　精英社会的神话

成功与运气 / 2

运气动力学 / 2

胜者通吃 / 7

信命不认命 / 12

攀比动力学 / 16

富而好礼 / 20

竞争不充分的领域里才有英雄 / 26

有一种声望很值钱 / 31

精英水平的道歉 / 35

国学的三个问题 / 39

说精英，谁是精英 / 42

PART 2　天才和疯子的一线之隔

俭省 / 50

追逐者的绝境 / 50

有差别的人类劳动 / 55

从刻意练习到功夫在诗外 / 60

窈窕淑女效应 / 65

天才和疯子的一线之隔 / 71

用进化论修心养性 / 75

PART 3 巨人的工具

巨人的战术、习惯和日常 / 82

呆伯特作者的经验之谈 / 82

指挥官的派头 / 88

给前辈铺路的人 / 92

风险投资人的养成 / 97

我怎样管理信息 / 103

三种浪漫体制 / 109

PART 4 决策的艺术

决断力 / 114

到底什么是厉害的决策法 / 114

选项的价值 / 120

成大事者怎么才能不纠结 / 125

用别人预测自己 / 130

实干家无须精确调研 / 135

宠物超生问题——伪善还是妥协 / 140

二十层床垫级别的敏感度 / 145

斯多葛派哲学的安心之法 / 149

一段名言 / 150

一个心法 / 151

两种目标 / 152

到底什么叫"智慧" / 154

PART 5 数据统治世界

指导生活的算法 / 160

数学家告诉你什么时候结束单身 / 160

数学家告诉你怎样慢慢变老 / 164

数学家告诉你为什么难得糊涂 / 170

数学家告诉你最好的时间管理 / 176

经济学是"老司机"的游戏 / 182

怎样识别"hype" / 186

喜欢 = 熟悉 + 意外 / 191

行为设计学 / 195

两种技能增长曲线 / 200

PART 6 智识的尺度

破除成功学的迷信 / 206

为什么优等生不能改变世界 / 206

坚持，坚持，再坚持 / 213

企业家精神和包办婚姻 / 218

外向好，还是内向好 / 223

从"迷之自信"到"自我关怀" / 228

谁愿意嫁给爱因斯坦 / 234

蜘蛛侠套装 / 239

一个大尺度的话题 / 245

那时候和这时候的亚当·斯密 / 249

老王的体能和老张的灵感 / 259

PART 7 洞见未来

给忙碌者的天体物理学 / 264

幸运是这个宇宙的通行证 / 264

暗物质的陪伴 / 272

暗能量的惆怅 / 279

宇宙的视角 / 286

成熟度=对小概率事件的接受程度 / 294

科学家对诗人有失恭敬 / 296

平庸公司的厚黑学 / 300

跟《冰雪奇缘》学创造力魔法 / 306

一个神人的世界观 / 312

PART 1
精英社会的神话

◎ 成功与运气

运气动力学

喜爱阅读成功学和励志类著作的人肯定听说过查理·芒格这个人。他是巴菲特的左右手，是泰山北斗级别的投资家，同时还是个作风低调的、酷爱读书的智者。芒格的很多话都值得作为名人名言在一本书或者一篇文章的开篇引用，咱们也来引用一段：

得到你想要的东西，最保险的办法，就是让自己配得上你想要的那个东西。

这句话当然是前辈高人说给"好学上进的青年"的。但你仔细想想，他其实说的是无数成功人士的心声——"我配得上！"

所以这句话最适合出现的场合就是记者采访你的时候。记者问你，你成功的秘诀是什么？你就可以把芒格这句名言抖出来。可是以我之见，如果你的成功是特别大的成功，而你又想让采访更精彩一点，你还可以尝试另一种风格的话——实话。

美剧爱好者都知道有一部剧叫《绝命毒师》（*Breaking Bad*），《绝命毒师》有个导演叫文斯·吉里根（Vince Gilligan）。吉里根有一次接受

GQ杂志的采访，记者问他成功的秘诀是什么？他就说了一段比芒格说的更有意思的话：

> 你有没有过这样的经历——把一张纸团成一团，根本不瞄准，随随便便往远处的垃圾桶一扔，就扔进去了。下次你想再这么扔进一次，精确瞄准，百般努力，可是怎么都进不了。……我们为了拍这个剧，每个人都付出了全部的努力，我们想让它成为人类所能做到的最好的电视剧……但是你知道吗？隔壁《老爸说了算》（According to Jim）剧组也是这么投入的……那为什么非得是我们这个剧大获成功呢？我真想知道为什么，这样下次我还有机会在电视圈再拼一把。可是说实话，现在这个剧能成功，我已经是偷着乐了。

他说的成功经验，叫运气。

2016年4月，美国出了本新书《成功与运气：好运和精英社会的神话》（Success and Luck: Good Fortune and the Myth of Meritocracy）。此书作者罗伯特·弗兰克（Robert H. Frank）是康奈尔大学经济学教授，他在《纽约时报》写一个经济学专栏，而且我们的读者可能以前还读过他的另一本书，中文版名字叫《牛奶可乐经济学》。

我们现在所处的这个社会，不管是美国还是中国，大体上都是一个精英社会——人们可以靠天赋和努力去争取财富和地位，而不像历史上那样家庭出身决定一切。

"精英"，是个比"贵族"好得多的词。这是一个"选贤与能"的好时代。不过弗兰克说，如果你认为精英们之所以成功，全是因为他们的天赋和努力，外加在人生重大关头做出了理性的正确选择，那也不对。成功在很大程度上是因为运气，而且在现代社会更是如此。

弗兰克列举了很多例子，包括他自己的生活经历，还有一些系统研究的结果，来说明运气在成功中的重要性。我帮他总结一下，个人运气的规律大约有三条，咱们姑且称之为"运气动力学"。

1. 运气可以放大

假设现在有两个人——A和B，他们的天赋、努力程度和见识水平完全一样，但是A的运气比B好一点点，大约好5%吧。那么请问，假以时日，A的个人收入会比B高多少呢？也是5%吗？

那就大错特错了。我看更合理的答案是500%，甚至更高。人类社会是个非线性的复杂系统，这意味着初始条件好一点点，最终结果不是按比例也好一点点，而是很有可能不成比例地把初始优势放大很多很多。

比如说有一对非常优秀的双胞胎姐妹，高考那天妹妹正常发挥，姐姐不幸因为感冒而发挥失常——那么20年后，也许妹妹能得一个诺贝尔化学奖，而姐姐则是某个化工厂的工人。

你可能会问，难道姐姐就不能来年再考？没错，高考还有第二次甚至更多次机会，可是某些事情，是连一次机会都非常稀少的。比如说演戏。

弗兰克举的例子是《教父》的主演阿尔·帕西诺。

帕西诺主演了无数好片，我们今天的人可能认为他是个天生的最佳男主角，简直无法想象一个没有帕西诺的平行宇宙。可是帕西诺能拿到《教父》中的角色，恰恰是运气的力量。

- 当时帕西诺只是个无名的三线演员。
- 制片方本想选个名角来演迈克，可是导演科波拉非得用新人。
- 其实科波拉自己就是个新人，一个30多岁的年轻导演，敢跟制片方这么叫板，还成功了的，太少了。
- 制片方选的几个名角都不在档期，只好妥协。
- 导演想要一个长得就像西西里人的新人，帕西诺正好合适。
- 原著中迈克戏份并没有那么重要，是导演改了剧本，让帕西诺几乎成了全片的主演。

这样的机会，有几个新人敢指望？如果没有《教父》，帕西诺还会是今天的帕西诺吗？我想起一个不知在哪里看到的典故：人们都说布拉德·皮特长得帅、演技好，可是一个电影大佬说，像皮特这么帅的人，我出门到洛杉矶街头随便就能找到20个——他们只不过运气没那么好而已。

在人生的早期，尤其是关键节点上，好运气就有这么大的放大效应；而且这还不是个例，还有大规模统计的根据。

加拿大职业冰球运动员，有40%出生在1月、2月和3月，只有10%出生在10月、11月和12月，为什么？因为他们小时候参加少年冰球队选材的时候是按照年龄分组的，而早出生的孩子在同一年龄段有将近一年的身体优势。

冰球从1月1日划线，小孩上学则是从9月1日划线，那么夏天出生的小孩一入学就是班里面年龄最小的，这就吃亏了。年龄大的孩子从小就被潜移默化了领导力，这就是为什么美国公司，出生在6月和7月的CEO，人数比平均值低了1/3。

经济学论文署名，一般把所有作者按照姓氏的第一个字母排列——按理说内行都知道这个规矩，可是为什么，那些第一个字母在字母表中越靠前的助理教授们，会越早被提升为正教授呢？为什么针对心理学教授的统计就没有这个现象？因为心理学论文署名不按字母顺序排列。

所以说，如果你出生的月份正好过线，你又姓"安"，那你就赢在了人生的起跑线上。可是如果你想出类拔萃，你还得再多几个这样的好运气才行。

2. 运气可以累加

弗兰克在书中讲了很多自己的人生经历，在我看来简直如传奇一般。可以说不是一次两次，是一系列的好运气，才让他获得了康奈尔大学经济系的正教授职位，才让他有机会搞那么多有趣的研究，写那么多专栏文章，我们才能看到他这本书。他甚至两次面临死亡的危胁，也是因为非常不可能发生的巧合才转危为安！

不过弗兰克显然不是世界上运气最好的人。比尔·盖茨才是。我们来看看运气在盖茨的早期生涯中是怎么起作用的：

（1）盖茨正好出生在1955年。如果晚生几年，他的青年时代就赶不上个人电脑的第一波浪潮；如果早生几年，那时候他就太老了。

（2）盖茨家境很好，更好的是，他上的那所私立高中是当时全美唯一一个给学生提供免费的、无限的、能够即时看到运算结果的计算机终端的中学，那时候绝大多数大学还没有这个条件。没有这个"即时反馈"的计算机终端，少年盖茨就没法"刻意练习"那么好的编程技术。

（3）盖茨退学创业的时候，正好赶上IBM需要个人电脑的操作系统。

（4）IBM本来想从别的公司买操作系统，但是很偶然地没谈成。

（5）盖茨的公司去收购一个现有的操作系统QDOS，对方公司那人不懂行，居然5万美元就卖给他们了——这才有了MS-DOS，未来世界首富的第一桶金。

哪怕以上这些事中有一件不成立，盖茨也绝对成不了世界首富。

这种运气，等于连抛20次硬币，次次都是正面朝上。你可能会说这种概率也太小了，怎么可能发生——对每一个具体的人来说很难发生，但是地球上这么多人，其中必然能找到一个人，在他身上就发生了。这就好比说买彩票中大奖的概率非常小，但是总会有人中大奖一样。

当然我们不是说盖茨全靠运气成功，天赋和努力就不重要；我们说的是，在某些时候，光有天赋和努力远远不够。

3. 竞争越激烈，运气越重要

全美高中棒球联盟，一共有1.5万支球队，其中有45万名高中生在打棒球。每年有14万名高中生有资格参加职业球队的选拔，而最后被选中的只有1500人。可是美国职业棒球大联盟，总共只有30支球队，每支球队只有球员25人，那么每年能给这1500个新人提供的位置又能有几个呢？

所以有的教育专家说人生是一场长跑，不要计较孩子能不能赢在起跑线上——我敢说他家肯定没有练职业体育的孩子。

像职业体育这种竞争激烈且淘汰率极高的项目，你不但要赢在起跑线上，而且必须接连不断地一直赢，才能获得一个哪怕只是在正式比赛中上场的机会。也许你家孩子打球像邻居家孩子一样好，甚至更好，但是因为非常偶然的原因，一次选拔没选上……那他很可能就没有下一次了。

原因非常简单：高手太多了。

弗兰克介绍了一个计算机模拟的实验。假设有这么一种比赛，在决定胜负的因素中，天赋和努力占95%，运气只占5%，你猜最后取胜的是什么人？结果是只要参赛者足够多，最后胜出的都是运气特别好的人。

这是因为比赛中有足够多的高手，他们的天赋和努力值都非常高，那么这些人之间又比什么呢？当然是比运气。而现在的职业体育比赛，就是如此。没有天赋和努力的根本就上不了场。弗兰克统计了短跑项目共8个世界纪录，其中7个是在顺风时候创造的，1个是无风的，逆风的根本没有。

"机遇只偏爱有准备的头脑"，这句话说得当然好，但现实问题是有准备的头脑太多，机遇太少。

如果你仅仅凭借天赋和努力就能在一个领域取得了不起的成就，那只能说明你这个领域不够热门，没有吸引到太多跟你一样有天赋、跟你一样努力的人。

再者，难道天赋不也是一种运气吗？别忘了智商主要是靠遗传的。如果一个领域连天赋都不需要，仅仅靠努力就能有所成就，那只能说明这个领域，是个非常低调的领域。

弗兰克这本书，其实是写给幸运者的书。你未必非得参加那种高水平的竞争，但是了解一下那种竞争是个什么情形，也是一种趣味，而且未必一点用处都没有。

那么那些已经非常幸运的人，他们面临的竞争，是个什么局面呢？

胜者通吃

前面提过一个问题，如果有A和B两个人，水平一样，但A的运气比

B好5%，那么一段时间过去后，A的收入能比B高出多少呢？我估计是500%。现在我们把问题换一下——如果有A和B两种同一类型的产品，A的性能、价格综合起来比B高5%，那么请问A的销售额会比B的高出多少？

答案不是5%，也不是500%，而是A将占有全部市场，B将出局。

因为今天的市场是一个胜者通吃的市场。

1. 胜者通吃的市场

早在19世纪就有人明白这个道理：交通越发达，好产品的优势就越大。

比如说钢琴。最初，每个地方都有一家钢琴厂，有的厂做得好，有的厂做得不好。做得不好的，也能生存下去，因为外地厂商做得再好也卖不到这里，运费太贵了。可是等到交通越来越发达、运费降下来以后，好钢琴就会占领越来越大的市场，乃至占领整个市场。这个局面，就是胜者通吃。

弗兰克早在1995年就曾经和菲利普·库克（Philip J. Cook）合作过一本书，叫作《胜者通吃的社会》（*The Winner-Take-All Society*）。那本书的核心思想就是技术进步能加速好产品的扩散，导致市场被少数几个大公司垄断，本地的小工厂出局。他们考察了很多领域，从轮胎到演艺明星，都是这种局面。

运费下降只是一方面，更关键的是，现在很多产品里最有价值的部分，并不是重量，而是它承载的想法！一张唱片本身能有多大价值？真正的价值是它的内容，而把内容多复制一份的边际成本，基本上是0。

运费越来越低，而且要运的东西还越来越轻，甚至可从网上即刻下载，结果就是把好东西传播出去越来越容易。

这还只是单方面的传播。如果再考虑到消费者给的反馈，就会出现戏剧性的局面了。

2. 正反馈效应

弗兰克管这个效应叫作"网络效应"，我认为叫"正反馈"更简单明了。举个例子，Windows 对 Mac。历史上曾经有过一段时期，微软的Windows操作系统和苹果的Mac操作系统势均力敌。Windows的兼容性好，可是Mac的用户体验好，谁想吃掉谁，似乎都不太容易。

但是从"吃"到"通吃"，却是非常容易的。

（1）可能是微软押对了战略，也可能纯粹是由于什么偶然的原因，从某一时刻开始，Windows的用户数稍微超过了Mac一点。

（2）因为这一点，软件公司开发新软件就会优先考虑Windows。

（3）这么一来，Windows的用户能使用的软件就更多了。

（4）于是就有更多的用户选择Windows……

这就是正反馈——因为你的用户多，所以你的用户就会更多；因为你厉害，所以你就会更厉害。这个效应一旦启动，就是雪崩式的过程，市场在非常短的时间内就几乎全部落到了微软手里。

类似的例子还有当初录像带格式的Betamax和VHS之争。索尼的Betamax清晰度更好，特别适合家庭录像，但是录制时间只有60分钟；VHS清晰度差，但是用来录电视节目很合适，一盘带子能录一整部电影。你说哪个好呢？真实情况是一旦有更多用户选择VHS，录像带出租店就必然倾向于VHS，这导致买VHS录像机的人更多……正反馈之后，Betamax迅速出局。

后来的蓝光DVD对HD-DVD，历史重演……只不过这一次是索尼笑到了最后。

正反馈，是一个最可怕的力量，但也是一个非常不可靠的力量。

想要通吃，你只须积累一点点优势，可是这一点点优势背后有太多的偶然因素。比如说，怎样出一本畅销书呢？弗兰克说，最好这本书的作者之前就出过畅销书，读者跟作者之间已经有了正反馈。如果作者名气不大，那就得指望媒体宣传，比如让《纽约时报》给个好的书评；但风险在于，书评人的口味不一，好书未必一下子就能获得好评。你说找人帮着炒作，可是别的书难道就不会炒作吗？

因此正反馈这把火，并不是那么容易点起来的。所以那些已经占有优势的人，难道不应该感到侥幸吗？

3. 收入差距

好在人不是产品，不能随便复制，否则绝大多数人都没工作了。即便如此，人和人之间的收入差距还是越来越大。

弗兰克说，在胜者通吃的市场中，个人的收入有两个特点。

第一，你的绝对实力并不重要，重要的是你对于对手的相对实力。

比如老球迷都知道，20世纪90年代有个女网球明星叫施特菲·格拉芙。格拉芙在整个90年代的水平一直稳定在世界顶尖高手的级别，但她的收入真正达到最高是在1993年4月份以后的12个月。水平还是这个水平，收入突然猛增。这是什么道理呢？

那只不过因为当时世界排名第一的莫妮卡·塞莱斯，因为被粉丝刺伤，被迫休假了12个月，整个舞台都让给了格拉芙。

第二，只有少数人能获得高收入。

可能很多人不知道，现在古典音乐的市场非常大，销售量是有史以来的最高水平。可是真正从这个市场中获利的音乐家，却是极少数。大部分古典音乐家是不挣钱的。

我们还是假设有两个音乐家——A和B，他们的水平差别不大，如果你让普通观众盲听，根本听不出来。可是一旦乐评人达成共识，认为A的水平更高，B就出局了。A能签到七位数的演奏合同，而B也许只能去当小学音乐老师。

你能说出四个男高音歌唱家的名字吗？如果必须去剧场听音乐，我们需要很多很多歌唱家。但是在唱片时代和网络时代，也许四个男高音就已经太多了。

10多年前克里斯·安德森提出了一个"长尾"理论，说因为互联网的出现，各种小众的文化产品也有了市场，胜者通吃的局面会减弱。可是弗兰克考察了1995年以来各个领域的销售数据，发现长尾效应并没有体现出来，反而是最畅销的东西现在更加畅销，不畅销的东西更不畅销了。

这大概是因为技术再怎么进步，消费者的时间和精力也就只有这么多，人们只能选择热门电影和畅销书。

好东西越来越容易传播，而位置的总数不变，这就意味着胜者通吃和收入不平等的局面会越来越严重。

很多人说美国人的收入差距增大是因为工作外包和自动化导致的——这些效应都可能存在，但弗兰克认为，更重要的原因是技术进步带来胜者通吃的局面。要知道现在不仅仅是底层跟上层的收入差距在拉大，上层的人与人之间的收入差距也在不断加大。现在连牙医都是明星通吃，普通水平的收入在下滑。

20世纪80年代，CEO的平均收入是普通工人的42倍，现在则是400倍。这难道是因为CEO们越来越贪婪吗？

过去选CEO都是从公司内部提拔，那么CEO的工资就是公司内部协商确定的。20世纪90年代以来，CEO可以跨公司，甚至跨行业任职，出现了一个"开放的CEO市场"，CEO的议价能力才大大增加。这个变化的一个重要榜样就是IBM的传奇CEO路易斯·郭士纳，他之前是烟草公司的！

什么叫人才流动？这就叫人才流动。这个流动的时代，就是胜者通吃的时代。胜者通吃的时代，是竞争越来越激烈的时代，是个人能力越来越重要的时代。

如果你能在某个领域中，表现得比所有人都高出一点点，也许你的收入就会比所有人都高出很多倍。

所以这也是运气越来越有用的时代。

但有意思的是，不管是成功者还是失败者，都不愿意承认运气这个因素——而且不信运气可能还有好处。

信命不认命

请原谅我用了算命先生爱说的一句话作为本节标题……其实咱们谈论的都是严肃的事儿。

一个人的命运，当然要靠自我奋斗，但是也要考虑到历史的行程，以及完全随机、根本不受你左右的"运气"。前面我们说到，在高水平竞争中，运气非常非常重要，可以说世界上那些特别成功的人也都是运气特别好的人。我感觉弗兰克这本书，最主要就是写给运气好的人看的，他想教会这帮人怎么正确认识"运气"，他认为这样对大家都有好处。

那么一般人都是怎么对待运气的呢? 如果想要做个智者，我们又应该怎么对待运气呢?

有一个真实的故事。故事发生在西班牙。有个人去投注站买彩票，说一定要选个尾数是48的号码。可能当时的技术比较落后，没有电脑选号和现场打印，他只能在现有的彩票中寻找，好不容易找到一张尾数是48的彩票就买下了。结果，几天后开奖，他居然中了大奖!

记者就问他中奖的秘诀是什么。他说: "当然有秘诀。买48是顺从天意! 我连续7天做梦都梦到了数字7，而7乘以7等于48。"

所以人就是这样，有点成绩总能找到自身努力的原因。

1. 成功是因为水平高，失败是因为运气差

买彩票是个非常有意思的活动，人们总是愿意相信彩票中奖是有规律的。在新浪网这么正规的网站上，都有专门研究彩票规律，分析号码走势的专栏。有些人对这些分析津津乐道，就好像中奖是因为做好了研究工作似的。

我们尽可随便嘲笑那些研究彩票号码走势的人，但是别忘了，几乎所有的成功都有运气的因素。很多炒股和做风险投资的人，一旦成功了就说这是因为自己的眼光独到，以及做了大量的研究工作; 不爱说，甚至不承

认运气的作用。

把成功归因于自己水平高，这让我们自我感觉很好——这是人的本能。

有人做过这样一个实验：把一批抑郁症患者召集到一起，让他们完成难度不同的任务，完成之后让他们评估自己在任务中的表现，结果抑郁症患者对自己能力的评估和实验人员对他们的观察是一致的。也就是说，抑郁症患者能够客观地评估自己的能力。

实验中还有一个对照组，参加测试的是正常人，也是自我评估，然后跟实验人员的观察对照。结果发现正常人如果在任务中表现出色，就会过高地估计自己的能力在其中的重要性；正常人如果表现不好，就会过低地估计自己的能力在其中的作用，说表现不好是因为外界因素的影响或者任务太难。

所以什么叫抑郁？抑郁，也许就是当你能清醒地认识到生活真相的时候所产生的情绪。这个情绪挺难受的，所以我们这些"正常人"都用自己骗自己的方法在生活中前行。

这种乐观主义的精神可能会让我们去冒一些不该冒的风险，经历不该经历的失败。但这并不是正常人的错，想要达到抑郁者的境界并不容易，这背后还有一个心理学效应，叫作"可得性启发法"（availability heuristics）——人们在进行判断的时候，总是依赖最先想到的经验和信息。

比如说，你经过一番努力，取得了一个了不起的成就。当你回顾这段经历的时候，你最难忘的，一定是自身在其中付出的努力，而容易忽略外界的偶然因素。即使当时你觉得非常幸运，但时间一长你就忘了。所以过段时间之后，连你自己都会认为成功是自己努力的结果。

弗兰克举了个例子。你在骑自行车的时候会遇到顺风和逆风的情况。如果逆风骑车，你会非常累，也就记住了这个风向；如果顺风骑车，你就很容易忽略了风向条件。这就是为什么我们在Google搜索顶风（headwind），能找到很多人逆风前行的图；但搜索顺风（tailwind），就没几张图片。

人们特别容易记住自己逆风前行时付出的努力，而忘记顺风时的幸运。

这么做除了防止抑郁，还有别的好处。

2. 不信邪的好处

有首网络歌曲叫《交作业》，说根本没必要交作业，歌中唱道：

交了，又不一定是自己写的！

写了，又不一定考！

考了，又不一定能毕业！

毕了业，又不一定找得到工作！

找到工作，又不一定找得到老婆！

我理解这首歌的精神是，如果你过分强调运气的因素，你可能就真没心思努力写作业了。

高水平竞争需要我们付出全部的努力，外加运气。想进好大学，就得从小开始坚持不懈地用功，付出大量的时间甚至金钱，还未必能进得去；可是如果努力程度不够，那就肯定进不去。在这种情况下，家长是应该跟孩子说"努力就能成功"呢？还是实事求是地说"即使用功，未必成功"呢？

当然要强调正能量。不管运气如何，不信这个邪，动员自己埋头苦干加拼命硬干，也许到时候就真有机会了。

不过从人生策略来说，正能量并不是所有人都负担得起的。有篇文章叫《今朝有酒今朝醉，也是一种理性》，讲人生其实有"快策略"和"慢策略"之分。

如果一个人所处的环境变化不定，运气的成分实在太大，未来的境遇很可能还不如现在，那他的确应该采取"快策略"，及时享乐就算了；只有当你处于稳定的环境中，对未来有点把握，才有条件采取"慢策略"，推迟享乐。

所以严格说来，不考虑运气成分真不行。

在政治思想层面，总体来说，自由派比较相信运气的作用，认为许多人的境遇不好，其实是因为他们的运气不好，政府有责任帮助这部分人，而运气好的那部分人也有责任回报社会；而保守派则更相信个人努力的作用。

那么我们作为个人，到底应该如何看待这个问题呢？

3. 一流智力

2012年的美国总统大选，是民主党的奥巴马对共和党的罗姆尼。当时有人给《纽约时报》的专栏作家大卫·布鲁克斯（David Brooks）写了一封信，信中说：

奥巴马经常说，美国人之所以能过上富裕的生活，是因为美国的社会和政治力量，让我感谢国家；罗姆尼则认为一个人之所以能努力获得财富，和他的文化传统很有关系，让我感谢文化传统。可是我总觉得，我能过上今天的日子是因为我自己努力工作啊！你是怎么看待这个问题的呢？在我所获得的成就中，到底有多少该归功于自身的努力，又有多少应归因于外界环境的影响呢？

布鲁克斯给出了一个非常漂亮的回答，他说怎么看这个问题，其实取决于你是往前看还是往后看：

如果你要计划将来，你就应该相信未来尽在你的掌控之中，只要付出就能有所回报——哪怕这只是一个幻觉，你也应该相信它，只有这样你才能全力以赴；但如果你已经取得成功，回顾往事的时候，你应该意识到你的所得超出了你的应得（you got better than you deserved），你应当为此感到庆幸。

当你作为一个野心勃勃的"执行者"，你可以认为你自己配得上你取得的每一个成就；但是作为这个世界上的一个"人"，你应该知道那完全是胡说八道——没有外界环境的支持，你无法取得今天的成就。

布鲁克斯是说，从不同的角度去看这一个问题，你会得出不同的结论，而且这些结论其实都是正确的。这也印证了美国作家菲茨杰拉德（F. Scott Fitzgerald，《了不起的盖茨比》的作者）的名言：

检验一流智力的标准，就是看你能不能在头脑中同时存在两种相反的想法，还维持正常行事的能力。

我们应该怎么看待运气？答案就在于你能不能调用这个一流智力。

攀比动力学

现在我们已经了解了这么一个基本事实：非常幸运的少数人在胜者通吃的市场条件下，能够拿到比别人高出许多倍的收入。这在很大程度上，解释了为什么技术越进步，贫富差距越大。

弗兰克用的都是美国的数据，但我觉得他书中说的这个道理，也适用于中国。特别一点，他这个理论甚至能解释现在的高房价。

1. 房价为什么越来越高

关于中国房价为什么涨得这么猛而且还在一直涨，我们已经听说过很多理论了，比如说中国特殊的土地财政啊，城市化带来的刚需啊，还有人说是中国丈母娘推动了房价上涨。这些理论哪个对呢？读了弗兰克这本书，你可能会觉得这个"丈母娘理论"并非没有道理。

当今美国的"土地财政"和城市化进程都跟中国很不一样。那么为什么，在过去30年中，美国的房价也在上涨呢？

从1980年到现在，美国家庭年收入的中位数不但没有增长，而且还略有下降，目前大概是6万美元左右。这是关于美国的一个非常非常重要的事实，它带来了一系列的经济和社会问题。过去几十年美国经济增长的受益者，只是富人。但美国中等家庭的住房面积，比过去扩大了50%。

这是一个非常有意思的情况——收入没有增长，房子却变大了。这个多出来的面积可不是白给的。弗兰克自己统计，1970年，一个中等收入的人租住一个中等的房子，为了负担房租，他须付出每个月42小时的工作时间——而今天则须付出100小时的工作时间。这么算的话，住房花费占美国人的收入比例已经扩大了一倍多。

如此说来，美国房价的涨法似乎比中国的情况还是要好一点的，毕竟中国涨的是单位面积的房价，而美国的房价虽然在涨，但是美国人的住房面积也的确变大了。

但即便如此，房价上涨对美国人来说也是巨大的负担。房产负担大到了什么程度呢？在美国贫富差距最大的社区中，正在发生三个现象：离婚率上升；由于居住的地方和工作的地方距离远，人们花在上下班路上的时间增加；个人破产率也在上升。

更大的房子，并没有让普通美国人生活更幸福！

收入不涨，住房花费却在上涨，这个现象没有办法用传统经济学解释。不过有一个现象跟它很相似——婚礼花费。按照今天的可比价格计算，美国1980年一场婚礼的平均花费大概是1.1万美元，而2014年则是3万美元。现在的纽约曼哈顿地区，一场婚礼的平均花费甚至高达7.6万美元。那么婚礼花费越来越高，对婚姻的质量有什么好的影响吗？没有。经济学家甚至有统计发现，婚礼花费越高的夫妇，将来离婚的可能性反而越高。

这个情况，咱们中国人一看就明白是怎么回事——攀比。

2. 花费军备竞赛

人们追求的无非就是两个地位：自己部落相对于其他部落的地位，以及自己作为个人相对于其他人的地位。一个人的生活幸福感，很大程度上并不是由绝对的物质水平决定的，而是跟周围人比较出来的。

弗兰克有一个观察：收入差距越大，人们的互相攀比就越严重。

前面说了，美国过去的二三十年间，真正实现收入增长的其实只是富人，那为什么普通人也非得去住更大的房子呢？这其中有一个原理，弗兰克称之为"花费传导"（expenditure cascades）：

（1）首先是富人的收入增多以后，自然要住更大的房子。现在的标配是房子要大到可以在自己家里举办婚礼，这就要求自带舞厅。

（2）富人的房子变大了，富人圈里的"近似富人"群体就会受到感染，也要追求更大的房子，搞些豪华装修、使用更贵的电器，比如冰箱得买Sub-Zero的。

（3）那么和"近似富人"有来往的上层中产阶级一看，也会改善自己的房子。

（4）接下来就是普通中产家庭。

整个过程就像瀑布一样，消费习惯就这么一层层地传导下来。富人引领时尚，其他阶层慢慢跟进。其实不仅是住房和婚礼，连生日晚会的标准也在提高。现在美国，普通中产阶级的孩子在家里办个生日晚会，请职业魔术师来表演已经几乎成了标配。

而且你不攀比都不行。如果你所属阶层的人都换了更大的房子，你就必须得跟着换。因为如果你不换，你的孩子就不能去本阶层该去的好学区上学。

这是一个非常无奈的局面。这就好像我们在体育场里看比赛，本来大家都坐着，这时出现一个精彩的场面，有些观众忍不住了非得站起来看——他们一站起来，他们身后的观众只好也跟着站起来，最后结果就是大家都站着。可是都站着看，每个人的视野大小就跟都坐着是一样的，早知如此何必站起来呢？

达尔文早就注意到了这种现象：族群中每个个体为了争夺相对地位而搞的军备竞赛，有时候对族群整体反而有害。

比如，美洲麋鹿的鹿角就是攀比出来的结果。鹿角，是雄性麋鹿之间决斗用的武器。对单个雄麋鹿来说，鹿角肯定是越大越好，足够大才能够打败竞争对手，获得更多交配机会，把基因传递下去。

可是鹿角对狼没用。麋鹿见到狼只能跑，而过大过重的鹿角会减慢麋鹿在树林中的奔跑速度，大鹿角就成了累赘。因为狼的存在，麋鹿的鹿角大小会存在一个上限，但总体来说，麋鹿没有必要长那么大的鹿角。

最好的办法，就是所有雄性麋鹿能坐在一起开个裁军会议，大家共同把鹿角尺寸减半。这样族群整体就有了更好的生存机会，而且每只雄鹿的相对地位还可以保持不变。

麋鹿当然不会开会，但是人类可以做到。弗兰克这本书的关键提议，就是我们降低攀比导致的不必要的花费，把这部分钱投入到基础设施建设中去。这并不会改变每个人的相对社会地位，但却能给所有人都带来好处。

这个建议就是税制改革。

3. 累进消费税

现在大多数国家都采用累进的所得税，也就是你的收入越高，你的边际税率也越高。近年来，美国的边际税率实际上是在下降的，并且富人还能享受各种减税的优惠政策。

弗兰克提出，放弃累进所得税，改用累进消费税。具体做法是，每个人报税的时候还是先算总收入，接下来算你今年的总储蓄，然后收入减去储蓄，就是你今年的消费，政府根据消费多少，累进收税。

弗兰克计算，对于中产阶级来说，这两种税制下他们需要缴纳的税款其实是差不多的。但对富人来说，新税制可以从他们的高消费中收到更多的税，同时还鼓励了存钱。这样政府就有了基础设施建设和教育的资金。

而且这种税制并不影响富人的相对地位！其实富人要争夺的奢侈品，并不是什么名牌包包之类的，而是那些数量更有限的商品，比如说海景房。海岸线就这么长，能建的海景房就这么多，能住进海景房的人也就只有这么多。不管你多花多少钱，都改变不了这一点。就算新税制逼得每个人给海景房的报价都下降一点，最后能住进海景房的，还是同样一批人。

关键在于，每个人都少花点钱，和你作为一个个人少花点钱的效果是不一样的。如果别人不减少支出，而你减少支出，你就会发现自己的生活质量明显下降；但如果大家都减少了支出，你的相对生活水平就没有下降，海景房你还可以照住。

弗兰克的这个建议已经取得了一些经济学家的支持，但是短期内未必能实现。

以我之见，弗兰克这个建议有个隐含假设，那就是投资带来经济增长。但是消费也是拉动经济增长的关键因素之一。我怀疑这个累进消费税可能会导致所有人的消费水平都下降，那么这对经济将是巨大的打击。当然我不是经济学家，这个问题只能存疑。

总而言之，弗兰克认为现在有一个黄金机会，因为攀比会产生巨大的浪费，只要把这部分钱用于基础设施建设，就是一个痛感最低、效果最好的解决方案。

不管他这个累进消费税是否可行，我认为在几个原则问题上，弗兰克说的都是对的：

（1）你的成功有运气因素，应该感谢国家和社会。

（2）贫富差距越来越大，这是一个大问题。

（3）幸运者有责任进一步回报社会。

富而好礼

如果用一段中国经典，来概括一下弗兰克这本书中一些经济学和心理学实验的内容，我想到的是《论语·学而》中的一段话：

子贡曰："贫而无谄，富而无骄，何如？"

子曰："可也，未若贫而乐，富而好礼者也。"

我理解子贡说的是一种被动的要求，贫穷也不去巴结奉承谁，富贵也不骄横。孔子说的是更高级的境界，是自己对自己的主动要求——不但不如何如何，而且还要如何如何。贫穷我也能过得愉快，富贵我还能对人以礼相待。

放在"成功与运气"的语境下，那就是说，对一个成功者，初等的要求是不骄横，高等的要求是要主动回报社会。

成功了就骄横，可是人的本能。

1. 富贵而骄

有一个著名的"分钱实验"，你可能在别处看到过，是让A和B两个互相不认识的人去分一笔钱，比如说100元。规则是这样的：A决定这笔钱怎么分，而B决定是否接受A的分配方案。如果B接受，那么两人可以拿钱就走；如果B不接受，那么就是一场空，两人谁都得不到钱。

如果A与B都是纯理性的经济人，那么A的分法就应该是给自己99元，给B只留1元——反正对B来说获得1元钱也比什么都没有强；但是根据在世界各地实验的结果来看，A的分法通常都是一人一半，因为他知道，如果给B少了，B很可能会宁可不拿钱也不接受。A的担心是对的，实践表明B真的会拒绝——钱可以不要，理不能输。

看来"公平"，已经深入人心。

但这个实验的有趣之处在于你可以在其中进行各种变化，从各个方面测量人性。弗兰克就讲了一个变种的分钱实验。顺便说一句，这个实验是北京师范大学的研究者做的，很可能受试者是咱中国人。

在分钱之前，先让A和B做一道题：大屏幕中间有一条线，线的两边分布着很多黑点，但肉眼一时之间看不出有多少个点，让A和B判断哪边的黑点多，然后实验人员会告诉他们，谁的答案对。

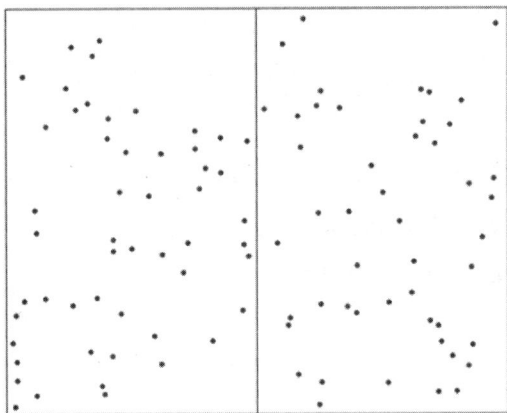

这个实验的机关在于，实验人员宣布A和B的对错，其实是随机的，跟二人的实际答案一点关系都没有。

做完这道题再分钱，就很有意思了。如果实验人员宣布A答对了，B答错了，那么A分钱的时候就会把大部分钱分给自己，给B留下很少，而且B会接受这样的分配方案！

这不就是"富而骄，贫而谄"嘛！实验人员根本就没说这笔钱是答题奖金，可是二人自然就认为"成功"了就可以骄傲地多拿，"失败"了就自动谄媚地认了命，也不抗争了。

如果实验人员宣布二人都回答正确，A的分法就是一人一半。可是如果实验人员说A错了，B对了，A会主动多分一点给B——但这个差额的幅度比A对B错的情况可是小了很多。

真实世界不就是如此嘛！华尔街巨头们投资成功了，就理所当然地多拿奖金；玩出金融危机了，就让政府救市。这帮人不但赢了游戏，而且还直接影响国家政策，左右分钱的权力。这就叫"富贵而骄"——出自老子的《道德经》，原文是两句话："富贵而骄，自遗其咎。"

这就是说，如果你想长久地享受好运气，从一个成功走向另一个成功，就得学会子贡说的"富而无骄"。

2. 主要看气质

弗兰克说，一个人要想在事业上取得成功，光靠自己的天赋和努力是不够的，得跟人合作才行。最好的办法，就是加入一个精英团队。而别人愿不愿意跟你合作，也不是光看你的天赋和努力，还得看你能不能维护集体的利益——换句话说，就是你是否能不作弊。

弗兰克说了一个实验。先把三个陌生人聚集在一起，让他们互相交流30分钟，之后将他们分开，让三个人分别做一个游戏。游戏中如果任何一个人作弊，另外两个人永远都不可能知道。与此同时，研究人员对他们进行问卷调查，让他们判断另外两个人中谁有可能会作弊。

这个发现就是，如果一个人有作弊行为，那么有60%的可能性，别人能事先猜出来他会作弊。

换句话说，只需要短短30分钟的接触，我们就能有很好的把握，知道这个陌生人是不是会作弊的人。这是怎么看出来的呢？显然主要看气质。

所以想要跟人合作，你最好有一个"好人"气质。这个气质怎么修炼呢？弗兰克说，最好的办法就是你要承认自己的成功之中有运气的因素，不要把所有的功劳都归于自己。一个承认运气的人，自然不会去抢别人的功劳，那么合作者就会信任他。

弗兰克本人做了一个实验。他找人虚构了一份记者访谈，访谈对象是一个虚构的著名科学家，这个科学家发明的新药取得了极大的成功。这个采访有两个版本，前面都把这个科学家描写成一个大大咧咧、说话不怎么客气的人，唯一的区别就是最后一段：

- "运气版"中，这个科学家说虽然我们团队付出了极大的努力，但其中也少不了运气的成分，还讲了几个好运气的事件。
- "能力版"中，科学家就只说团队付出的大量努力，尤其还说明，是自己的一个关键贡献，才让这个新药取得成功。

弗兰克把这两个版本的访谈随机地交给受试者阅读，并且问受试者两个问题：

（1）如果你是一个大公司的总裁，你是否愿意雇用这位科学家做你们公司的副总裁？

（2）如果这位科学家是你的邻居，你们是否有可能成为好朋友？

结果可想而知，是"运气版"的效果更好。而且有意思的是，对第一个问题，学历越高的受试者越倾向于因为"运气"而更愿意雇用这个科学家——特别是弗兰克还拿这个实验测试了一批MBA学生，这些学生对"运气版"非常买账。

所以对高水平合作者来说，你承认运气因素，反而还能给自己加分。

而如果你能更进一步，达到"富而好礼"的水平，那对你的身心健康都有好处。

3. 感恩之心

有人做了这么一个实验，把受试者随机分成三组，让他们在接下来的10周内，拿个日记本每天记录不同的事件。

- 第一组，记录让自己感到需要感恩的事件。
- 第二组，记录让自己感到恼怒的事件。
- 第三组，记录任何一件对自己有影响的事件。

10周之后，实验者发现感恩组的成员明显变得更加乐观了，幸福度提高，健康程度都比另外两个小组要好。这10周之内，感恩组的成员见医生的频率明显低于另外两个小组。

这肯定是一个能写进心灵鸡汤的实验结果！感恩，竟有这么大的好处！而且这个研究还不是孤立的。弗兰克还介绍了几个别的研究，其中一个研究是让受试者给他们觉得应该感谢但没有感谢过的人，写一封感谢信，结果效果也很好。一系列类似的实验，都表明感恩能让人的焦虑减少，更不容易恼怒，睡眠质量更好，还对别人更有同情心。

这让我想起了Facebook的创始人扎克伯格。扎克伯格每年给自己找个新挑战，如2010年是学习中文，2011年是只吃自己杀死的动物，2012年是重新开始写代码，等等。他2014年的自我挑战就是每天给人写个表示感谢的便条。我怀疑扎克伯格是不是看过这些感恩研究。我们不知道他的这些感恩便条对被感恩的人有没有什么好处，但是根据研究结果，这个行为肯定对扎克伯格本人有好处。

常怀感恩之心，这不就是"富而好礼"嘛？我看美国的很多中餐馆，喜欢弄个佛像或者关公像之类的摆在店里，上面写的字却是"招财进宝""财源广进"之类的，简直俗不可耐。弄一句"富而好礼"是不是更高级？

最后再来点正能量。弗兰克的这本书，主要是写给"幸运者"的，他的目的在于劝说成功者不要贪心拿走所有的好处，最好能给别人也留下一点，回报社会。

弗兰克打了个比方。你是愿意把所有能拿到的好处都拿走，自己开一辆法拉利跑车，但是因为公共设施非常差，你不得不在坑坑洼洼的路面上开你的法拉利呢，还是自己少拿点，买辆保时捷，但是能让公共的路面平整漂亮呢？

法拉利F12柏林尼塔，33.3万美元　　保时捷911 Turbo，15万美元

保时捷911 Turbo比法拉利F12柏林尼塔便宜一半，但也是能彰显你地位的好车啊。

读者中，想必有些成功人士，和更多的将来即将成功的人。那么了解了这本书，我希望你能时不时回想一下这两个画面。保持"富而好礼"的状态，既有利于身心，也有利于你取得更大的成功，形成积极的正反馈。

竞争不充分的领域里才有英雄

　　这张照片是1927年索尔维会议上物理学家的合影，这可能是物理学史上最著名的一张照片。照片上有29个人，其中17人得过诺贝尔奖。不过，诺贝尔奖并不能代表这些人的成就，爱因斯坦、狄拉克、玻尔、普朗克、居里夫人、薛定谔、海森堡、泡利……这些人的名字如同恒星照耀着人类历史。

　　我们不但知道他们的思想和成就，还知道他们的性格和趣闻逸事。就像文科生崇拜民国"大师"一样，理科生崇拜20世纪前期活跃的那些物理学家，这些人是真正的英雄。

　　那么问题来了。从20世纪后期到现在，还有哪些物理学家是你熟悉的呢？

　　事实是，现在活跃的物理学家的知名度，远远不能跟爱因斯坦那一代人相提并论。如果那一代物理学家是元帅和将军，这一代物理学家只能算是连长和排长。

　　这当然可能有很多原因。一个原因是那一代物理学家都赶上了好时代。当时的物理学还是一门年轻的学科，有很多"低垂的果实"，一个年轻人单打独斗就可以取得非凡的成就。而到今天，容易研究的问题都已研究完了，新的突破必须多人合作才能完成，投入大量的时间和金钱也未必见效。个人英雄主义的时代已经一去不复返了。

　　不过在我看来，还有一个原因也很重要，那就是现在会搞物理研究的人太多了。现在的物理学是一个充分竞争、充分交流的学科，这就意味着两点：第一，会有很多高手；第二，高手的水平都差不多。

　　比如，提出"希格斯机制"这个理论的英国物理学家彼得·希格斯，因为大型强子对撞机发现希格斯玻色子的确存在，等于是验证了他的理论，而获得诺贝尔物理学奖。请问，希格斯是不是一位不世出的物理天才，他的理论是不是独一无二的呢？当然不是。事实上，1964年前后，至少有6个物理学家提出了相关的理论，他们的贡献是平等的。直到诺贝尔奖宣布之前，人们都不能确定到底应该发给谁。

　　这跟过去是完全不同的局面。爱因斯坦发表狭义相对论，这是他自己一个人的功劳，而且据说发表出来以后，全世界只有2.5个人能"理解"他这个理论。

　　但是，爱因斯坦那个时代总共也没有多少人搞物理。当时的物理学还是一个相对新兴的学科，是极少数人玩的智力游戏，绝大多数国家的大学里可能都没有物理系。

　　"第二次世界大战"末期，原子弹的威力让人们见识到了物理的厉害，各国都开始重视物理了。到了今天，几乎每个正规大学都有自己的物理系，每个物理系都在教相对论。当然，我听说有的老师一上来就说"相对论我也不懂，咱们共同学习……"但是在任何一个比较好的大学里，只要是一个足够认真、聪明的大三学生，学过《电动力学》后就能完全理解狭义相对论。

狭义相对论根本就不是什么不可理解的理论，中国每年都会产生好几百个懂狭义相对论的人。

那么你可能会说，"懂相对论"和"创立相对论"不能相提并论，爱因斯坦那一代物理学家搞的都是革命性的理论，想法都非常离奇，只有天才才能产生那样的想法。这是一个不了解情况的说法。如今，这一代物理学家思考的问题比那一代要难得多，他们的知识水平和思考深度都远超过去，而且他们也都在不断地尝试各种大胆的想法。

我曾经收到一位读者来信，他说为什么物理学家不听听外界的声音呢？为什么就不能想想万一相对论是错误的呢？这是一种非常外行的说法。物理学家一直都在想"相对论有没有可能是错的"。要解释暗物质和暗能量，物理学家首先想的就是要不要修正相对论。有人提出也许引力根本就不是一种基本的"力"，而是一种"熵力"。这种想象力，比爱因斯坦那一代物理学家能差到哪儿去呢？

所以这一代物理学家的水平并不差。但是没人知道他们的个性，没人记录他们的名言，没人打听他们的"风雅趣闻"——因为他们的人数实在太多了。今天的"科学研究"只是一个普通的职业，有很多的从业者。

而且现代的物理学家，包括其他学科的科学家和各行各业的"牛人"还有一个特点——现在的高手都没有什么个性化的、人无我有的"绝招"。像爱因斯坦那样，随便一出手就能震动天下，别人一看简直匪夷所思，这种情况现在越来越不可能发生了。

这是因为现在是一个充分竞争、充分交流的时代。今天的物理学家非常喜欢四处拜访，开各种学术会议，论文直接上传网络，好想法非常容易传播出去，那你就很难搞什么"横空出世"。事实上，连"研究风格"这个词，现在都很少有人使用了。

因为只有在竞争不充分的领域里才有"风格"。比如，现在我们看拳击比赛、格斗散打比赛，两个选手的打法都非常相似——为什么不像电影里的那样，一个用铁砂掌，一个用螳螂拳呢？

我理解，像少林、武当、峨眉这些武林门派，既然一直流传到今天，历史上必定都是非常厉害的，他们的武功一定不是假的。既然当时各个门派的打法非常不同，那就说明历史上这些门派之间缺乏有效的交流。可能功夫都密不外传，可能不同门派的人很难见面，也可能一见面一动手就死人，所以没办法总结经验。

如果武术门派之间充分交流，像现在职业足球这样每周打一场联赛，那么不同打法很快就能分出高下，所有门派的人都会去学习最高级的那个打法。最后的结果就是，所有人都使用同样的打法——这个打法，在散打规则之下，也许就是今天的散打打法。

足球就是这样。30年以前，足球是一个有明显不同风格的运动。比如，英格兰爱打长传冲吊，南美洲足球则主打脚法细腻，有时，一个人盘带动不动就能过好几个人，还有什么"欧洲拉丁派"。但是现在我们看世界杯比赛，这些风格都不那么明显了。巴西队也追求快速推进，英格兰也不打长传冲吊了。当然，你可以说巴萨的踢法就是与众不同——但这个关键词是"不明显"。

这就是充分竞争、充分交流的结果。人都是同样的人，既然你这个踢法好，那我为什么不能学呢？过去，各国球员还有身高的差异，如今实在不行还可以引进归化球员；而且球员还都在各个俱乐部流动——如果巴西国家队球员都在欧洲踢球，那他们踢的到底是巴西足球还是欧洲足球？

几十年前，围棋大师也很讲究个人风格，什么这个流那个派，现在还有谁说我是什么派的？招数就是那么多招数，大家从小都学过，无非是灵活运用，哪里还谈得上什么流派？

这是一个没有英雄也没有绝招的时代。

韩非子有句话说："上古竞于道德，中世逐于智谋，当今争于气力。"

竞争越充分，个人风格和绝招就越没用。今天的球星出头，靠的是天赋、科学训练、艰苦奋斗和运气——基本上就是看谁比谁有"气力"。你说，我能不能诗情画意、羽扇纶巾、姿态优雅地成为世界第一？门儿都没有！这是一个想在任何行业成为高手都先得有"体能"的时代。

那么在这个时代，我们应该干什么呢？难道说只能在一个领域内模仿高手吗？不是的。

我们想想手机。10年前的手机，各家品牌有各家的风格，外观千奇百怪，而今天的手机正面全都是一块黑屏。这就是竞争和交流带来的同质化。我们做个对比，从前那些风格各异的手机，像不像已经逝去了的物理学大师，而现在这些清一色的黑屏手机，像不像今天这些"物理学工作者"——看上去没什么风格，实际上功能却强大得多。

从这个手机故事里，我们大概可以得出两个教训。

第一，你应该尽可能去一个新兴的领域。领域不成熟，竞争不激烈，你就有更大的自由度。

第二，如果是一个成熟的领域，那么你就得尊重这个领域的规律，不能随便标新立异。虽然今天的手机行业也讲设计，而且特别讲创新，各家品牌的风格都淡化了，但是每一台新手机都有自己的新特点，你只是无法预测这个新特点会在哪家先出现。

这就是说没有人想完全跟别人一样，你总要有些新东西。如果一个圈子已经同质化，也许想要创新就得往圈外看——看谁能从圈外给这个圈子输入新的元素。

然而归根结底，我们知道大创新是越来越难了，而小创新是越来越不自由了。

有一种声望很值钱

在互联网上，付费阅读作为一个新事物，已经得到很多人的认可。今天，我们来说说一种规模和利润都远远大于"得到"的付费阅读——学术期刊。这是一种非常贵的付费阅读。如果你想从国外一般学术期刊的官网付费下载一篇正版的科研论文，你大概要花费30~50美元。这么看论文谁也受不了，所以一般情况下，都是各个科研机构和大学包年订阅，而这个订阅费也是非常高的。综合性大学要订阅很多学术期刊，可以说是一笔沉重的负担。听说，连哈佛大学都开始抱怨现在订阅费越来越贵。

可是你仔细想想，这个情况却非常奇怪。

科学家发表论文是没有稿费的。不但没有稿费，而且你还要交版面费——你占用了人家的版面，就得按论文的页数交钱，每页几百美元。如果你的论文要用到彩色插图，还要支付彩色图片费。

读者付费阅读，作者付费发表，那是不是编辑和审稿需要很大费用呢？也不是。审稿是没有费用的。学术界的审稿工作并不是由编辑部负责的，而是采用"同行评议"的做法——编辑部负责找到同一领域的科学家来给论文审稿。审稿，是科研工作者作为"科学共同体"的一员的义务，不但没有报酬，而且还必须保证质量，按时完成。审稿人不但要评判论文的学术价值，而且连拼写、语法都要检查。

不但审稿人没有报酬，就连对论文发表与否有最终决定权的主编们，也没有什么报酬。在重要学术期刊担任主编，是科研人员学术地位的表现，人们看中的是这个位置的权势，而工资还是从自己所在的单位拿。

所以，一篇论文从研发、写作、审稿到最后发表，基本上是科学家们自治的结果。那么，期刊都做了哪些工作呢？他们通过电子邮件往来，把论文和审稿人、主编联系起来。他们提供了排版和发行工作，而且现在排版有自动的排版软件，发行主要靠互联网。

那么，期刊凭什么收那么多钱呢？

我看到过一个统计，现在最大的学术期刊公司Elsevier，它旗下有上千份期刊，每年的销售规模能达到20亿~30亿美元，利润率高达40%。

这是一个什么概念呢？要知道，普通的杂志，既要养记者、给作者发稿费，还要做各种工作，最后的利润率不到5%。这还是赢利的期刊。

这么看来，学术期刊简直是一门最好的生意。

我甚至觉得这门生意在道义上是站不住脚的。大部分学术研究，都是政府资助的，国家出钱让科学家去做研究，做出来的研究结果，如果不是出于保密需求的话，难道不应该让全体国民免费阅读吗？作为纳税人，我们交了税去资助这些研究，凭什么我要看论文，还得向一个私人公司付费？

其实道理是这样的。在20世纪中叶以前，学术期刊都是非营利性的，它们只收一些最起码的费用，因为当时没有互联网，须要印刷和投递。当时可以说是一种非常健康的形态。到了20世纪六七十年代，一些私人出版商就从大学、研究所及各个学科的学会中收购了这些期刊的出版权。当时收购的时候，因为这些期刊都是不赢利的，所以大家都是一种无所谓的态度，还认为由私人公司来运营也许更好。

但是，这些私人公司收购了这些期刊以后，就开始逐年涨价，到现在成本降低了，价格却翻了好多倍。

关键的问题是，为什么在价格如此贵的情况下，这个生意还能持续运营？因为市场上没有替代品。

归根结底，这些出版公司垄断了一个最稀缺的资源——声望。

声望，是一本学术期刊最大的价值，而声望只能依靠在历史上慢慢地积累。

如果你是一位科研工作者，你写了一篇特别厉害且注定能获得诺贝尔奖的论文，那你不用在乎期刊的声望，你发到哪里就给哪里送去了声望。可是，对于绝大多数科研人员来说，说白了，做研究就是为了写一篇好论文。在一个很有声望的期刊上发表论文，对他来说是一个极大的成就。人人都狂热追求把论文发表在优秀的期刊上。

就算那些好的期刊已经被私人公司收购了，你唯一的做法还是继续向他们投稿。

出版公司一旦垄断了这个独一无二的声望资源，它就获得了一个非常奇怪的产品。按市场经济的常规道理来说，如果你的产品很好但很贵，马上就会出现一个便宜的替代品，你随便定价就是不行。可是对于学术期刊来说，这个道理就失效了，因为"声望"根本没有替代品。

比如，物理学界最好的期刊是《物理评论快报》，我第一次在上面发表论文的时候高兴得连觉都没睡好。哪怕它的订阅费用再贵，只要你能掏出这笔钱，你也得交。如果你对这个现象不服气，说干脆自己创办一个物理期刊，免费提供论文给人看——根本没用，因为你没有声望。

最好的期刊需要声望，一般的期刊也需要声望，所有的期刊在声望的鄙视链中都有自己的位置，想要移动一下非常困难。我以前搞物理的时候，有时候就会收到广告，说他们成立了一个新的期刊，不收版面费，你来投稿吧——我怎么可能去投稿！

现在有很多人呼吁抵制Elsevier，另搞一个免费开放的期刊体系，可是根本壮大不起来。

所以，学术期刊这门生意的模式是这样的：我掌握了"声望"这个独一无二的资源，它没有替代品，我就不必考虑竞争，所以我的定价模式就是只要在人们可承受的范围之内，我就可以尽可能地多收钱。

为什么学术期刊一定要严格审稿，一旦发现有学术不端的行为马上制裁，而且还特意大张旗鼓地宣传？就是因为它们非常注重自己的声望。"声望"在这里不仅仅是面子问题，还是生存问题。

声望，就是赫拉利在《人类简史》和《未来简史》里说的"联合想象"，它只存在于人们的观念之中，但是它却像金钱一样真实。

反过来说，国内一些小的学术期刊，就没有这个声望意识。为了搞创收，收钱给别人发根本不应该发的论文。

这就引出一个很值得我们思考的问题：为什么美国某些公司和机构不贪小便宜？它们花钱大手大脚，做事大大方方，为什么还是比中国某些公司和机构富裕很多？其实就是因为它们掌握了更优质的资源。

◉ 精英水平的道歉

我谈论有关道德的话题，其实不是我的刻意选择或者故作姿态。我是想告诉你西方精英在想什么，我发现他们很关注道德。

这里说的道德，不是别人要求我们或者我们要求别人的"社会伦理"（ethic），而是moral，是你自己的道德选择。一个人做的事只要对外界有影响，他就一定会面临道德选择。越是精英人物，就必须越重视这个问题，因为你随意的一个小错误就可能给别人带来很坏的结果。正所谓"能力越大，责任也越大"。

整天拿ethic对别人进行道德绑架，那是软弱的表现，是绵羊干的事。不管别人怎么想，专注于自己的moral，这就绝不是绵羊的事情了，这是狮子、老虎的事情。

之前，《哈佛商业评论》发表了一篇文章，说的是道歉的事。我细读之下，心中暗暗吃惊。

这些商界人物，对自己内心的挖掘，竟然到了这样的程度！

这篇文章题目是《真正的道歉需要什么》（*What a Real Apology Requires*），作者是约瑟夫·格雷尼（Joseph Grenny）。

格雷尼是一位非常有成就的作家和商业学者，有四本书上了《纽约时报》畅销书排行榜，他还经常给各大公司做咨询。这篇文章说，他最近到某公司做报告，结果搞砸了。他使用的一些材料是这个公司早就知道的，而且他穿插的几个笑话还伤害了听众中的某些人。对于高手来说，这样的错误不能犯。

于是在回程的飞机上，格雷尼就想写一封道歉信。在写信之前，他想了很多，这就引出了一个有关道歉的理论。

当你道歉的时候，你到底想干什么呢？

如果是一般的"职场导师"，可能会这么告诉年轻人：你做错了事要道歉，最关键的就是要重新赢得别人对你的信任，现在这件事你办砸了，老板或者客户可能就不信任你了，他们认为你的态度或能力有问题，赶紧从这两个方面想想，这个道歉信该怎么写！

可是格雷尼说，你这么做，其实是想用一封道歉信操纵别人。这帮认为道歉就是为了赢回信任的人，其实正在恶意伤害社会信任。

他说，道歉应该是你个人从这件事上吸取了教训，从而获得了进步的结果，而不应该是对别人施加影响力的工具。

所以，你首先应该关注的不是人际关系问题，而是你自己人格的完善。

什么叫人格完善呢？就是你做的这件事，跟你想成为的那个人之间有一个差距。注意，格雷尼这里说的可不是"客户期待你是个什么人"，而是"你自己想成为什么人"。你必须跟你自己较劲。

可能你是真心想帮助客户，但结果却帮了倒忙。是不是你对这个工作重视不够，事先没有充分调研客户的状况和需求？是不是你能力不足？事情办砸了，别人批评你，你的本能反应可能是防守反击，但你要想真正从这个事件中学习，有所进步，就必须从对方的角度来看待这件事。接下来你还要决定将来怎么办，怎么改进态度和能力。

格雷尼说，只有当你分析和解决了自己的问题，你的道歉才配得上被人原谅。

你在道歉中要告诉别人你自己对这件事的评价和反思，你对对方感情的回应；你本来想要的是什么结果，而因为你的错误，这件事变成了什么结果，给对方带来了什么伤害；这是因为你的态度还是因为你的能力；你会做出什么改进。

道歉的目的，不应该是为了从对方那里获得什么——这个你控制不了，你只能控制你自己。

我们能从这篇文章里学到的东西绝不仅仅是道歉，不过我们首先要学的，还真是如何道歉。

我们中国人从小写检讨书都是写惯了的，可能工作以后，岁数挺大了，还要时不时来一段自我批评。可是我们的道歉，有没有这样的水平呢？

我写这篇文章的时候还特意在中文网络中搜索了一番，怎么写一份好的检讨。主流的意见是，检讨主要是给领导一个面子。我做错了，领导要出气，我做个检讨让他消消气。一般都是走个过场，让领导收获面子也就算了。还有的做法是，干脆深挖自己的内心，触及灵魂，把自己贬低得一无是处，乃至痛哭流涕……

这些道歉法，恰恰就是如前面所说的，把道歉这个动作当成了一个社交行为，一种影响力工具。

为什么是这么一个局面呢？古人说"吾日三省吾身"，今天的人为什么在最需要自我反省的时刻却把反省当成了社交工具呢？以我之见，这是因为古代说那句话的是君子（曾子），今天上网发帖询问如何写检讨的都是小民。

君子关注自己的内心，小民研究如何应付和取悦别人。

但是这个局面正在往好的方向转变。中国现在的大局是新兴中产阶级崛起，消费升级，人的观念和意识也在升级。可能新一代的中国人正在学习怎么像绅士一样生活，也在学习怎么像绅士一样自省。

一个好的道歉要有三步。

（1）明确动机。不是为了赢回别人的信任，而是为了完善自己的人格。

（2）学到东西。态度有问题就解决态度问题，能力有问题就解决能力问题。

（3）提出道歉。说明你的错误，也说明你的改变，但是把是否原谅的决定权留给对方。

不过我猜，这篇文章更大的教训是，一个真正的精英人物要有点中国古代君子或者西方绅士的作风，学一点反思自己的功夫。

◎ 国学的三个问题

对于国学，我有三个问题。

作为一个中国的读书人，我们从小到大大概有两个沮丧，也可以说是两个变成熟的时刻。

第一个是本来你考试成绩比同班的小伙伴都好，感觉自己特别聪明，直到真正读了好书，才知道有些特别厉害的人物，他们的智慧是自己一生都无法达到的。这其实也没什么，知道自己是个平凡的人，日子也总要继续过下去。

第二个沮丧时刻就比较严重了，是你某一天终于意识到，中国文化有可能并不是世界上最优秀的文化。

我们希望自己是从北京猿人独自进化而来的神圣人种，可事实上北京猿人跟我们没关系，我们和世界各地的人一样，都是非洲草原上的智人后代。我们希望自己是最古老的文明，可当我们还是原始部落的时候，苏美尔人已经发展出文字、城市和司法系统。我们希望中国的圣人照耀全人类，可现代科学却起源于西方。

这些也就算了。也许中华文明的特长是研究人、研究生活，而不是研究"奇技淫巧"的科技。可是中国过去1000多年的"人文"学问似乎也没有什么突破，而西方却发展出了更严密和系统的哲学、经济学和政治学。

那么我的第一个问题就是，所谓"国学"，到底是对全人类都有价值的通用的学问，还是仅仅是一个地方性的风俗学问。

一种可能，是国学中低级的部分，比如什么中国红、吃饺子、京剧脸谱之类的，的确是地方性的；但是国学中高级的部分可能是世界通用的。这就好比说现在有些所谓的"世界公民"，他们在世界各地都有事业，不管持有哪国护照，他们的思想和生活方式都是高度相似的，但是他们跟自己本国老乡的思想可能很不一样。也许高级的文化都是相通的，低级的文化各有各的低级。那么国学中，哪些部分是"高级"的呢？

还有一种可能，是中国文化的确只适合中国人，因为中国人跟西方人有本质上的不同。我就听说过一些实验，发现亚洲人和西方人的思维方式似乎有些区别。比如，让中国人和美国人看一些照片，美国人关注的是照片里人物的长相，而中国人更关注照片里的人物与周围环境的关系。还有个实验是让人观察一个方格子里的一条线段，西方人记住的是线段的绝对长度，而亚洲人记住的是线段和方格的相对大小。

如果是第一种情况，那我们就不要分什么中国文化、西方文化，什么东西好就学什么。如果是第二种情况，也许国学无论是对现代还是未来的中国人，都有指导意义。

也许中国人天生就是群体性思维，而西方人天生就是个人主义。而现在还有一个可能，互联网会把人和人更紧密地连接在一起，未来"地球村"的感觉越来越强，而脱胎于"熟人社会"和"群体性思维"的中国文化，不但对中国人有意义，对未来的西方人也有意义——可能未来都是群体性思维。

这就引出了我的第二个问题——中国文化中有哪些仅仅是历史遗迹，有哪些对现代社会仍然有用。

要按市面上那些"鸡汤"的说法，那就是古人的智慧一直都有用，现代人忙忙碌碌迷失了自我，亟须用国学洗涤心灵。而格局宏大的人告诉我们，儒学是春秋分封时代的产物，跟秦以后的中央集权帝国有根本性的矛盾；儒学的宗法伦理，也和现代"法律面前人人平等"的精神相悖。当然这不能说明儒学已经过时了，但是这个居高临下的对比眼光，大概是有学问和没学问的根本区别。

而这又引出了我的第三个问题。我们对中国文化是不是非得"仰望"，我们能不能站在现代的高度，"俯视"国学。如果一直仰望，怎么能发展呢？

没有哪个物理学家会在家里供奉爱因斯坦的经典论文，没有哪个学者说牛顿的《自然哲学的数学原理》这本书博大精深，有不可言传之妙。事实上，就连哲学在内，今天欧美的哲学家也没人把康德、罗素、维特根斯坦当圣人对待，一切理论都要被发展和超越。

那怎么一提国学就非得仰望呢？甚至有人说"如今没有哪个搞哲学的水平能接近20世纪30年代冯友兰的那两卷本《中国哲学史》"——这是不是胡说八道？

如果有什么学问非得跪着学，我看那不是学问，那是宗教。中国过去这几十年，因为国学出了大名的，有的寻章摘句，有的散播鸡汤，有的装神弄鬼。

国学不是吐火罗文，国学不是《弟子规》。国学不应该仅仅是EMBA培训班上老板们的饭局谈资，国学更不应该仅仅是附庸风雅的中产阶级培训小孩的另一项才艺。

国学，应该是思想和学问。国学对应的应该是西方的"自由技艺"（liberal arts），是能让人做事更有分寸，解决问题更有办法，获得真正自由的学问。我们想学的不仅仅是"爱国者"的学问，我们还想学"治国者"的学问。

而这样的国学，指望某些庙堂之上一天到晚揣摩上意、争取经费、发小论文评小职称的教授们恐怕是不行了。非得有个格局远大之人，以不卑不亢的态度，究经典之际，通中西之变，成一家之言。

◎ 说精英，谁是精英

关于"精英"，我跟"得到"APP上《熊逸书院》的作者熊逸有一场讨论。熊老师问我如何看待"普通人对精英的理解"，其实这个问题就是"读书"和"精英"到底有多大关系。我总爱鼓吹读书的好处，认为精英必须得有先进思想。而熊老师也不是那种专门谈论冠冕堂皇的圣人之道的假道学，他说得非常实在——普通人心目中的精英，就是掌握了核心资源，在食物链上排序靠前的人。

所以这个问题就是读书到底有啥"用"。如果读书有用，为什么有些书读得多的人混得并不好，而有些混得好的人根本不读书？有没有可能，读书和精英的相关系数其实比较低呢？如果是这样的话，一个食物链上排序不怎么高的人，不好好琢磨挣钱，去读什么《春秋大义》，这不是缘木求鱼吗？

这个问题，是每个读书人都得面对的问题，不能因为我们痴迷于读书就不问有没有用。想明白这个问题，爱读书的才能读得心安理得，不读书的也是理性选择。

我以为，这个问题得从三个方面考虑。

1. 食物链、智识链和幸福链

熊老师说得不错，的确存在一个"食物链"，每个人在这个食物链上的地位，取决于他掌握的资源。资源不一定是钱，可以是权力，还可以是过硬的社会关系、独一无二的技术、出众的美貌、影响力巨大的名望，等等。正如李斯说的两种老鼠的故事，人有了资源，才能有恃无恐。如果有哪个学问说这些都不重要，只追求内心纯净的精神就行，我看那肯定不是好学问。

但是也没有哪家正统的学问说，别的都不重要，你就专门研究怎么提高自己在食物链上的排名就行。这又是为什么呢?

一个重要原因是，你在食物链上的排名，基本上不是你自己能决定的。本书第一部分解读过康奈尔大学经济学家罗伯特·弗兰克的《成功与运气：好运和精英社会的神话》这本书，我们知道所谓的"精英"们之所以成功，既不全是天赋和努力，也不全是关键时刻理性选择的结果，而在很大程度上取决于运气。家庭出身很重要，在合适的时机选择了合适的行业很重要，一些非常偶然的因素也很重要。

所以这条食物链的逻辑远远不是谁努力谁就能占据一个好位置。所谓"精英社会"，是一个神话。那么掌握优质资源的人，是不是都值得被称为"精英"，就是一个问题了。

食物链排名对个人而言相当不可控，但是还有另外一条链可以追求，我们不妨称之为"智识链"。智识，就是智慧和见识。智识不是一种资源。资源可以赠送，可以继承，可以一出生就有，智识不能。资源可以出售变现，智识不能直接换成钱。智识是"三观"——对世界正确的认识，对人生合理的安排，知道什么东西是好东西；智识还是历史的经验和做事的手段。食物链上排名高的人可以威逼利诱食物链上排名低的人，智识链没有这么厉害的效果，但是高下之分也很明显。

还有别的链。社会复杂多元，并非所有人都排在一条链上一个压一个。在食物链和智识链之外，至少还有一条"幸福链"。我既不追求富贵也不追求见识，我就想看看电视剧、打打游戏、了解一下明星八卦，过好自己的小确幸，你再厉害又能奈我何？

所以人生大概有好几个维度，我们关心的不仅仅是在食物链这一个维度上的位置。在所有维度之中，以我个人的偏见，认为"智识"最值得追求。我认为"精英"的定义，应该看智识水平的高低。

首先智识比较可控。读书就是提高智识水平最简单的办法，门槛低、收费少，你只要愿意花工夫就可以。当然，读书也有天赋和机遇的问题，但是毕竟比食物链上的爬升容易多了。

而且智识水平高的人，也善于在其他链上找到自己的位置。

如果一个人的食物链排名高而智识低，他的地位可能比较危险。美国买彩票中了大奖的人、中国在征地中获得巨额补偿的某些农民，往往会在很短的时间内就把财富败光，这就是在食物链上突然攀升之后智识不够用了。

如果一个人的智识高但是在食物链上的排名低，他大概不用特别担心。给他机会他会升上去，实在没机会还可以培养下一代。

那既然如此，智识和食物链的相关系数应该比较高才对。其实确实是这样。在《族群心智》（*Hive Mind: How Your Nation's IQ Matters So Much More Than Your Own*）这本书中有一个观点，一个国家在国际食物链上的地位，就跟它的国民智商——更确切地说就是国民智识水平——关系很大。从个体而论，人的智识水平和收入水平也是正相关的。根据社会学家的研究，精英阶层和工薪阶层的思维方式存在明显的差异。相对于普通人，精英更相信规则，更能跟陌生人合作，更善于理解抽象概念，更愿意探索未知，更能承担风险……

从整体而言，智识水平高的人通常在食物链上的位置也不错。当然这也是相互作用的结果，食物链上排名高的人可以获得更好的教育资源。身居高位而一脑子浆糊的，和见识卓绝而蜗居底层的，都是比较罕见的特例。

那为什么有些特别厉害的学者，没有去争夺更大的权力和更多的财富呢？一方面，特别大的权力和特别多的财富都是需要运气和机遇的，他想争夺也争夺不了；另一方面，是代价问题。

2. 自由、代价和大事

亚当·斯密有个理论，说财富和名望，哪怕是从自利的角度，也不应该过分追求。因为食物链排名是个正反馈的游戏。比如，Uber给司机们设计了一个游戏，无论你已经挣了多少钱，无论你多苦多累，你总能看到下一个挣钱目标。人陷入这个游戏后是一个非常痛苦的状态，沉迷于其中而不能自拔。

亚当·斯密那个时代没有Uber，也没有行为设计学，但是亚当·斯密就已经意识到这个问题。你不管有多少钱，有多大名望，前面永远有更大的目标。每天差一分钟的表已经不错了，你非得想要一块一个月才差一分钟的。拿了银牌已经是万人之上，但是你总想拿金牌。正反馈游戏就像吸毒一样，排名越高的人需要的剂量也越高，最后必然以失望结束。

这就是排名的代价。你要非常辛苦，付出很多，才能提高排名。但考虑到幸福链，过分的牺牲可能根本不值得。爬到一定程度停下，做点自己感兴趣的事岂不是更好？

智识分子不应该一味追求食物链排名，还可以追求自由。役使别人的能力，由食物链排名决定。但是免于被人役使，一定排名以上的人都可以做到。我总爱说"自由技艺"，这就是一套统治者和"拒绝被统治者"的学问——我不压迫你，但是你也别想压迫我。

不过现代社会，除了官场之类的个别系统，大多数人和人之间都是平等合作的关系，不存在多少威逼利诱。一般人本来就是比较自由的。尤其是发达国家，顶层资源多，很自由，底层享受高福利还不用操心，更自由。反倒是中层，一天到晚辛苦工作疲于奔命，名义上很自由，其实享受不到。

所以我们还得研究一下幸福链。到底怎么才幸福呢？这又得回到马斯洛的需求层次理论，最高一层叫作"自我实现"。熊逸老师说这个"自我实现"其实就是低级需求的华丽变种，我看很有道理——它们说的都是食物链上的地位。比如说：有的高官，当官还不过瘾，退休了还时不时出本书；有的人经商成功还不过瘾，还得追求社会影响力。小官和小商人，一般顾不上这些。我们大概可以说，自我实现，是食物链和幸福链在一个高度上统一了。

但是我们也得承认，的确有很多人，是踏踏实实想要做成一件事，而不单纯追求自己在其中获得什么地位。我看现在关于"幸福"的研究，普遍认为这种情况是最高级的幸福——这就是我们常说的 "be part of something bigger than yourself"。 如果你认为这件事特别值得做，那付出一些代价也是可以的。

有时候你能感到一个使命在召唤，认为自己就应该干这件事才幸福。"了却君王天下事，赢得生前身后名"，谁都不可能对这样的事儿不动心。

那如此说来，最有意思的人生就是找到机会去做些大事，你既能感到幸福，又能顺便提升食物链排名。

智识，特别有利于做大事。所以就得多读书啊！

3. 算法和复杂

现在有一类书，专门给人生提供解决方案。中国人管这类书叫"成功学"，英文说得比较低调，叫"self-help"（自助），分类目录连 non-fiction（非虚构）都不算，有点上不了台面。这些书，是专门研究怎么提高食物链排名的。

其实这些书的内容我有时候也会涉及，比如自控力、好习惯的养成之类。但是你得承认，我们说得比较高级，因为我们讨论原理、讲解实验、研究利弊，是把这些内容当"课题"——而不是当"课程"说的。我们说的，严格来说是严肃的 non-fiction，而 self-help 类，更简单粗暴，就是直接给你提供行动指南。

但是不管是non-fiction也好，self-help也罢，我要想提升食物链排名，只读这些成功学不就行了吗？

我的答案是，如果你只读self-help类，你的最高境界，就是活成了一个算法。给你一个任务，你知道怎么完成，心中有目标，你知道怎么实现。你知道各种激励自我和自控的手段，你活得非常有效率，但是你是一个工具，因为你只会"执行"。

算法的意思，是给定这样的输入，我就产生这样的输出。如果局面是这样的，我就这样做；如果局面是那样的，我就那样做。"如果……就……"就是算法。一切逻辑都清晰合理，这就是行动指南给的东西。你听说一个道理，你问："怎么让这个道理落地？"你想要的就是行动指南，你就是想变成算法。

算法，跟精英有本质的区别。精英有决策权。

凡是查"如果……就……"表就知道该怎么办的事儿，都不叫决策，而是算法。你知道"应该"攒钱投资，但是你受不了诱惑没做到，那是你的执行能力有问题，跟决策无关。

决策，是没有人告诉你该怎么办，没有固定算法，没有已知的对错，这个时候你怎么选择。

我反反复复强调一句菲茨杰拉德的名言："检验一流智力的标准，就是看你能不能在头脑中同时存在两种相反的想法，还维持正常行事的能力。"

世界上很多道理都是互相矛盾的。运气重要还是努力重要？保守好还是进步好？要平等还是要自由？先把国内的事儿办好，还是发扬国际主义精神？这些问题，每一个都能从正反两方面说出很多很多道理来。遇到一个具体事情怎么办，没有固定的行动指南，你必须参考两方面的道理，自己决策。

大多数人从小到大，可能根本就没有几次必须要做决策的机会，所以决策也可以说是精英的特权。这也是为什么"创业者"其实无须读很多书，时机到来的关键时刻最需要的不是什么决策，而是执行力，简单粗暴最好。但是事业做大以后，局面越来越复杂，你就得读书了。

　　有时候你已经有了主意，可是要想说服别人，还得有专门的学问。这就更得读书，要做到从一件事的正反两个方面都能找出冠冕堂皇的理由来。

　　熊逸老师是个厚道人，你要问他为啥要读这些书，他不爱说读这些书有啥用。我更功利一些，特别爱说有用。不过也可能是我更厚道，因为我的宗旨就是得对你有用……那到底有用没用，还是得用菲茨杰拉德那句话——你得同时容得下这两种相反的想法。

PART 2

天才和疯子

的一线之隔

◎ 俭省

追逐者的绝境

《俭省: 释放"少"的潜能, 取得"多"的成就》(*Stretch: Unlock the Power of Less-and Achieve More Than You Ever Imagined*) 出版于 2017年2月, 作者是美国莱斯大学管理学教授斯科特·索南史恩(Scott Sonenshein) 。

现代社会有一个大家默认的, 但是一般不会明确说出来的主流价值观, 那就是要追求更多——个人想要更多的财富, 公司想要更多的资源, 多就代表成功。这个价值观一旦说出来, 我们就觉得不太合理, 所以现在对它有一些批评的意见。在此之前, 主流的意见, 我看大概有两派。

一派是传统的消极避世思想。有的说人类一味追求发展, 地球环境根本承受不了, 所以我们应该节制发展, 追求人与自然的和谐; 还有的说那些追逐财富的个人都已经迷失了自我, 还不如回归家庭, 应该多谈"爱", 少谈"钱"; 甚至有极端的观点认为, 人类工业文明就是地球的癌症, 再不停止发展就会导致巨大的灾难, 等等。

还有一派是近几年才开始流行的一种"极简主义"生活方式。这一派要求我们把所有不常用的东西都扔了, 排除一切干扰, 聚精会神修身养性，这样才能获得幸福的生活。

这两派思想我都不以为然。现代社会组织的整个前提就是要发展，发展已经是现代人的本能追求，你想停止发展可能吗？发展中出现的问题，只能用发展解决。极端环保主义者、宗教人士鼓吹不发展，其实是一种撒娇式的情怀；而所谓"极简主义"，最多只能算是一种小众的生活姿态，这个姿态甚至有点违反人性，非常做作——当你处处想着怎么"极简"的时候，你已经把太多精力浪费在了这件小事上。

所以尽管有很多人呼吁限制发展，有很多书鼓吹极简生活，我从来没见哪个国家真的限制发展，也没遇到过哪个人真的在过极简的生活。

过分追求"多"，好像是不对的。可到底哪里不对呢？怎么做才是对的呢？

1. 简单道理

其实答案并不复杂，但还是非得动用一个商学院教授才能把它说明白。这就是索南史恩这本《俭省》要做的事情。

Stretch 这个词对应的中文意思，除"俭省"之外，还有"拉伸"。我觉得对这个词最形象的解释就是你要做一件衣服，可是感觉手里的布不太够用，再买新布吧可能有点浪费，最后把手里的布拉一拉、抻一抻，正好够用。

极端环保派和极简主义者各说对了一半。一味求多，的确是不可持续的，但是这个不可持续只是你自己的不可持续。一旦不持续最多就是你自己的公司倒闭，对大环境不会有什么大危害，市场机制很善于惩罚不可持续的东西。少拥有一点东西，也的确能让东西发挥最大的效用，但是"少"不是目的，幸福生活也不能一味求"少"，发展才是目的。

索南史恩的观点，就是避免陷入一味求多的思维模式，尽可能利用手里现有的资源发展。道理就这么简单。

那既然是发条微博就能说清楚的道理，为什么还非得让一个商学院教授写本书呢？一个原因可能是商学院教授擅长讲"案例"——这本书里有非常多的案例可以当故事听。

更重要的是，索南史恩在书里总结了一些实用的方法，告诉我们到底应该怎么利用现有的资源来发展。

先说说这个一味求多的思维模式。

2. 追逐者

有人曾经对欧洲2000名专业人士做过一次跟踪研究。首先，在这些人刚刚获得硕士学位、即将走上职场的时候，研究者让他们填写了一份调查问卷，其中的判断题包括"我想挣很多钱""我想获得很高的职业声望"，等等，测试他们的个人野心。

3年以后，研究者回访这些专业人士，发现当初野心越大的人，挣的钱的确更多。特别想挣钱的人也特别能挣钱，结果很不错。

但是7年以后，研究者再次回访这些专业人士时，发现结果变了。当初特别想挣钱的人，收入反而比当初那些没有强烈挣钱愿望的人少了，而且他们的职业满意度也不高，现在他们普遍有一种失望的情绪。

可能早期的希望太大，导致后期的失望也大，结果反而没干劲了。

想挣钱，是现代社会最容易理解的愿望，人们追求"更多"——更多的收入、更大的办公室、更高的职位、更好的汽车，等等。有这种强烈愿望的人，索南史恩称之为"追逐者"。

追逐者，追逐外界的东西。索南史恩说，这种追逐心态，有三个来源。

第一个来源是跟别人比。我们时刻都想知道自己在社会中的相对位置，相对位置很多时候比绝对位置还重要。我挣多少钱不重要，重要的是我比同事多挣或者少挣了多少钱。而且这个攀比还常常是往"上"比，这就是为什么即使是奥运会银牌得主也总是很不高兴。

所以有年薪上千万美元的互联网创业公司CEO表示，他的幸福感并不怎么高，因为在硅谷他根本不算什么。

第二个来源是，我们总认为要想办成更多的事儿，就得动用更多的资源。我们常常忽略自己已经拥有的资源的价值。关于这一点咱们后面再说。

第三个来源是，我们单纯就是想要"更多"。有这样一个实验，在实验室里让受试者听音乐，你可以好好享受音乐，也可以打断音乐，听一段噪声，每听若干次噪声，你就能赢取一块巧克力。研究者事先声明，所有巧克力必须在游戏结束后当场吃掉，不能带走。结果还是每个受试者都赢取了远远超过自己胃口的巧克力。

想要更多，这大概是短缺时代的一个思维烙印吧！那么企业家在做公司决策的时候，是不是能更理性一点呢？

3. 买买买

2016年的一个大新闻是，纵横互联网20多年的雅虎公司分拆退市了。女CEO梅耶尔成了众矢之的，而人们对她的一个重大指责，就是花钱太过大手大脚。这里摘录一段《华尔街日报》的报道：

……2015年前三季度雅虎运营费用比2014年同期大涨20%，原因在于梅耶尔与Mozilla、甲骨文签署了昂贵的协议，但结果却没有为雅虎搜索引擎带来预期的流量，导致公司营收不但没有上升反而下降了4%。另外，梅耶尔本人也承认自己在2013年年初豪掷10亿美元买下轻博客平台Tumblr是一个失败决定。她3年前扔出去的10亿美元如今已经缩水1/4。

"买买买"是梅耶尔经营公司的一贯风格，她担任雅虎CEO以来收购的大小公司简直不计其数。

这可不是梅耶尔的女性购物欲起了什么作用，这是互联网公司的一个共同心态——烧钱。

索南史恩在书里说，早在梅耶尔去雅虎之前，她在Google办公室的门上，就贴了一句话："收入能解决所有问题。"鉴于很多互联网公司的实际收入比花费少很多，这句话的真实意思其实是"钱能解决所有问题"。

索南史恩给的一个案例是 Pets.com。运营第一年，这个公司花费了1200万美元做广告，而广告带来的销售收入只有62万美元。运营第二年，公司花费超过100万美元在"超级碗"做了个30秒广告，吸引用户流量，然后用一个低于成本的价格把东西卖给吸引来的用户。当时公司上下在纸面上都是百万富翁。结果两年烧光3亿美元，股价从11美元降到22美分，被清算资产。

这个玩法，在互联网公司中一点都不罕见，并不是CEO们都疯了。互联网创业公司的价值观过分重视用户总数和流量，根本不在乎实际盈利。这个理念就是先圈地再说——花钱慢的CEO甚至面临投资者的压力，他花钱越快，公司的估值才能越高。

这个互联网创业公司动力学就是尽量动用更多的资源，一直到没有资源可用为止。

索南史恩把这个心态，总结为一个公式：

拥有更多资源 = 获得更好的结果

而他认为，真正要把事情办好，需要的是另一个公式：

更好地利用资源 = 获得更好的结果

我读这段文字的时候，有一种"宿命感"。其实每个人都知道这个拼命追求更多资源的做法是不可持续的，但是为什么还有这么多追逐者呢？

因为这是一个正反馈游戏。在短期内，你追逐的越多，拥有的就越多，然后你获得的评价就越高，你向上攀比的对象也越高，你就越想追逐更多的东西。正反馈的游戏一旦陷进去，想要主动停手那就太难了。

但是这个游戏是不可持续的，最后要么把能从外界获取的资源耗光，要么把自己的精力和希望耗光。

还有一个问题。亚马逊早期的扩张策略就是不顾一切先把位置占上再说，也是近乎疯狂地扩张，怎么贝佐斯就成功了呢？事实上，早期烧钱的互联网公司，最后活下来的也有啊！索南史恩写书，只给了支持他的论点的正面案例，没有给反面案例。

对此我们大概可以说两句话：

第一，贝佐斯是看到机会了才上的，为了抓住机会而不得不冒险。他并不是为了烧钱而烧钱，不是盲目地扩张。

第二，即便如此，贝佐斯的策略也是充满风险的。也许当初有十个亚马逊，只有一个活了下来。

一旦发现自己处于一个正反馈游戏之中，就要意识到，这样的游戏都是不可持续的，就应该想想未来怎么软着陆。疯狂扩张的公司往往会被自己压垮，作为追逐者的个人可能会后劲不足。

那面对一个具体的局面，到底是应该悠着点，还是全力以赴争取呢？我想大概有两个判断标准：

（1）游戏是不是可持续的。

（2）你的追逐到底是实际的需要，还是为了满足自己的心理需求。

有差别的人类劳动

先来听两句名人名言：

价值是凝结在商品中的无差别的人类劳动。——马克思

人生的价值，并不是用时间，而是用深度去衡量的。——托尔斯泰

如果你仔细想想，这两句名言说的道理，其实是矛盾的。

想象你是一个开服装店的老板，你在全国各地开了若干家分店，每家店面的规模都不算大，生意也一般。你这个人比较爱放权——其实也是公司没有那么大的控制力量，你给了各个分店很大的自主权。时间长了，分店经理都在心理上把店当成了自己的。

总店进了一批正装连衣裙，发到各个分店销售。很快销售结果反馈回来，说这个裙子的质量一般，看上去特别廉价，没达到你们商店的档次要求，根本卖不出去。

你正在抱怨总店采购经理的进货决定，就听说有一家分店把这个裙子全卖光了。那家店的经理自作主张，拿把剪刀把裙子给改了，当沙滩裙往外卖，结果大受欢迎！

正装裙子，本来不是沙滩裙；分店经理，本来没有设计和裁剪服装的职责。这件事儿本来不应该发生，它怎么就发生了呢？

我看连马克思的理论都未必能解释这件事。

这个故事是真实的，就在斯科特·索南史恩的《俭省》这本书中。

1. 价值和价值

索南史恩说，我们一般的思维模式，是想要获得更好的结果，就得动用更多的资源。说白了就是花多少钱、办多少事。你想获得更多的销售额，你就得进更多的商品；你想让员工多出活儿，你就多招几个员工。

这个思想的问题在于，我们只注意到了资源的"面值"。

一件衣服采购进来，店员把衣服贴好标签，按尺寸排列上架，准备好包装，再做一些广告宣传，这就是常规的卖法。进货多少钱、店员的劳动多少钱，这些就是资源的面值。

按咱们中国人从小学到的政治经济学，你赚取的差价来自店员的劳动，也就是"凝结在商品中的无差别的人类劳动"。

"无差别"这个词，在马克思那个时代特别科学。按理说，不同水平工人的劳动肯定是有差别的，但马克思这里的意思是你可以换算——高水平工人，比如说经理的劳动效果肯定比普通工人高，可是他为了达到这个水平，之前付出的学习劳动成本也高，你把这个成本计算进去就得给他更高的工资，那归根结底一切都能换算成"社会平均劳动时间"。高和低没有本质差别。

可是咱们前面说的那个分店经理，他未必上过什么服装学校，未必比别人多花了"劳动时间"，未必比别人多忍受了劳动的痛苦，可能也未必多拿了工资，他怎么就能来个点石成金，让卖不出去的衣服获得了价值呢？这个价值，应该怎么算呢？

包括索南史恩在内，现在有些研究者，很关心这个凭空多出来的价值。

他们认为，资源的"内在价值"是一回事，而人怎么利用这个资源，是另一回事——如果人能够善加利用，就可以给任何资源创造新的价值。

那么以我之见，既然这种创造新价值的活动是事先没指望、没有固定套路、本质上不可预测的，所以不能算"无差别"的人类劳动。

马克思生活在工业革命早期，那是一个大机器、大工厂时代，普通工人无非是吃苦干活，谈不上什么创造性，劳动都是"无差别"的。可是如今这个时代早就变了，按固定套路干活、无差别劳动的工作，早晚都会被机器人取代。

现代人，应该尽量干那种"有差别"的劳动——创造。那怎么创造呢？

2. 俭省者思维

其实我们每个人都干过给资源增加创造性的新价值的事儿。比如家里要钉个钉子，可是一时之间没有锤子，你一想也不用上街买锤子了，随便找块砖头把钉子钉上了，那你就给这块砖头找到了新的价值。

超市里卖的水果其实都是精挑细选出来的，有很多卖相不好的水果在上架之前就被淘汰了。尤其是现代社会，什么农产品一旦快要过期，马上就得扔——美国甚至还发生过有人去超市的垃圾桶里捡过期食品，还被警察当盗窃犯抓起来了，总之是浪费非常严重。那如果你有个什么办法能把那些被淘汰的水果变成能长期保存的果酱，变废为宝，你也就创造了新的价值。

经常使用这种思路做事的人，生活风格有可能比较俭省。

美国有很多浪费的人，但是也有不少像老一辈中国人一样俭省的人。比如，索南史恩在书里介绍了一个公司，从CEO到普通员工出差一律住最差的旅馆，不给报销餐饮费，而且自己开车8小时能到的地方一律不许坐飞机；但是员工还都很满意，因为公司把省下来的钱都用于扩大规模、员工培训和直接增加工资了。

索南史恩并不是号召所有公司都这么俭省。俭省不等于吝啬，俭省是一种思维模式。索南史恩说，俭省思维有三个好处：

第一，俭省者关注长远目标。

第二，俭省者的攀比心理比较弱，不会陷入追逐者绝境。

第三，最重要的是，俭省者总是尽可能利用现有的资源。

几年以前流行过一本书，叫《稀缺》（*Scarcity*），不过那本书说的不是经济学上的稀缺，而是人心理上的稀缺，严格地说应该叫"短缺思维"。那本书说，短缺思维会把我们的头脑封闭起来，有机会也看不到，所以穷人会更穷。这个思想我非常赞同，但《稀缺》里说的这个思维模式，是被迫的，而且是人已经面临生活绝境了，是一种非常难受的状态。

我看现在索南史恩这本《俭省》跟《稀缺》不太一样，这里更多的是一种主动的俭省——不是买不起，是我不想买。

这种俭省，能激发人的创造性。

3. 受限制条件下的创造

提起创新，我们一般比较强调自由，总想打破一个什么规则或者禁忌去创新。但在很多情况下，人为设定一些限制，没有那么多自由，反而有利于激发创新。索南史恩举了好几个例子。

有人做实验让小老鼠拨打一根杠杆。有的小老鼠可以随便怎么拨打，有的小老鼠被限制为只能用右爪拨打，结果一段时间以后，受限制组的小老鼠学会了各种不同的拨打方法，而自由组老鼠会的方法反而较少。

有人做实验让学生探索通常用来做防护包装的那种带小气泡的塑料布都能干什么。在学生们探索之前，实验人员先把他们随机分成两组。第一组被要求写篇文章，设想自己在一个短缺的环境中长大；第二组则写文章设想自己在一个富足的环境中长大。当然，这个文章的作用是给学生一种心理暗示。结果发现短缺组的学生找到了更多的使用气泡塑料布的方法。

还有很多研究发现，给一个预算限制，再让人设计一件产品，比没有预算限制情况下的结果反而更好。

这其中的原理就在于在限制条件下，你不得不对现有资源开发出新的用法——这个新用法往往有很好的创造性。反过来说，如果要什么有什么，你可以用新资源来实现新功能，那就根本没必要研究什么新用法，也就没有创造性了。

事实上，艺术家都是自己给自己设定限制的。索南史恩引用一个艺术评论家的话来说莫奈：莫奈本来就是个很好的画家，但是真正让他出类拔萃的，是他主动放弃了传统绘画中写实的明暗对比，给自己加了这么一个技术限制，结果成了印象派创始人之一。

索南史恩说的俭省，就是这么一种思维模式——主动给自己设定一些限制，专注于给已有的资源开发新用途，而避免陷入一味求多的追逐者绝境。

我初读此书，印象最深的是这个俭省的做法，感觉有点小气，担心这个思想不符合中国经济快速增长的国情。现在感觉，这本书说的其实不是节省和小气，也不是什么变废为宝，而是一个什么东西到你手里，你能不能给它增加一点"创造性的"附加值。

就比如说"得到"专栏。一般做专栏，都是提供一个平台，找作者来写，在作者和读者之间提供一个基本的支持，那么平台所提供的就是"无差别的"人类劳动。平台很容易做，可以任意放大，作者多多益善。

而"得到"专栏，罗胖从一开始就强调这不是一个平台，"得到"团队在作者和读者之间又增加了大量的服务，给作者提各种要求，每个"产品"都磨合很长时间——这就是"有差别的"人类劳动，所以产生了创造性的附加值。

无差别和有差别，根本区别不在于劳动强度大小，而在于你有没有创造性。如果"得到"的套路固定下来了，以至于别的公司也可以轻易复制，那这个劳动的附加值就降低了。

其实我们做任何工作，都是这样。

那么，据此我们得到：

（1）最有价值的人类劳动是"有差别的"劳动，是你能不能给手里的资源增加一个创造性的附加值。

（2）获得创造性的一个好办法，是人为设定一个限制，逼着自己在一个框架之内设法发挥。

从刻意练习到功夫在诗外

俭省思维模式的关键，是从已有的资源中发挥出创造性的价值。我从另一个角度再说说这个创造性。

一个最普遍的创造方法，就是"想法的连接"。上面说过"发散思维"，咱们说过最好能把一个遥远的想法跟你手里的东西连接在一起，提供一个新思路。索南史恩在这本书里列举了大量案例和研究结果，我看完感觉，想法连接式的创新模式比我们想象的还要重要得多。

可能遥远的想法比你手里的东西还有用，可能外行比专家还厉害，可能这是一个多面手当道的时代。

1. 外行的洞见

对于丹尼尔·卡尼曼的《思考，快与慢》那本书，现在有很多声音说，卡尼曼在书里提到的有些实验，是不可重复的。可能现在你看那本书的感觉——让我们大胆推测一下——就如同读过《三国演义》以后回头再读《三国志》，原来"真实"情况没有那么有意思啊！

但我想说的是，《三国演义》可比《三国志》有用多了。

　　看《三国志》的人可以获得学术声望，看《三国演义》的人却能解决大问题。

　　索南史恩讲了这么一个案例。视频网站Netflix曾经搞过一个竞赛，悬赏100万美元，给第一个能把它的电影推荐引擎的准确度提高10%的团队。

　　有2万多支队伍参赛。最后排名第17的这支队伍，只有父女两人，女儿只提供数学支持，父亲也没有太多专业背景。父亲叫加文·波特（Gavin Potter），他是卡尼曼的粉丝。

　　当年在大学的时候，波特听说过卡尼曼的一个思想。卡尼曼说如果在一个人做预测或者判断一个数值的时候，给他事先看一个比较大或者比较小的数字，那么他的判断也会是一个比较大或者比较小的数字。这个人明知道给他看的数字跟他要判断的项目没有任何关系，还是会受到那个数字的影响。

　　这个现象，在心理学上叫"锚定效应"。我可以补充一点，有人做实验，让受试者先写下自己的生日，然后判断一瓶红酒的价格。结果生日数字比较大的人，给红酒的估价也比较高。这个实验的结果在意料之外但又在情理之中——可惜后来有人发现，实验结果无法重复。

　　所以波特先生听说的那个心理学结论未必靠谱。但是波特先生有一个洞见。波特设想，一个人连续在Netflix上看两部电影，如果第一部电影他很不喜欢，那么这种心情就可能会影响他，会使他也给第二部电影一个过低的评分；反过来，如果他非常喜欢第一部电影，那就可能给第二部电影一个过高的评分。在那一刻，他并不是真实的自己！那么当你使用他的评分数据的时候，就应该考虑到这一点，调整他给第二部电影的打分。

　　凭这一点，波特最后把推荐引擎的准确度提高了9.06%。

　　卡尼曼说的不一定对，可是波特说对了。波特在之前Netflix搞的一次交流会上，把这个思想分享给了其他的队伍，最后获得第一的队伍实际上也使用了这个思想。

　　这件事非常有意思。波特是个外行，他真正的优势既不是编程技术，也不是自己以前的专业，而居然是他早年从卡尼曼那里学来的一个不靠谱的心理学知识。

这就叫神来之笔——非常遥远的两个东西，通过一个非常规的渠道，连接在一起，把问题解决了。

事实上，外行解决问题是一个非常普遍的现象。有个众包网站叫InnoCentive，你如果是某个领域的高手的话，不妨去注册一个账号。InnoCentive是个平台，哪个公司有什么解决不了的技术问题，可以在这个网站上悬赏，谁第一个解决了就给谁奖金，有时候奖金高达几万美元。

有人拿InnoCentive的数据做了一个研究，结果发现"外行"解决的问题，比"内行"解决的问题多——生物学家解决的化学问题，比化学家解决的化学问题多。

为什么会这样？一方面，本专业专家能解决的问题肯定早就解决了，也不至于悬赏；另一方面，复杂问题的确需要用到多个专业的知识，比如有个研究水泥、从来没研究过石油的化学家，就在InnoCentive上解决了一个海洋石油污染的问题。

那么技能和眼界单一的专家们，就得有点紧迫感了。

2. 什么时候"练习"最有用

成为专家的办法，是"刻意练习"。本来刻意练习强调的是练习的方法，可是格拉德威尔的畅销书《异类》的影响力实在太大，现在人们都认为练习的关键是时间长短——你要练习一万个小时，才能成为专家。

可是，练习时间长短和实际工作表现之间，到底有多大联系呢？索南史恩列举了一些综合性的研究，也就是所谓的"荟萃分析"（meta analysis），把几十个研究放在一起分析，结论有两个。

第一，有严格固定规则的领域，练习的作用最大；没有严格规则的领域，练习的作用非常有限。比如：国际象棋就有非常严格的规则，在国际象棋的领域，一个人的总练习时间能够解释他26%的表现；在音乐领域，练习时间长短能解释21%的表现；在体育领域，练习时间能解释18%的表现。剩下的可能是天赋和临场发挥水平之类的，也许还包含偶然因素。而教育、编程、航空飞行这些更常见的职业，往往不像体育比赛那样有什么固定规则，发挥更加复杂，一个人的练习时间，居然只能解释不到10%的表现。

第二，环境局面越是可控、可预测的，练习的作用越大；局面如果是复杂多变、不可预测的，练习的作用就很小。综合统计，在那些最可预测的环境里，练习能解释24%的表现；在最不可预测的环境中，练习能够解释的只有4%。

练习其实就是练习套路。真实世界里的工作套路并不固定，高水平工作要求你能临场发挥，要求你借鉴不同领域的见识，只靠年轻时候的刻意练习，当一个领域的专家就远远不够了。

3. 21世纪什么人才最贵

答案当然是天才最贵。天赋无法复制，可遇不可求，是最稀缺的资源。

那什么人才是第二贵的？答案是多面手。

索南史恩举了个例子。现在咱们中国有个流行词汇叫"斜杠青年"，那我们下面要说的这个人，就是"特极斜杠青年"。

斯多里·马斯格雷夫（Story Musgrave），是NASA的宇航员，他还曾经是：

- 数学家
- 程序员
- 飞行员
- 军人
- 研究人脑的科学家
- 外科医生

事实上，就在他在NASA工作的30年间，马斯格雷夫每个月还有3天时间去医院给人做手术。马斯格雷夫没有高中毕业证书，念到一半就退学了，在机场担任过一段时间的电气工程师。他看人开飞机自己也想开，就重返校园读大学，结果就一发不可收地拿了很多学位：

- 数学学士
- 化学学士
- 工商管理硕士
- 生理学和生物物理学硕士
- 文学硕士
- 医学博士

像这样什么都懂的人应该去干什么呢？学这么多有什么用呢？

马斯格雷夫在NASA以"能修理所有东西"著称，特别擅长临场解决问题。所以当哈勃太空望远镜出了问题，整个NASA的声望系于一线的时候，NASA发现只有马斯格雷夫最适合执行这个修复任务。马斯格雷夫自己也跟人说："我之前学习的所有技能，可能都是为这一天准备的。"

马斯格雷夫通过三次太空行走，总共历时22个小时，修好了哈勃望远镜。

今天社会的分工越来越细，需要很多专才，教育系统培养的也是专才，可是真正值钱的却是通才。尤其是领导职位，比如一个公司的CEO，应该在各个领域都有所涉猎才行。

有人调查了4500名CEO的履历表，发现他们总共担任过超过3.5万个不同的职位。研究者就考察这些CEO之前从事过的职业的多样化程度，来判断这个人是"专才"还是"通才"。结果是"通才"更受欢迎。

"通才式CEO"的平均工资，比"专才式CEO"的高出19%，相当于每年多了100万美元。

如果是特别复杂的业务，比如涉及公司合并、收购之类的技能，通才的工资甚至比专才高出了44%。

我想澄清一下"练习时间"和人所能达到的水平之间的关系。我多次说过，"刻意练习"的关键不是时间，而是方法。但问题在于"方法"很难观测，"时间"容易统计——这就是为什么大部分对练习的研究都在考察练习时间，其实总时间根本不能说明问题。

比如我看过有研究说，一个医生在刚工作的头几年，是经验越丰富水平就越高，可是几年以后水平常常就停滞不前了。这是因为他们只是在花时间工作，而不是"在学习区"工作，那不叫"刻意练习"。

不过，"老手并不一定是高手""专家不一定最好用"，这两个道理，仍然是成立的。

这是一个需要通才的时代。可是"练习"容易刻意，但是成为通才，似乎很难刻意。你很难抱着实用的目的学习广泛的知识——到底哪个知识有用，应该在各个领域投入多少时间最划算，这种优化问题根本无解。通才本来就是为了应付复杂问题和不确定的局面的。

也许"什么什么知识到底有什么用"，这个问题本身就错了。如果哪个知识都可能有用，那你最应该关心的其实是你对什么感兴趣。真正的斜杠青年追求的不是简历上多几个斜杠，而应该是培养广泛的兴趣，把知识本身当成回报。

如果你们公司要请一位CEO，你是选一个一路都在学习"管理"，被人用各种大小职位喂出来的"管理者"呢，还是选一个经历复杂的非科班人士呢？美国人选总统选了没有行政经验的特朗普。

年轻人应该多讲讲"刻意练习"，出来混就要多想想"功夫在诗外"。可是我们搞的这种教育，强迫小孩每个周末出去学习各种"才艺"，长大了越学越专一，什么吹拉弹唱早就不用了，这是不是本末倒置呢？

窈窕淑女效应

有人讲过这样一个笑话，叫"薛定谔的滚"——如果女朋友让你

"滚"，她其实是处于真的让你滚和让你过去抱她，这两种心理状态的一个"叠加态"。

你的下一步行动——用物理学的话叫"观测"——将会使这个叠加态坍缩到一个固定的状态。你要是真滚了，她可能就是真的想让你滚；你要是过去抱她，她可能就认为自己原本就是想让你抱她。

作为一个前物理学家，我必须说明，"薛定谔的滚"和"薛定谔的猫"是两码事。一个关键区别是，量子叠加态的坍缩结果是完全不可控的，物理学家就算满怀良好的祝愿，也不能让猫坍缩成"活"的可能性增加一分。

而你，却可以左右你女朋友的波函数。

俭省思维模式的关键在于怎么开发手里现有的资源。资源还是这个资源，女朋友还是这个女朋友，你有什么办法，能让她变得更好一点呢?

1. 你当她是什么人

20世纪70年代，有人拿男女大学生做了一个相亲实验。实验中的相亲对象从来没见过面，而且在相亲过程中也不见面，只是通过电话交流。实验人员通过"偷听"这些电话里的对话，来评估每一对男女的进展程度。

实验有个有点儿残忍的设定。某些男生会在电话相亲之前，收到他的相亲对象的照片——但是他不知道，这个照片其实不是那个女生的，而是研究者专门找来的一位特别出众的美女的照片。

男生以为自己是在跟"女神"相亲，我们可以想象他肯定会表现得更好一点，但是研究者关心的不是这个男生的表现，而是电话那头这位女生的表现。

结果是被男生误以为是女神的这位女生，表现得也和女神一样。她说话非常友好，给人感觉很善于交际，聪明伶俐，讨人喜欢。

这当然就是我们之前常说的"正反馈"。你以为她很好，你就对她很好；你对她很好，她就真的表现得很好；她表现得很好，你就更加相信她很好。

关键在于，你们俩之间这个反馈过程往往是非常微妙的，各种无法言传的表情和声调变化，都能被对方捕捉到，还能产生不经意的效果。

萧伯纳有个戏剧叫《卖花女》，后来被改编成好莱坞电影，被翻译成《窈窕淑女》。这个故事说有个语言学家跟人打赌，说他能把一个粗俗的街头卖花女——名叫伊莉莎——给训练好，让她学会上流社会的口音，变成一位淑女。

语言学家的口音训练很顺利，可是别人还是一眼就看出伊莉莎不是淑女，举止仪态都不对。后来有人提出一个洞见：你要想让她成为淑女，就必须像对待淑女那样好好对待她。于是，伊莉莎就享受到了淑女的待遇，处处受到尊重，最后果然成了一个真正的淑女。

你当她是什么人，她最后就真的是什么人。科学家早就知道这个效应，干脆就叫"窈窕淑女效应"（pygmalion effect）吧。

这个效应的适用范围非常大。

2. 自证预言

我们现在说心理学实验不靠谱，其实早在20世纪60年代，哈佛大学心理学家罗伯特·罗森塔尔（Robert Rosenthal）就有过一个更深的担心。当时人们已经知道，有些动物能体察到人给它的最微小的暗示，比如一匹马居然能根据主人的暗示用前蹄在地上敲击数字，还骗了科学家好几年。罗森塔尔就说，如果你做实验用的那些小白鼠，能够感受到你想要什么结果，并且按照你想要的结果去行动，那你的实验结果还有意义吗？

罗森塔尔据此写了一篇质疑整个学界的文章，但是没有受到广泛重视，这个问题可能到今天也没解决。但是有一位小学校长，叫雅各布森（Jacobson），他看了罗森塔尔的论文，说咱们干脆拿小学生做个实验验证一下你这个思想吧。

这就引出了一个无比经典的教育实验。

美国小学的老师都是只教一个固定的年级，并不跟班走，所以学生每学年遇到的老师都是新的。在这个小学的新学年开学的时候，雅各布森和罗森塔尔把每个班的学生都分成了三组：天赋组、中等组、低于平均水平组。学生和家长都蒙在鼓里，他们只把分组情况告诉了老师，说这是上学期测验的结果。

真相是，分组完全是随机的，但是老师不知道。结果老师们对"天赋组"的学生寄予了很大的期望，在接下来的8个月里，他们在教学中更关注这些学生，给这些学生更有挑战性的问题，就算学生一时之间做不好，他们也认为这个学生肯定是有潜力的，只不过还没发挥出来。

这些被随机分配到天赋组的学生，非常非常幸运。实验结束后一测验，一年级的班级平均成绩提高了12分，而"天赋组"的平均成绩提高了27.4分；二年级的效果没那么明显，班级平均成绩提高了7分，"天赋组"提高了16.5分。

你当这些学生是什么水平，他们最后就真的表现出这种水平。后来人们发现这个现象实在是太普遍了，美国社会学家罗伯特·莫顿（Robert K. Merton）给它起了个名字，叫"自证预言"（self-fulfilling prophecy）——你"预言"局面会如何如何，你就按照这个想法去做，局面真的就会如何如何。

类似的研究做过很多。如果经理一开始"误以为"手下这个雇员水平很高，经常给他安排比较难的任务，还跟他讨论公司战略问题，结果这个雇员的水平就会真的越来越高；反过来说，如果你认定一个学生调皮捣蛋，甚至公开羞辱他，他就会按照你的预言行事，故意捣乱。某公司要转型，如果高层从一开始就认定员工会抵制这次转型，搞各种防范措施和强制行动，员工真的就会抵制转型。

索南史恩以一个商学院教授的经验说，是，所有商学院教科书上都写着公司转型难——可是实际上，员工一开始，本来对转型都持"中性"的态度。

所以很多情况下，人心本来是个"叠加态"。你想观测到什么状态，它就会往什么状态坍缩。

这就是"预期"的力量。那我们自己对自己的预期，也有这样的效果吗？

3. 你和你对你的预期

索南史恩曾经参与调研过一些环保主义者，发现他们中有很多人都是"自我拆台型"（self-defeating）的人格。

比如说，普通人都开汽油驱动的汽车，而一位环保主义者开混合动力的汽车。即使考虑到油价，混合动力的车也比同档次汽油车要贵一些，所以环保主义者已经是为保护环境做出了牺牲。但是你采访他，他说他做得还很不够，根本就不应该开车，应该去坐公共汽车才对。

然后你去采访一个故意不开车每天坐公共汽车的环保主义者，他说他做得还很不够，根本就不应该坐车，应该走路才对。

然后你去采访一个每天走路的环保主义者，他说他做得还很不够，根本就不应该买肉吃，应该吃素才对。

他们是不是只要还活着，就永远感到很惭愧。

索南史恩说，在这些环保主义者的心中，有一颗消极负面的种子。他们预期的局面很负面，局面就越来越负面，他们就觉得自己做什么都不够；反过来说，如果你心中有一颗积极正面的种子，对局面有个正面的预期，那你的命运就可能非常不同。

这本书里我最喜欢的一个故事，不是什么经典的研究实验，而是100多年前一位黑人女企业家的事迹，她就是沃克夫人（Madam C. J. Walker）。

沃克夫人创业的那个年代，美国黑人地位非常低，她深陷贫困，是个单亲妈妈，而且还有病。她做生意处处碰壁，到外地出差时连旅馆都不让她入住。但是，后来她居然就慢慢做大了。

以前我听过一句俏皮话，说"巴菲特等待机会，索罗斯寻找机会，本拉登制造机会"。沃克夫人，就是个能自己制造机会的人。

沃克夫人是史上第一个成为百万富翁的黑人女性。她的创业故事咱们就不细说了，我只想说一点。沃克夫人专门雇用黑人女性在各地当推销员，当时一般无技能工人的平均工资是每周11美元，而沃克夫人给这些推销员的工资，是每天5~15美元。

她想用高工资改变黑人女性的形象。沃克夫人要求手下这些女推销员攒钱买房，好好教育孩子，还要给慈善机构捐款！她可以说是以一己之力提升了黑人女性的社会形象。她把挑战都当成了机会。

她有很好的期望，结果就有很好的收获。

你把别人当成什么样的人，别人慢慢就会变成什么样的人。你认为自己是个什么人，你自己就会变成什么人……这套说法，要是10年以前的我，肯定会认为是"鸡汤"。

我记得有一次在论坛跟人争吵，有人就给我讲苏东坡和佛印的典故，说你如果是佛，看别人也是佛，你要是看别人是牛粪，那你自己也是牛粪。我说是吗？我就找了一张牛粪的照片给他看：你说这是牛粪还是佛？

我想说的是，心理学的规律并不一定在哪里都有用，需要环境、人和时间的配合。给足够的互动时间，今天说的内容也许就能发挥作用。

索南史恩说的这个"预期"，放在自己的身上，其实就是"叙事自我"。我们时刻都在给自己讲一个故事，说我这么做，是因为我是个这样的人。而我们今天看到，人都是高度可塑的。

云对雨，雪对风，佛陀对苍生；我对你，嘴对心，九夏对三冬。

我们都想想，应该怎么对家人、同事和自己吧！

◎ 天才和疯子的一线之隔

　　前几年国内流行一本书叫《天才在左，疯子在右》，作者应该是一个经常跟精神病人接触的人。他笔下的精神病人都有非常丰富的想象力，有各种离奇的事迹。我不知道那些故事是真是假，但是绝对符合我们平常的印象，精神病患者的思路非常广，简直就是天才。

　　的确，有些天才人物存在类似疯子的特征。比如，因为电影《美丽心灵》而被我们熟悉的数学家约翰·纳什，曾经在很多年里受精神病的困扰，无法区分幻想和现实，但是他最终获得了诺贝尔经济学奖。中国人受宣传和报告文学的影响，对科学家的印象一般是人畜无害的"默默奉献"者；而美国人则受漫画和英雄电影的影响，心中有一个"疯狂科学家"的形象，感觉搞科学的人都比较疯狂。艺术家更是如此，像梵高、海明威，中国诗人海子、顾城，人们一致认为搞艺术的人都有不同程度的疯子特征。

　　那么，天才和疯子之间到底有没有必然的联系？想要有"创造性"，是不是就必须要"任性"呢？《鹦鹉螺》杂志有一篇新文章，叫《如果你认为你是天才，那么你就是疯子》（*If You Think You're a Genius, You're Crazy*），作者是加州大学戴维斯分校的心理学教授迪恩·西蒙顿（Dean Keith Simonton）。

　　这篇文章属于我最赞赏的一种新型科学写作——他直接引用一些最新的科研结果，讲了一个以前从来没有被说明白过的道理，并且提供一个新思想。这不是"科普",这是来自科研前线的分析报告。

老百姓觉得天才和疯子的关系很近,而那些善于理性思考的人认为天才和疯子是两码事。第一,天才人物这么多,其中有几个人疯了,并不能说明两者之间有什么联系;第二,我们没听说过有哪些伟大的思想或者艺术品是精神病院创造出来的。

那么心理学家又是怎么说呢?根据西蒙顿的调研,近年来心理学家的研究结果是,天才和疯子之间的确有一个共同点。这个共同点叫作"认知抑制解除"(cognitive disinhibition)。

我先说说什么叫"认知抑制"。在生活中,我们每时每刻都会接触到大量的信息,按高清电影计算的话,大概每秒几百万个比特,而大脑的注意力能够处理的信息,我听过一个说法,也就是每秒50个比特。这就意味着,你必须大量地忽略信息。比如,你跟一个陌生人见面,可能会重点看他的脸,而不会注意他的衣服上有几颗纽扣;再比如,你每天上班都见到的同事,你就会注意他的变化,而忽略他不变的东西。这个时刻忽略和过滤信息的本能,就叫"认知抑制"——这是一种本能,不用学,每个人都自动进行。

而"认知抑制解除",则是说有的人能解除这种认知抑制的本能,专门注意到被一般人忽略掉的信息,并从中发现一些东西。举个例子,青霉素的发明者叫亚历山大·弗莱明(Alexander Fleming)。弗莱明做实验,他的培养皿里放了细菌培养液。偶然一次机会,弗莱明注意到他的培养皿里有一处蓝色的发霉的地方,这个霉点周围没有细菌,好像细菌都被杀死了。弗莱明注意到这个细节,他抓住机会深入研究,结果就发现了青霉素,并以此获得了诺贝尔奖。

这个故事听着挺简单,但是你仔细想想,其实并不简单。科学家做实验往往要准备好多个培养皿,而当时的实验也不是为了发现能杀死细菌的物质,而且实验条件有限,出现样品污染也十分正常。如果你对每个看上去不太对的培养皿都深入研究,那你最大的可能就是在浪费时间。你必须学会忽略噪声,抓住主题,才能高效地完成研究工作,而这恰恰就是"认知抑制"的作用。认知抑制是理性的，认知抑制解除则是非理性的。

正常人"不应该"关注那个有青霉的培养皿，但是弗莱明却关注了。你说他到底是天才，还是疯子？艺术家也是这样。他们经常能从生活中不被注意的小细节里得到灵感，做出创造性的作品。疯子也是这样，关注不该关注的细节，不会过滤错误的想法，他们跟天才的差别在哪里呢？

西蒙顿说，差别在于智能。如果一个人的智能高，他就能判断哪些细节重要，哪些细节不重要。他就能在"认知抑制解除"之后，再次忽略不重要的细节，把重要的细节留下，成为自己的灵感来源；而那些智能低，认知抑制解除水平又特别高的人，他的大脑会被大量不重要的信息和幻觉轰炸，不能控制自己的想法，就成了一个疯子。这就是天才和疯子最重要的区别。

所以"智能"和"想法多"，是两个不同的维度。智能是对想法的选择和加工处理。只有想法没有智能，就是疯子；只有智能没有想法，就会缺乏创造性。

有些领域更强调智能，有些领域更强调想法。西蒙顿特别提到，在数学、物理、化学这些"硬科学"领域，天才和疯子的区别是比较明显的，因为硬科学对智能要求高，能够进入这一行业的肯定都是有一定智能的人，他们善于判断，不太可能疯掉。

但特别有意思的是，那些在"硬科学"中获得了革命性发现，甚至能改变同行的思维范式的人物，反而和疯子的联系更近一些，更像艺术家——因为他们需要创造性，要调动更多的"认知抑制解除"。

那么要想当天才，最理想的状态当然是在具备"认知抑制解除"的同时，还能够保持清醒。怎么训练才能有这个效果呢？西蒙顿也做了一项研究，这个方法可比"脑筋急转弯"难多了。

这个研究说，如果一个人在青少年时代，他的生存环境有较强的多样性，他就能够获得更好的创造性，同时又能保持理性。所谓"多样性"的环境，就是各种复杂的经历，比如一个能接触到不同文化的环境、一个多语言的环境，或者生活经历坎坷，有过贫困或者单亲这样的苦难等。

我们要提升自己的敏感度，同时也要学会主动忽略。这和我们说过的"集中思维""发散思维""功夫在诗外"，以及最好的设计原则是MAYA（"尽可能前卫，只要能被人接受"），也都有联系。

如果用一个公式来总结，那就是：创造力=大胆尝试新想法×智能。

这里最值得强调的收获是，"想法多"≠"智能水平高"。如果没有足够的智能去判断、筛选、驾驭和经营那些想法，那么最后就只能停留在肤浅的表面。"智能"和"想法多"的关系，也许就相当于"学习好"和"跑得快"的关系，是两个不同的维度。

为什么多样化的环境能在培养一个人的敏感度的同时还让他保持清醒呢？我认为，这种敏感度是"后天习得"的，而疯子的敏感度，可能是天生的。天生的敏感度高可能并不是一件好事，因为你不容易控制它。但如果敏感度是后天慢慢习得的，你就可以一直控制它，为你所用。在这个特定情况下，后天的东西要比天生的好。

最后，我想到电影《美丽心灵》里的一个情节，当然我不知道这个情节是真实发生过的还是编剧写的。纳什患精神病期间，他经常幻想有两个男人领着一个小女孩来找他，可是他无法区分幻想和现实。

最后他是怎么战胜这个幻想的呢？突然有一天，纳什说，我知道他们是假的了——这几年来，那个小女孩从来都没有长大过！

纳什用理智战胜了幻想。

创造力＝大胆尝试新想法×智能。既要任性，还得理性。

天才和疯子的关系，我们大概可以用一个表格总结出来。

	认知抑制解除高	认知抑制解除低
智能高	天才	缺乏创造性但是能干、可靠的人才
智能低	疯子	"正常"人

◎ 用进化论修心养性

英国作家马特·里德利（Matt Ridley）非常喜欢讲大道理，他之前的《理性乐观派》（*The Rational Optimist*）讲的就是交换与分工决定了人类的福祉，他能从原始社会一直讲到未来。他的新书《自下而上》则更厉害，跨学科涉及很多领域，而且讲了一个特别大的道理。

这个道理，其实就是进化论。更准确地说，应该叫"演化论"，不仅仅是生物的演化，更是一切事物的演化。这本书的英文书名是*The Evolution of Everything*，也就是一切事物的演化。

哪怕你对生物学、历史和技术进步完全没兴趣，我也建议你深入了解一下演化这个思想。我认为演化思想，可能是比其他任何现代思想都重要的一个道理。这个道理是能把现代智识分子和古人区别开来的一把尺子。

咱们先不谈那些大事，先思考一个身边的小事。假设你的家族几十年前过得非常艰难，历经了磨难，但是现在发达了，家大业大，生意做得很红火，家里人才辈出。那你就会有一个问题——我们家族的兴衰，到底有没有什么道理呢？如果你去向智者寻求指引，那你可能会收到三个答案。

第一个答案是，你家之所以现在这么兴旺发达，是因为在过去的困难时期，你的祖父是一位大善人，做了很多好事，积了德，现在是收获好报。

第二个答案是，以前你家经历的那些不幸，其实并不是白白经历的，那都是考验和锻炼！孟子说："天将降大任于斯人也，必先苦其心志，劳其筋骨……"这一切都是为了"曾益其所不能"。没有当年的不幸，就没有现在的幸福。

第三个答案是，人左右不了时代和大环境。你家的家族基因和家族文化中的某些特点，恰好使得你家在过去那个时代过得很不好，不过所幸还是存活了下来，赶上现代这个时代就过得很好，这里面没有什么特殊的安排，纯属偶然。

请问这三个解释，你接受哪个呢？第一个是"因果报应论"，第二个是"目的论"，第三个是"演化论"。

演化论看似平淡，其实是最厉害的。它跟前两个思想有本质的区别，不仅仅是无神论对有神论，而根本是哲学上的区别。前两个说法都认为一件事情的决定是"自上而下"的，就好像天上有一双眼睛或者说有一套法则在指导世界上的一切事务；而演化论认为，老天没有决定任何东西——既没有回报你，也没有培养你，一切都是自己碰运气和奋斗的结果。

演化这个思想有大用。它给我们提供了一个世界观、一个社会观、一个价值观和一个人生观。

1. 世界观：演化没有目的

一提生物进化，我们就会想到以前背过的"从低级到高级，从简单到复杂"——这个说法暗示演化有个方向。其实从微观层面来说，演化是没有方向的。

每个生物传宗接代的时候，并没有什么明确的主观意愿，说我想让后代变高级、变复杂——你想变也变不了。每一次基因变异都是随机的，变异之后等待环境的选择。赌对了就生存下来，赌错了就会消亡。

环境也没有目的。环境的变化并不是为了"培养"或者"选拔"什么生物，环境只是冷漠地看着这些生物。有时候气候剧烈变化，就可能有大规模的物种灭绝；有时候气候温暖，就可能有物种爆发——环境根本不在意。

整个宇宙也是如此。我有篇文章叫《一个让人寝食难安的世界观》，说宇宙的物理常数似乎正好适合生命存在，稍微变化一点都不行。物理学家仍然在思考为什么会如此，但是人们基本可以确定，宇宙并不是"为了让生命出现"，才有这些常数的设定。我们只不过恰好生活在这么一个适合生命存在的宇宙之中。

对这个世界来说，有没有生命无所谓，有没有你也无所谓。如果这是一场游戏，那游戏的整个设定，是没有任何目的的。

2. 社会观：好东西没有设计

当我们观察生物界的时候，总会赞叹生命的伟大，说"这真是造物主的鬼斧神工！"其实根本没有什么"造物主"。生物不是设计出来的，而是一步一步演化出来的。

经常有人质疑，说像人体的眼睛和消化系统这些东西，简直太精巧了，怎么可能是自然演化出来的呢？但生物学家有证据，演化的每一步都有迹可循。这些精巧的系统在别的生物上都能找到"原型"，就好像上一代产品一样，更低级一些，没有这么复杂，但是也有用，而且原型的用处很可能跟现在不一样。生物演化非常非常精彩，但的确没有什么"总设计师"。

人类社会也是如此。比如亚当·斯密说，道德是从哪里来的？难道是古代哪个圣人设计好、教给我们执行的吗？道德其实也是自发演化出来的，是人和人交往过程中慢慢磨合出来的一套约定俗成的行为规范。就算一个孩子生下来没有道德观念，他到社会上吃了很多亏以后，也能意识到自己并不是宇宙的中心，得去做一些有道德的事儿。

而且道德也在不断演变之中。里德利举了个例子：100年前，社会是可以接受"恋童"的（比如娶一个未成年的小女孩），但是同性恋不行；而今天，社会能接受同性恋，但是绝对不能恋童。那你说哪个道德标准对？其实没有什么绝对的对错，只是道德在现阶段演变到什么程度的问题。

语言、文化和法律，也都是从下到上自发形成和演化的结果。《熊逸书院》有篇文章讲《周礼》，说中国古代很多读书人就是相信存在一套圣人设定的行为规范，然后不顾现实去生搬硬套这套规范。这就是因为没有演化这个思想而导致的悲剧。

3. 价值观：自发演化的东西往往比设计出来的东西好

如果不使用演化思想，经济学中有些大问题是解释不了的。

很早以前，李嘉图就发现，仅仅使用纯粹的经济学理论，无法解释为什么人类社会的生活水平越来越高。

李嘉图注意到的现象是边际效益递减。比如我们耕种土地，肯定一上来先去找最容易耕种、产出最高的土地去耕种，也就是今天所说的"低垂的果实"。好地都被占有了，再开荒就只能是产量低的土地，那局面肯定就是土地越来越不好耕种，粮食越来越不容易生产，什么活儿都应该是越来越不好干才对！那如此说来，经济根本就不应该增长啊？

劳动分工和比较优势只能让效率提高一点儿，但是解决不了边际效益递减的问题。可是为什么过去这几百年间，人类的经济水平一路猛涨呢？

这个问题困扰了经济学家很久。后来最早是熊彼特提出了一个理论，发展到现在大家都信服了，这个理论就是说创新带来了增长。企业家不仅仅是剥削工人和组织生产，他最大的作用是冒险和创新——大胆尝试新东西，发明新技术。

那创新是从哪儿来的呢？是演化出来的。凯文·凯利在《科技想要什么》这本书里就把技术创新和生物演化做了很好的类比，创新从来都是自下而上、自发演化的结果。什么是市场？市场就是一个演化系统。

市场讲究的是自下而上，而政府则是个自上而下的系统。如果要解决什么问题，哪个系统更厉害呢？这个价值观就是演化的力量往往更强大。

比如说，比较过去这么多年各种商品的价格变动情况，你会发现绝大多数市场化的商品都是越来越便宜，哪怕最低层的消费者的生活水平也大大超过100年以前。可是医疗和教育这两个政府插手的项目，却常常是越来越贵。据里德利考证，现在英国引以为豪的全民医保系统，还不如英国以前没有政府插手的居民互助系统效率高。

当然我们不是说要取消政府。政府有政府的作用，但这个价值观是，在演化机制能起作用的地方，最好把问题交给演化。

演化为什么这么厉害呢？它有两个重要特点。首先，演化是可以继承的，好东西会得到奖赏，获得更多的繁殖机会，它会生育很多后代，会更容易留传。其次，两个好东西之间，可以通过异性繁殖，产生强强结合的后代。生物界的基因遗传和异性繁殖，在人类社会的文化、道德和市场中的表现就是模仿和交流。

所以，演化这个思想，落实在生物界就是达尔文的进化论，落实在经济学上就是亚当·斯密的"看不见的手"。但是里德利说，很少有人意识到，这两个东西其实说的是同一个道理。

美国就有很多自相矛盾的人。美国右翼信仰上帝，不相信进化论，但是非常相信自由市场。美国左翼非常相信进化论，但是不相信自由市场，总想让政府来个顶层设计，取代市场的作用。其实进化论就是市场，上帝就是政府！

所以我说演化思想是一把尺子。你到底是更相信自下而上的力量，还是自上而下的目的和设计？

如果你能接受演化的世界观、社会观和价值观，你大概会有一个特别的人生观。

4. 人生观：符合天道

什么思想极端化以后都不好。但是依我之见，如果一个人的三观是以自下而上的演化思想为主，那他可能就具备很多优良品质——

他不会迷信权威，不相信什么救世主，愿意靠自己。

他不会有那么多人生的困惑，不会质疑命运不公平，不会抱怨做好事怎么没有好报，更容易接受现实。

他还会比较谦虚，知道好的东西都是自发演化出来的，不是什么圣人设计出来的，所以他就不会妄想自己能一手遮天，搞个什么顶层设计一下子就能治理好国家。

前面我说了，演化思想有大用。从个人角度，我们还可以从演化思想中推导出一套为人处世的行为准则。人生在世，到底有什么事儿是最值得干的呢？

如果你接受演化的价值观，如果你认为演化就是"天道"，我认为有三件事最值得干。

第一是传宗接代。当然，这不只是生物学意义上的传宗接代，也包括文化的传承，手艺、技术的传承。你去学习前人的好东西，让它留传下去，这总是好的。

第二是交流。交流就等于异性繁殖。你有一个好想法，我有一个好想法，咱俩交流一下，让好东西结合，也许就能产生一个更好的东西。交流可以带来综合式的创新。

第三是创新。有一种创新是随机产生的突变式的创新，相当于基因变异。创新不一定是科技创新。如果你认为这个社会现在有问题了，你大胆创造一个新的行事方法，从自己开始慢慢影响周围的人，最后改变社会规范，这就是你的一次创新。

我们有了演化的世界观、社会观、价值观和人生观，去做传宗接代、交流和创新的事儿，那就算是符合天道了吧！

PART 3
巨人的工具

巨人的战术、习惯和日常

呆伯特作者的经验之谈

有一本新近特别流行的书——《巨人的工具：亿万富翁、偶像和世界级表演者的战术、习惯和日常》（*Tools of Titans: The Tactics, Routines, and Habits of Billionaires, Icons, and World-Class Performers*），作者是蒂姆·费里斯（Tim Ferriss）。这本书是2016年12月在美国出版的，现在很多人都在谈论。

费里斯出生于1977年，年纪不大已经出了好几本超级畅销书，如《每周工作4小时》《每周健身4小时》《4小时大厨》，他有一个特别受欢迎的博客（www.fourhourblog.com）。费里斯从2003年开始就在普林斯顿大学给人讲课，还号称是一个连续创业者和天使投资人。我以前尝试读过费里斯的《每周工作4小时》，感觉写得特别浮夸，读了个开头就放弃了。

不过这本《巨人的工具》不是费里斯自己的思想。费里斯做了一个播客节目，专门对名人访谈。他访问了大概一两百位名人，都是一线人物，可以说是当世之俊杰。费里斯让这些牛人都讲讲自己的经验，他把访谈内容编排在一起，就成了这本书。

从这些访谈里我们还是能看出费里斯的功夫的。他不是一个外行记者，他自己就直接参与过很多事儿，所以跟这些牛人能聊起来，双方互相启发，对话很精彩。

　　这本书700多页，里面的人物实在太多，我们只能精选几个。我最感兴趣的一个人是斯科特·亚当斯（Scott Adams），他是呆伯特系列漫画的作者。亚当斯又写博客又画漫画又出书，特别高产，而且自成体系，我就想跟他学一点写作的经验。

（图为呆伯特系列漫画的主要人物呆伯特）

　　呆伯特系列漫画今天已在65个国家，被超过2000家报纸用25种语言转载。亚当斯原本是个坐办公室的白领文员，刚开始画呆伯特漫画的时候因为要上班，必须每天早上4点起来画……他是怎么坚持下来，取得今天这个成就的呢？

　　亚当斯分享的最有价值的经验，大概是这么三条。

1. "目标"和"系统"

　　亚当斯当年一边工作一边业余画画和写作，画画和写作给他带来的物质回报非常少，大概只相当于工资收入的5%，对生活没有任何影响。当时他女朋友问他为什么要干这件事，亚当斯对此无法回答。

　　亚当斯现在总结，他做的这个事情不是为了完成一个什么具体的"目标"，而是为了发展一个"系统"。

所谓"目标"，就是你做这件事就是为了做好这件事，成功了就有回报，失败了就算白干。

而亚当斯所谓的"系统"，则是一个连续变化的东西，或者是一项技能，或者是一个关系，比如夫妻关系。为了这个系统，你可以做各种项目，你可以要求自己养成什么习惯，你要的不是某个具体事件的成败，而是"发展"这个系统。

亚当斯的博客写作，就是一个系统。具体哪篇文章能不能获得收入，有多少读者阅读，都不重要，重要的是能不能让这个系统不断发展。他写博客没有任何具体的目标，这恰恰是系统的特征。

怎么发展系统呢？亚当斯做了两个方面的事情。第一，要定期写，不能三天打鱼两天晒网。第二，亚当斯把博客当作一个研发平台，在上面做了各种写作技术的测试。比如，他测试了不同类型的话题，看哪个话题受读者欢迎。他还测试自己用各种不同的"声音"写作，比如愤怒的声音、幽默的声音、批评的声音等，看哪一种声音更受读者欢迎。

时间长了，博客越写越多，亚当斯的写作系统就成长起来了。后来《华尔街日报》听说了他的博客，就邀请他开个专栏。亚当斯一上手，专栏马上大受欢迎！这是因为此时的亚当斯已经拥有一个成熟的写作系统，他完全知道文章应该怎么写。

亚当斯说，他写博客的时候，只知道这个博客壮大起来就会有各种可能性，但是他完全没有任何具体的目标。他并没有事先规划好到什么时候去《华尔街日报》开专栏……系统有了，一切都自然发生。

2. 灵感

如果你的写作技术已经比较成熟了，你最关心的就不是"怎么写"，而是"写什么"。亚当斯要保持高频率的更新，就必须要有大量的想法做后盾。那么他的想法都是从哪儿来的呢？这是我最想知道的问题，而亚当斯的答案给了我很大启发。

为了获得新想法，亚当斯每天早上起来之后的流程完全固定，连吃的早餐每天都完全一样。他这个套路的精髓是先清空大脑，再用新信息灌满大脑。

清空大脑，就是早餐之后把昨天的一切问题抛到脑后，把整个大脑"腾出来"接收新信息。然后他就打开电脑，看新闻、读文章，了解现在世界正在发生什么，他必须从这些日常的新信息里获得下一幅漫画或者专栏文章的素材和灵感。

现在关键点来了。在浏览信息的过程中，你怎么判断哪条信息值得作为素材呢？亚当斯说，你不应该听从大脑的判断，你应该听从身体的判断。可能大脑容易想太多，容易过度拟合，而身体则是自然反应。亚当斯总是观察他自己的身体的反应——是不是不由自主地笑了？肾上腺素激增？产生强烈的情感波动？那就说明这个东西一定是个好素材。

如果你的身体对什么信息做出强烈反应，那么别人大概也会关心这个东西。亚当斯说到这里，费里斯马上补充说，他知道一位编剧，诺瓦克（B. J. Novak），也是使用这个方法。你需要练习才能掌握这个方法，但是肯定管用。

3. 技能

亚当斯说，如果你想取得出类拔萃的成就，你大概有两个选择。

第一个选择是，你把自己的某项技能练到全世界最好。这个非常困难，极少人能做到。

第二个选择是，你可以选择两项技能，把每一项技能都练到世界前25%的水平，这就比较容易。同时拥有两个能排在前25%的技能的人，其实是很少的，而如果你能把这两个技能结合起来去做一件事，你就可能取得了不起的成就。

比如亚当斯自己。他不是世界上画画技能最好的，但是他的画画技能能达到前25%的水平。他写笑话的技能也不是全世界最好的，但是他写笑话的技能也能达到前25%的水平。现在他把这两项技能结合到一起，画"呆伯特漫画"，能做到这一点的人就太少了。

而亚当斯其实还有第三个技能，那就是他此前坐办公室坐了很多年，他特别懂办公室政治！"办公室政治"恰恰就是呆伯特漫画的主题——这就是三个厉害的技能放在一个人身上产生的化学反应。

所以亚当斯给年轻人的建议是，不管你真正喜欢的领域是什么，你要努力在这个领域练到前25%。然后你还得再加一个领域——当然能加两个更好。如果你不知道该加什么领域，亚当斯建议你练演讲。

亚当斯说，演讲这个东西，只要是个人，愿意苦练，就一定能练好。如果你是个 Top 25% 的程序员，你们公司有很多也是 Top 25%的程序员，但是你同时还是一个 Top 25% 的演讲者，那你自然就是其他那些程序员的领导啊！

费里斯对此评论说，另一个著名作家马克·安德森（Marc Andreessen）也有类似的建议。年轻人在大学最好能拿到两个不同学科的学位，这两个学科距离越远越好。比如，工程+MBA、法学+MBA，或者物理学+经济学。

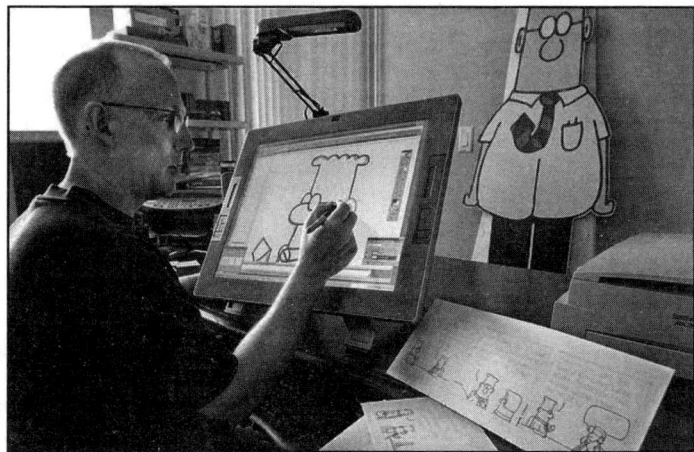

（斯科特·亚当斯工作照）

亚当斯这三条经验，第三条是水平问题，第二条是敏感度问题，我觉得最值得品味的是他的第一条，也就是"系统"，这是一个气度问题。

试问有多少人能做到，没有节点式的职业规划，没有具体目标，不计回报，长时间地去发展一个系统？

请允许我吹个牛——我就做到了。当然我的系统没有亚当斯这么厉害，但我的确曾经在很多年里，在写作不能带来什么收入的情况下，花很多时间用自诩专业作家的精神写博客。我从未主动给任何媒体投过稿，我从未向任何名人求推广，我从未计划过哪年出书、哪年全职写作，我只是把写作当成严肃的业余爱好。

你想做到这一点，需要一定的条件。你得有个正经工作，还得有家人的支持。比如我妻子就一直很支持我，其实有一段时间我整天打游戏她也支持。我的父母倒是问过我为什么要花这个工夫，我就开玩笑说因为我要当思想家——我们都觉得这挺好笑。

当然，首先你得有兴趣，你得能从这个系统本身获得乐趣。可是有兴趣的人太多了，每个人都对某一方面的事情感兴趣，但是要真像亚当斯这样做下来，光有兴趣是不够的。发展一个系统，不但需要你做"好玩"的事儿，还需要你做很多"不好玩"的事儿。"兴趣"，是个被高估了的素质。

"气度"，是个被忽略了的素质。不计较得失，心里有一件"大"事，我特别佩服有这样气度的人。

那么，据此我们得到了亚当斯的三条经验：

（1）要发展一个系统，不要在乎小目标的成败。

（2）判断一个灵感值不值，与其听大脑的，不如听身体的。

（3）在2~3个领域，达到前25%的水平。

指挥官的派头

这一节要出场的人物，是曾经担任过美国海军海豹突击队（SEALs）指挥官的杰克·威林克（Jocko Willink）。

威林克在海豹突击队服役20年，参与过伊拉克战争，回来以后负责西海岸所有海豹突击队队员的训练，退伍以后跟人合开了一家咨询公司，专门向商界传授军队的领导力和管理经验。2015年，威林克还出了一本书，《极端所有权：海豹突击队的领导方法与制胜策略》（*Extreme Ownership: How U.S. Navy SEALs Lead and Win*），这本书曾经在《纽约时报》畅销书排行榜名列第一。

即便在名人之中，这位威林克也不是个普通人物，他非常有派头。我读书的时候隔着纸背，都能感受到威林克的气势。

1. 自律 = 自由

以前我听说《罗辑思维》给用户画像，说"得到"的用户都是"战士"，每天工作学习都像战斗一样，都在想方设法提高自己，取得胜利。这种精神当然厉害，不过我猜这里说的"战士"和"战斗"主要还是一种比喻。

毕竟你的工作和学习都见不着血，就算偶尔失败了，也不至于有人牺牲生命。我们有时候自己给自己增加压力，搞个什么演习之类，其实多数情况下最高目标也就是让领导满意而已。

那如果一个人真的上过战场，见过血，面对过真正的敌人，自己一个错误的决定就可能导致战友牺牲——这样的人，会有什么气质呢？

为了这本书的访谈，费里斯特意把威林克请到自己家里，留威林克住了一晚。第二天早上8点，费里斯的女朋友把他叫醒，说威林克好像5个小时之前就起床了，一直在看书。她作为女主人，都不知道该怎么招待。

其实可能也不至于有5个小时，威林克的正常习惯是每天早上4点45分起床做事。他早就退役了，但是保留了特种部队的纪律，还能连续做76个俯卧撑。

费里斯其实也是个特别有效率的人，但是生活习惯是科技宅男式的，一般都是晚睡晚起。费里斯就问威林克为什么非得早起。威林克说早起能让他获得一种在心理上战胜了敌人的感觉。

威林克总觉得世界上的某个地方有个敌人，一手拿着冲锋枪一手拿着手榴弹，等着跟他交锋。他已经不在军队，将来也不会再上战场了，但是他总觉得有一天还会面对敌人。每天早上一睡醒，他就问自己，现在做什么才能为那个时刻做好准备？然后他就起来了。

威林克这个精神，感染了很多美国人。现在Twitter上就有人组成了一个"4点45分起床俱乐部"（Twitter 标签是 #0445club）！

早起也是自律的体现。威林克的座右铭是"自律 = 自由"——你为了获得真正的自由，就非得给自己设定一些限制。所谓"真正的自由"，也就是财务自由、时间自由、免于疾病和贫困的自由。为了达到这样的目标，你必须自律才行，这个道理很明显。

不过今天的自律也不一定非得是为了"将来"的自由——那岂不是无限推迟自由了吗？费里斯在书里还对"自由"有另一番解释。我们平时所谓的自由，比如说想要什么有什么，想做什么做什么，这个其实有两个弊端，不是真正的自由。

一个弊端是"选择悖论"。如果你面临的选项太多，就容易挑花眼，根本不知道选什么好，幸福度反而下降了。还有一个弊端是"决策疲劳"。有个理论说我们每做一次决定都会消耗一点意志力，选来选去什么都没干就已经身心俱疲。

这里我想补充一句，现代社会某些人得抑郁症，可能就是因为太自由了。表面上看什么都可以做，实际上做什么都没意思，也没意义。这样的自由就如同开了作弊器打电子游戏，玩一会儿之后面对的就是无尽的空虚。

可是如果你是个特别自律的人，每天面对各种限制，有各种固定流程，你每时每刻都"知道自己应该"干什么，你反而获得了一种自主的感觉。

2. 极端的所有权

我的父亲曾经担任过某亏损国有大工厂的车间主任,手下有500多工人。他在家里不怎么说工厂的事儿,但是退休以后经常跟我们吹他当年代表车间跟工厂谈判生产任务的事迹。他据理力争,寸土不让,最大限度地维护工人的利益,所以升官无望,但是声誉很高。我爸引以为荣。

世界上有太多为了奉承上级不顾手下死活的人,所以我特别佩服我爸这个领导风格。可是威林克的风格,似乎比我爸又高了一个境界。

海豹突击队在重大行动之前,负责整个海豹突击队的海军准将会召集所有分队指挥官开一个会。这个会议最主要的内容就是准将要听取各分队的反馈。准将一个一个地问各个分队指挥官,指挥官们就抓住这个机会赶紧向上级提要求。

有的指挥官说跟直升机的合练还不够,请求多派几架直升机;有的指挥官说配发的靴子只适合炎热天气,这次任务估计天气比较冷,希望能发新靴子;有的指挥官说我们在沙漠行军,士兵跟外界失去联络很难受,最好能给Wi-Fi信号……准将一一答应了这些要求。

威林克引以为荣的一个时刻,是准将问到他这里,他的回答是:"我们很好,长官。"

他没有提任何要求。

威林克说,这个逻辑是这样的:我对我的世界,有极端的所有权。如果我的队伍有问题,我自己就会解决,我不会等到这个时候向上级抱怨;反过来说,如果哪一天我真的跟上级说,"老板,我需要这个",那我马上就能得到我需要的,因为上级明白,凡是我提出的要求,一定是我真的需要。

威林克说,人们总爱抱怨上级没有给自己足够的支持,其实那根本就是你自己的错误。你没有好好教育你的上级,你没有正确影响你的上级,你没有让他理解你为什么需要这个支持。自己必须负责任,这就是极端的所有权。

3. 谦卑与领导力

费里斯问威林克，怎样才是一个好的指挥官呢？威林克首先想到的是"谦卑"。威林克回到本土负责整个西海岸海豹突击队的训练，他故意用超高难度的环境和任务压迫部队，一直到把所有队伍都压垮为止。其中一项考察重点就是看各个小队的指挥官怎么反应，不行的就淘汰。

威林克发现，最后被淘汰的指挥官，几乎没有人是因为军事技术或者体能不行，而都是领导力不行。其中最缺乏的一个素质，就是谦卑。

这里"谦卑"对应的英文是 humility 和 humble，并不是说对领导毕恭毕敬的意思，而是你这个人听得进去别人的话，有开放的头脑，能时刻学习。

训练任务是故意让所有队伍都失败。有谦卑素质的指挥官回来，首先把责任归于自己：是我没控制好，我输了，咱们能不能复盘一下，看看我哪个地方做得不对。然后你给他指出不足，他马上记在笔记本上。

而对比之下，傲慢自大的指挥官回来先指责别人，反正自己没错，他好像什么都知道——其实他连诚实的自我评估都做不到。

那威林克是怎么自我评估的呢？这个方法我在别的地方也看到过，非常值得借鉴——那就是你要以一个第三方的视角，旁观自己。

你正在做这件事，但是你能够时不时地跳出自己的身体，去观察你自己：我是不是生气了？我是不是太感情用事了？我是不是反应过度了？

这个其实就有点像咱们中国人说的"当局者迷，旁观者清"，这等于是自己给自己提供即时反馈。做到这一点非常困难，这要求你在即使身心全部投入的情况下，仍然能在心里保持一个冷静的声音，给自己提个醒。我看这大概就是"谦卑"的最高境界。

威林克不抽烟不喝酒，连咖啡都不喝，唯一的嗜好是偶尔喝点茶。他在军中养成习惯，做事永远有个备用方案，永远保持可靠性。威林克平时爱读一些非常黑暗的纪实作品，他说他越了解黑暗，就越对安定的日常生活充满感恩之情。

我读威林克事迹的时候一直在想,军队,到底是个干什么的组织?

有篇文章叫《有一种情怀叫"有限"》,其中提到德国军人的荣誉感特别强,甚至上升到了宗教的程度。我们当然不赞成德军那种情怀,但是军人,的确是一个特别讲荣誉感的职业。

我想,军队其实就是一个专门研究怎么在竞争中取胜的组织。军队就要打仗,打仗就要打赢,军人的荣誉感不是"我衣服漂亮我很光荣"那种荣誉感,而是"每次跟人竞争我都要赢"这种荣誉感。

我总是晚睡,几乎从来没有早起过。以前我总想,晚睡晚起和早睡早起的实际清醒时间不是一样的吗?早起有什么了不起的呢?今天想来,早起的人的确更自律。该睡觉不睡容易,睡得很香到点就起床比较难。如果你真的4点45分起床,心想别人都还睡着而你已经做了不少工作,可能心理上的确会有一种强烈的胜利感觉。所以早睡早起不一定非得是为了养生,也可以是为了自律和荣誉感。

很多人一过50岁就整天研究养生之道。像威林克这样从战场回来的人,到80岁都不会跟你谈什么养生之道。威林克身上有这么一种派头,那大概是因为他永远高看自己一眼。

战争能培养人。我们从一个经历过战斗的特种部队指挥官的身上,大概可以学到这么三条:

(1)真正的自由是自律。

(2)你要对你的世界有极端所有权,任何事情负责到底。

(3)谦卑使人进步。

给前辈铺路的人

标题并没有写错,我们这一节要说的不是给"后辈"铺路的人,而是给"前辈"铺路的人。这听着有点怪,事实上这也是一个不一般的道理,你可能要纠结一番，才能接受。

这一节要出场的人物是媒体策略师瑞安·霍利迪（Ryan Holiday），他给大公司和畅销书作者提供咨询服务，他自己还出过4本书。

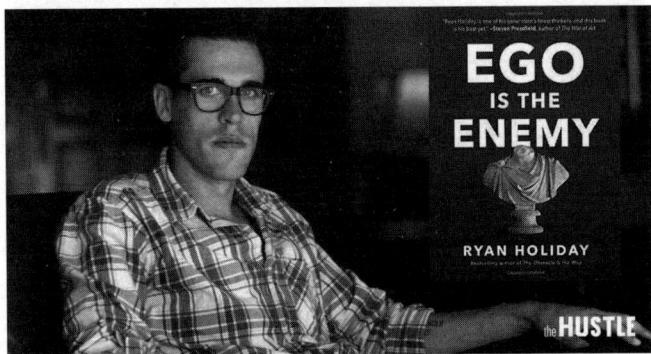

（瑞安·霍利迪和他的书《自负是你的敌人》）

不过，霍利迪在《巨人的工具》这本书里说的道理不是媒体策略，而是怎么当学徒——他把这个道理称为"画布策略"。

咱们先假想一个剧情。假设你是一个生物专业的博士生，你的导师是一位著名的生物学家。导师给你安排了非常繁重的任务，你做了很多实验，整理了数据，画成图表交给导师。在一次学术会议上，导师做了个精彩的报告，这个报告里最重要的实验结果就是你做出来的，甚至PPT上的图都是你画的。可是自始至终，导师根本就没提你的名字。

当然，现在几乎所有的科研项目都是多人合作的，你的名字也出现在PPT的第一页上，只不过你被淹没在众多联合署名人之中，位置一点都不特殊。会后，人们谈论这个报告内容的时候，都说那是你导师的成果。

请问你会做何感想？这对你很不公平。公平的做法应该是讲到谁的成果，就告诉听众这个是谁做出来的，最好还利用报告的机会把自己的学生介绍给与会者。但是我们知道，有些导师就爱把功劳归于自己。有时候甚至整个工作都是学生做的，导师非得当论文第一作者。因为这样的矛盾，学生和导师翻脸的故事数不胜数。那你怎么办？

霍利迪的策略是，你不妨把所有功劳都给导师。

　　NFL新英格兰爱国者队的主教练比尔·贝利奇克（Bill Belichick），
曾经拿过4次超级碗冠军，也曾经给人当过不计功劳的学徒。

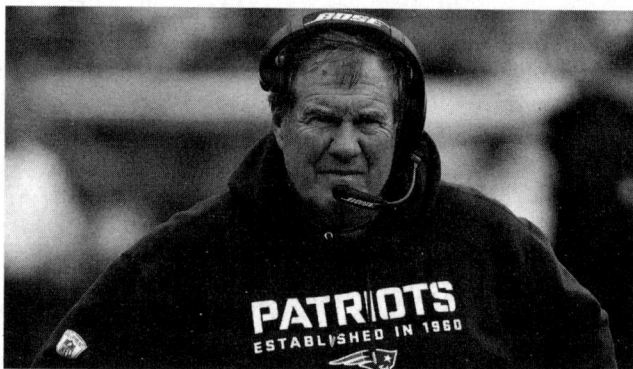

（比尔·贝利奇克）

　　贝利奇克高中时就是橄榄球队员，他对橄榄球比他的教练懂得还多，
他在场上就相当于半个教练。这可能得益于贝利奇克的父亲就是美国海军
橄榄球队的助理教练。而父亲给贝利奇克最重要的一条忠告，不是关于技
（战）术的，而是关于球队政治的：如果你要给教练提反馈意见，一定要
找个私下的场合，用最谦逊的方法告诉他——这样你就不会冒犯他。

　　贝利奇克做到了。他在不得罪任何人的情况下成了一个明星。可是最
值得说的，还是贝利奇克退役以后转型当教练的故事。他在职业球队的第
一份工作是录像分析师，纯实习，没有工资。

　　这是一个费时费力、教练没有时间亲自做的工作。贝利奇克会用几个
小时的时间分析对手的比赛录像，得到结果和数据，提出自己的看法和战
术建议，交给助理教练。等到助理教练和主教练讨论战术的时候，他会把
所有想法都说成是自己的，连贝利奇克的名字都不会提。那贝利奇克对此
是怎么反应的呢？

　　一个教练是这么评价贝利奇克的："你给他一个任务，他消失几个小
时，等你再次看到他的时候他已经做完了，然后他向你要更多的任务。"

　　霍利迪说，贝利奇克掌握了"画布策略"。所谓"画布策略"，就是
你发现别人要画油画，你给他找个画布让他画。画里也许有你的功劳，但

你的位置，是给人提供画布的。这就是学徒做的事情。

古罗马有一种职业叫"清道夫"。政客或者有钱人会雇用一些有才华的年轻人给自己做事，但不是作为工作助手，而更多的有点像是咱们现代这些影视明星的"助理"。清道夫的一项任务，就是在这些大亨出行之前，把路上的事情安排好，所以叫"清道夫"，也会做送信之类各种跑腿儿的事情。

有个古罗马文学家叫马提亚尔，早年生活贫寒，就给人当过清道夫，而且他还同时服务于两位大亨。他每天的工作就是在这两位大亨家之间跑来跑去，很辛苦。

马提亚尔非常不喜欢清道夫这个工作。在他后来的作品中对自己早年的这个职业有很多怨恨之词——我一个文学青年，才华盖世，你们居然让我干这个？！

霍利迪对此的评论是，马提亚尔怎么不想想，如果没有这个工作，以你当时的条件，怎么可能有机会接触到罗马上层社会的生活，你又怎么可能有一个这么好的视角，有这些好素材，去写出那些作品来呢？

清道夫这个职业有点像中国过去的"学徒"，为了学点手艺什么杂活都干，其实西方的学徒也是这样。达·芬奇、米开朗基罗都是从学徒起步的。

霍利迪说，学徒这个工作的逻辑是什么呢？

第一，你根本没有你想象的那么厉害，也没有那么重要。

第二，你这个不谦虚的态度就不对，你的性格需要磨练。

第三，你从学校和书本上学到的那些知识，要么过时了，要么根本就是错的，你需要第一线高手的真知灼见。

给人当学徒，就给你提供了一个机会。你现在把自己和一个高手连接在了一起，你可以从内部了解第一手的经验。这就是学徒工作的协议：用礼敬和服务，换取机会——而这个机会还不是立功露脸的机会，而是学习实践的机会。

本杰明·富兰克林做过类似的事情。他哥哥办了份报纸，富兰克林匿名写稿，把稿子放在信封里从哥哥的印刷厂的门缝里塞进去。他哥哥一看文章不错，就发表出来。一来二去，富兰克林的匿名文章越来越受欢迎，干脆每期都上报纸头版。富兰克林从来没从中拿到过一分钱稿费，而且一直过了很久都没有人知道那些文章是他写的。

富兰克林收获的是写作经验和真实的读者反馈。那富兰克林为什么不直接把文章交给他哥哥发表呢？原因难以置信——因为他哥哥嫉妒他。事实上，等到他哥哥知道是富兰克林写了那些文章之后，不但没有感谢他，还把他打了一顿！

咱们可以想想这件事情。如果你的老板嫉妒你，不给你出头的机会，你会怎么做？本杰明·富兰克林，美国国父，当年可是这么做的。

注意，霍利迪一再强调，学徒的作用可不是阿谀奉承，用英文说就是这不是 kiss ass。这不是让你给老板送礼，不是让你去走什么夫人路线，也不是让你卑躬屈膝。"画布策略"的关键是在工作上给人帮助，给人铺路，让别人能把事做得更漂亮。

然后你把功劳也给对方。前面我们说你"不妨把所有功劳都给导师"，"不妨"这个词还用错了——你应该高高兴兴地把功劳让给别人。从功利的角度讲，你可以把这件事当成一个投资，与其你欠大人物一个人情，不如让他欠你一个人情。

用一句话总结画布策略的心法，就是"be lesser, do more"——把自己放在更次要的位置，给别人做更多的事。

有什么好想法，赶紧告诉老板。多跟不同的人认识，介绍不同的人互相认识。别人都不愿意做的事，你去做。发现团队有什么缺点和漏洞，你去补救。更进一步，不但对前辈要这样，最好对所有人都这样。想想有什么好想法能帮助别人，免费把想法给他。

这就是学徒的精神。

那你说，这个学徒什么时候才能当到头呢？霍利迪说，"画布策略"没有过期时间。哪怕你自己已经独立做事了，哪怕别人都开始对你使用画布策略了，你还应该继续给人当清道夫。

因为还有一个最后的道理，是那些狂妄自大的人体会不到的：当你给人铺路的时候，你实际上也在左右他的前进方向。

今天说的这番道理，你很难想象是从美国人嘴里说出来的。前段时间有个新闻热点，说有个实习生因为公司上下的人让他中午去买盒饭，他很不满。网上很多讨论，有人就说这就是中国国情，你要不服，你去美国工作。但美国厉害的学徒可能会高高兴兴地出去买盒饭。

这段话到底要不要讲，我自己其实犹豫了很久，因为我觉得这个道理有点low。想当大人物，就得先当小人物；要想学会指挥，就得先学会服从。这怎么听都不像是英雄所为。更何况，如果你今天的所作所为都是为了明天的回报，这不是太功利了吗？

首先咱们得承认，这里面确实有功利的因素。人非圣贤，厉害人物难免会有傲慢的缺点，你想跟他平等共事，但他根本就没必要跟你平等。当然你可以说，研究生是我自己考上的，你就得好好教我——可是什么叫"好好教"？他可以例行公事地教你，也可以真心付出地教你。

可是从另一方面说，当好学徒，也是一种不带功利的自我修养。对高手难道不应该礼敬吗？对事业难道不应该奉献吗？不计功劳，难道不也是气度吗？人不知而不愠，不亦君子乎。

霍利迪说的最后这个道理，更值得我们好好体会。帮助别人就是影响别人，如果你能帮很多人，你本身就是高手，你的影响力就很大，你就能做更大的事——这大概也是气度的力量。

所谓画布策略，就是学徒要善于给高手创造条件，让高手把事做好——只有这样，高手才愿意带你玩儿。

风险投资人的养成

这一节要出场的人物是风险投资人克里斯·萨卡（Chris Sacca）。

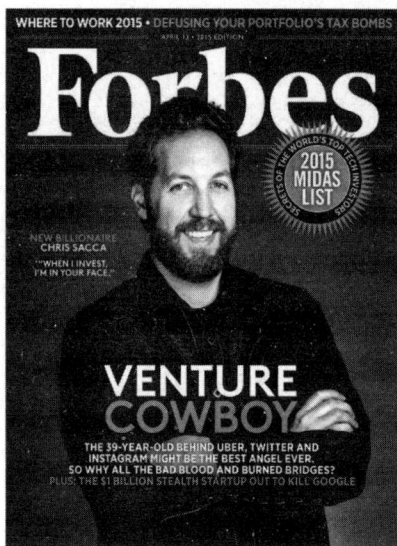

（《福布斯》封面上的克里斯·萨卡）

萨卡可能是硅谷最成功的风险投资人之一，据说身价超过10亿美元。萨卡曾经在Google担任过部门经理，出来搞风险投资以后有过多个神来之笔，像Twitter、Uber、Instagram、Kickstarter 这些现在如雷贯耳的公司，萨卡都是在它们创业早期就投资了。他还上过《福布斯》杂志的封面。

费里斯这本书里的萨卡，是个有点性格的人。比如作为一个风险投资者，人们都把他当成硅谷的人，毕竟他投的大部分公司都在硅谷——但是萨卡并不住在硅谷。他住在加州一个山区里。

萨卡不住浪潮中心，因为他说他是一个"进攻型"的人。

1. 进攻和防守

萨卡说，你在生活中面对的各种挑战可以分为两类。一类挑战是"防守"，也就是那些别人给你的挑战。别人给你任务，你想方设法完成，做成了也很有成就感，但是主动权在别人手里。另外一类挑战是"进攻"，是你做自己想做的事情，主动权在自己手里。

比如你的电子邮箱，其实就是你的防守任务列表。每一封邮件都是别人想让你干的事儿，如果你一直被邮箱左右，你就一直在防守。

萨卡想进攻。所以他从2007年就搬离了距离硅谷30分钟车程的旧金山，跑到山里面去居住。

萨卡不想再没完没了地见各种人、开各种会了。他在山里可以集中精力做一些自己想做的事情，学习新东西，建立一些真正有价值的长期关系。

　　他住的地方正好是个滑雪胜地，景色很好。他就经常在周末邀请各路商业伙伴来家里玩，别人也愿意来，结果这样的关系显然更深入。这种长期的个人朋友关系，是萨卡成功投资 Twitter 和 Uber 这些公司的关键。

　　所以我们看，风险投资人肯定要认识很多很多人，而现在萨卡的特点是他已经不再被动地见很多人，而是主动地、有选择性地跟一些人建立更高水平的关系。

　　关键词，"主动"。所谓进攻，就是要以我为主，积极主动。实际上萨卡早期也是这样。他知道风险投资人需要很多知识，对各行各业的情况都得有点了解，可是如果你在一个公司有份正式工作，你的工作能够给你提供的视野往往非常有限，那你就必须主动出击。

　　当年萨卡的做法就是不论哪里有重要会议，不论人家是否邀请了他，他都想方设法去听一下。在Google的时候，各种高层的会议，甚至创始人之间的会议，萨卡也去参加。

　　他去开会别人根本没请他，有时候人家不好意思说他，有时候也会有人问他你来干什么，这时候萨卡就说："我是来帮你们做会议记录的。"然后他真的会把自己记的笔记发给与会者。

　　像这样的情商，是怎么练出来的呢？

2. 少年时代

　　美国现在阶层固化，连互联网行业这个全新行业的创业者，通常也不是出自中等以下的家庭。萨卡的家庭就有点不一般，他的父母都是有一定能力的人。

　　美国学校的暑假长达两个半月，穷人家小孩就在家里瞎玩，有条件人家的小孩则可以参加各种培训班和夏令营。而萨卡家的规矩，是每年暑假出去实习。

　　实习分两个阶段，萨卡称之为"甜酸暑假"。

先说"甜"的部分。萨卡的父亲有个朋友，也是萨卡的教父，这位教父有个儿子，算是萨卡的"教兄"（godbrother）吧。萨卡这位教兄的职业，是帮着利益集团在华盛顿游说国会议员。12岁那年，萨卡的实习生工作就是给教兄当小跟班，去参加游说。

而且萨卡在其中起到了一个相当重要的作用。在游说每个政客之前，萨卡会先跟他的教兄梳理一下这次游说要达成的各种条款，萨卡会把计划的内容浓缩到一张纸上，帮教兄理清思路。然后他跟着教兄去参加和政客的会面，教兄跟政客谈，他就在旁边看。

12岁的萨卡，就已经见识了华盛顿那帮议员的各种嘴脸。萨卡说这种实习至少给他三个收获：第一是获得了很多见识；第二是建立了强大的自信心；而更重要的第三个，是通过总结谈话要点，他掌握了很强的讲故事的能力。

而暑假里"酸"的部分是萨卡回到自己家，父亲安排他去一个建筑队打杂。建筑队的老板是他父亲的朋友，他父亲要求老板把最脏最累的活儿安排给萨卡，比如把粪肥洒到别人家的院子里。如果萨卡干得不好，工友们还会对他打骂！

也许这种吃苦的工作能磨练意志品质吧。不过萨卡调侃，他父亲安排这两份实习可能还有一个警告的意思——如果你找不到华盛顿说客这样高端的工作，那你就只能做建筑队那种"真正"的工作了。

3. 日常风格

我们知道有些硅谷名人爱穿标志性的衣服，比如乔布斯每次开发布会都是一件黑色套头衫，扎克伯格总爱穿一件T恤衫。萨卡的标志性服装是一件绣花牛仔服。

为啥非得这样呢？萨卡说他有一次出去做演讲，在机场很随性地买了件衣服，演讲的时候穿着反响很好。于是他回来就把这家店里同款衣服的一半库存都买了，从此一有正式场合就穿这件。这件衣服给了媒体一个很强的辨识度，这是在不伤害自己的情况下增加曝光度的最好方法，何乐而不为呢？

萨卡面对压力的方法是反复对自己说一句话："今天晚上我还是会回到我的床上。"不管这一天有多难，不管当前的事儿有多棘手，晚上就可以获得安宁。

萨卡对年轻人的忠告是，任何时候都要真诚，不要模仿任何人，永远做最真实的自己——而且你不必为此道歉。如果你的真实自我是一个很怪异的人，那你就做这样一个很怪异的人。

其实这个说法在《巨人的工具》一书里提到的另一个人物格林·贝克（Glenn Beck）也表达过。格林·贝克是现在美国当红的节目主持人，他有一次在电台节目里没忍住，暴露了自己很隐私的事情，以为职业生涯就此结束了，没想到获得了很好的反响。

这个逻辑是，现代社会里太多人说话都是按照事先写好的稿子说，越是这样，人们就越欢迎真诚的声音。跟别人一样非常无趣，真诚的自我表达反而可能有市场。如果你真的在某些方面有特殊之处，它可能还是你的卖点。

萨卡给的最后一个忠告是，一定要善于讲故事。风险投资人做决策时，其实并不是依靠理性分析你的数字和图表，而是在听你的故事。如果他能被你的故事打动，他就会投资你的项目。如果你发现一个投资人在纠结地翻来覆去看你的数据，他其实不是在那里做计算，他是想从这些数据里面找到相信你这个故事的理由。

我认为现在风险投资人是个非常有意思的职业。他们自己并不直接发明什么东西，但是总能侃侃而谈，专门给创业者指点江山，而且所有人都重视他们的意见，因为他们是拿着真金白银玩真的。厉害的风险投资人应该拥有多方面的素质，从低到高排列，至少有这么几个：

第一，你得有钱。但钱反而不是最重要的条件，现在是资本过剩的时代，创业公司弄到钱比较容易。

第二，你得有五花八门的知识。你需要的不见得是什么专业技能，但是你得能理解一个行业的逻辑，你得理解风险和人心，你得理解历史和趋势。你需要像狐狸一样，有跨界的见识。

第三，你得有关系。你得认识很多人，你得知道牛人都在哪儿。但是你光认识还不行，还得和这些人建立长期的、深度的关系，最好能时不时互相帮忙。风险投资人对创业者的帮助绝不仅仅是金钱上的，还包括比如说你能不能通过关系，把发明创造和市场连接起来。

第四，风险投资人还得有自己的风格，甚至是哲学。如果巴菲特刚刚投资了一个东西，你要不要跟着投？

这本书中就提到，另一个风险投资人马克·安德森就非要和巴菲特反着投资，他不相信巴菲特的方向。安德森说，你一定得有一个强烈的观点，然后你还得有放弃这个观点的勇气。有强烈的观点，你才能下水去做这件事。可是一旦现实告诉你这个强烈的观点是错误的，你还得能马上调整，而不是固执己见。

有观点、有态度，再往高了说还得有思想。马克·安德森就是一个很有思想的人。他现在到处鼓吹的一个思想是，现在创业者的产品都卖得太便宜了。产品卖得太便宜了就收不回资金，收不回资金就做不了推广，做不了推广就不能把产品介绍给更多的人。所以他强烈主张创业者们提高产品价格——其实我觉得他说得好像不对，但最起码他有这个思想。

这大概就是为什么人们都爱听风险投资人讲话吧。

并不是每个人都能有萨卡这样的条件，能获得那些经历和见识，但是每个人都能更"积极主动"一点。有多少事情是别人让你干的，有多少事情是你自己真正想干的？你想不想尝试一下进攻？

◎ 我怎样管理信息

只要你从事脑力工作，不管具体干什么，你干的其实都是同一件事——吸收大量外界信息，让这些信息在你头脑中发生化学反应，然后创造新信息。以前我搞物理研究，现在我是科学作家，都是在和信息打交道。我想分享一点信息管理的经验。

有关信息管理，大概有两种错误的思想。

一种是想要用大脑记住信息，强调记忆力。现在有各种记忆术、记忆力培训班之类的，就是由此而来的。在互联网时代，这个依靠蛮力的思想实在太落后了——人脑应该是用来想事儿的，不是用来记事儿的。我写过一篇文章叫《超强记忆力是一个邪道功夫》，这里不细说了。

另一种是强调搜索，指望什么信息都临时去网上找——这就太业余了。比如你看到一篇有价值的文章，只要你觉得将来可能还需要再看这篇文章，你就应该把它保存下来，而不能指望日后再去搜索。你可能会忘记关键词，甚至把整件事都忘记。

正确的做法，是使用一个外部系统，专门存储个人化的信息。

所有学者都是这么干的。过去人们使用笔记本和文件柜，现在我们有更方便的工具。

我用的工具是Evernote，已经用了7年了。Evernote在中国的版本叫"印象笔记"，我用的是国际版，但功能应该都是一样的。

下面我就以Evernote为例，讲三个信息管理经验。

1. 采集

人脑很不擅长提取记忆里的东西，但是很擅长识别东西。如果让你列举你所知道的所有美女，你大概一时之间说不上来多少个，但是当你看到一位美女的时候，你马上就知道这是美女。所以我们要专注于识别，而让计算机帮着提取。

看到任何可能有价值的信息，我的第一反应都是保存在Evernote里。Evernote有自己的服务器，所有内容都同时保存在本地和云端，可以跨平台保存和提取。它有自己的浏览器插件可以抓取网页内容，它在手机里跟几乎每一个涉及阅读信息的APP都能对话，你还可以用发邮件、拍照片和录音的方法采集信息。

提取信息最好的办法是搜索。IBM做过一个研究，让人去找一封电子邮件，有的人喜欢搜索，有的人喜欢平时就把邮件分类。结果搜索的人平均只需要17秒可以找到他想要的邮件，而分类的人则需要58秒。

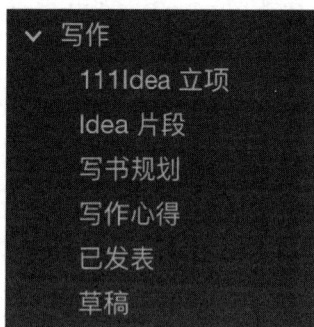

但一定程度的分类也是必须的。生活用文件应该单独放在一个目录（Evernote中叫"notebook"）下，报税材料也应该单独放在一起。凡是你需要回头批量浏览的内容，都应该有自己的目录。以写作为例，我的Evernote中有如下几个目录。

> ✓ 写作
> 　111Idea 立项
> 　Idea 片段
> 　写书规划
> 　写作心得
> 　已发表
> 　草稿

任何时候产生一个有可能变成一篇文章的想法，我就在"Idea立项"这个目录下新建一条笔记。如果这个想法只适合在某篇文章里做素材，那就进入"Idea片段"。

采集的精神在于，有了高级管理工具，你就应该把任何可能有价值的东西都记录下来。Mathematics的发明人史蒂芬·沃尔夫勒姆（Stephen Wolfram）甚至具体到把自己在键盘上每一次击键的动作都记录下来了。我觉得这有点夸张，但是他这个精神是对的。

记下来了，你就不用惦记它了。这其实也是解放大脑！

2. 合作

Evernote还是个很好的图文编辑器。我有个朋友，以前做编辑，后来辞职自己写作了，很成功。他专门问过我，你交给我的稿子都是清爽漂亮容易编辑的文档，我用Word怎么做呢？

我就说，专业作家不应该用Word写作。Word也许是个排版工具，但肯定不是写作工具。我写书用Scrivener，写短文都直接用Evernote。Evernote能直接把文章生成html文档，发给任何一个人，他根本不需要安装什么软件，在任何平台用浏览器直接就可以打开，而且所有文本格式都保留了。

Evernote还允许你公开分享任何一条笔记。你只要发个链接，所有人都能访问这条笔记。

更重要的是，Evernote允许几个人共享一个目录。下面这几个目录是我写《精英日课》专栏用的。

我和专栏主编，以及《罗辑思维》的几个同事共享了其中"交稿"和"已发布"这两个目录。写好一篇文章我就放在"交稿"目录中，主编随时能看到，随时能修改。哪些文章已经发布，还剩下哪些文章可以发，所有相关人员都一目了然。我简直无法想象如果都用电子邮件交流，得多费多少力气！

下面这些目录是我的读书笔记。

我现在读书量太大，只能用录音的方法记笔记，然后请助手把录音整理成书面文档。我读一段书，有什么心得感想就直接用Evernote录音，把录音保存在"录音笔记"目录下。我的助手随时能看到，有时间就帮我整理。我不用特意告诉她新录了哪些笔记，她也不用告诉我整理到了哪里，所有工作进度一看便知。

主编、助手和我，我们在不同的地方，甚至不同的时区工作。但是我们一交流都是说大事儿，几乎不用花时间做什么技术性的协调同步。

3. 创造

最后说两个Evernote的高级功能，是用来思考创造的功能。我们还是以写作为例。

第一个功能是，你可以在一条笔记中插入另一条笔记的链接。这个功能简单，但是意义重大。

从2012年开始，我对贫富差距增大这个话题非常感兴趣，就一直想写篇文章来解释为什么现代社会的贫富差距会越来越大。我的做法是先在"Idea立项"目录中创建一条笔记占位置，然后一遇到相关的素材，比如什么新的研究结果，就把保留那个素材的笔记链接到这里。

唯一的希望，是新技术，新机会带来的新势力崛起。比如飞机取代火车，，美洲新大陆等 - 但就是这样，精英一旦确认了这个机会，仍然可以在很早期就能跟进投入。

Your Ancestors, Your Fate

Social Animal 一书，说贫困其实是一个 emergence system。不能单一解决。这就是为什么要建KIPP这种全包的学校来彻底改变一个人。可是 The Why Axis: Hidden Motives and the Undiscovered Economics of Everyday Life by Uri Gneezy and John List ch 5 的实验似乎说穷人学校还是有希望的？不过实验中特别强调了对家长的培训。

甚至有本书专门说这个：How much does social mobility ever change?

Solidot | 报告称2010年中国基尼系数0.61

The Great Gatsby Curve - NYTimes.com

Are food stamps the best macro stabilizer?

本文似乎应该重点读穷人的思维模式，或者就这个问题另起一篇文章，一个切入点是为什么穷人更胖？参考以下几篇文章：
How Poverty Taxes the Brain - Emily Badger - The Atlantic Cities
Why Do Poor People Tend To Be Fatter?Controversial News, Controversial Current Events | Intentious
Rich And Poor Kids Eat Same Diet, Poor Get Fatter
The Economics of Obesity: Why Are Poor People Fat?
Childhood obesity is falling
肥胖者教育程度低是因为肥胖者不上学

参考Scarcity: Why Having Too Little Means So Much by Sendhil Mullainathan and Eldar Shafir 一书。
The human side of poverty: Why poor people make bad decisions - latimes.com
Your Brain on Poverty: Why Poor People Seem to Make Bad Decisions - Derek Thompson - The Atlantic

另外The Social Animal: The Hidden Sources of Love, Character, and Achievement 书中刚提到，贫困是一个 emergence problem，所谓涌现现象，不是单一因素所决定的，必须从文化上脱贫。

截图是这条笔记的一部分，其中每条链接都指向一个相关的素材。这样几年时间内，我搜集了好几十条素材，想得越来越多，虽然文章到现在也没动笔，但这个思路是清楚的——不成熟的想法先放着，慢慢积累，什么时候素材够了、自己想明白了，什么时候动手。而Evernote的关键作用在于，平时你不用总惦记这个想法，它老老实实就待在那里，你随时有新东西都可以去补充它。这不仅仅是写作的技巧，还是借助一个外部工具把想法丰富起来的方法。

其实我还需要一个功能：自动告诉我一条笔记都被哪些笔记引用过。这能引发更多联想，希望将来Evernote能有这个功能。

第二个功能是，Evernote能通过可能是词汇匹配之类的算法，自动发现一条笔记的"相关内容"。

最近《大西洋月刊》上有篇文章介绍心理学家保罗·布卢姆（Paul Bloom）的新书《反同情》（*Against Empathy*），这本书说的是同情心泛滥对现代社会的害处。我把文章保存在了Evernote中。

然后Evernote就根据这条笔记的内容，自动发现了6条"相关内容"（Context），其中3条来自我以前的笔记，3条来自最近的媒体文章。

这至少告诉了我三件事：

（1）这位保罗·布卢姆早在2013年就在《纽约客》杂志发表过一篇类似内容的文章。我看过那篇文章还保留了，但是现在全忘了。

（2）文章中提到精神病人的决策能力可能更强，而我之前读过的一篇书评，也讲过类似的观点。

（3）保罗·布卢姆最近还在《华尔街日报》上发表文章，介绍了他这本书。

我没有做任何搜索，这些都是Evernote主动告诉我的。更重要的是，Evernote已经是在模拟人脑的思维！人脑发挥创造力最重要的一个手段，就是把两个不同的想法连接起来。这个连接越是意想不到，创造出来的东西就可能越有意思。想要让想法连接，你得先拥有很多很多想法才行，而现在你可以把想法寄存在一个外部工具里，让计算机帮你建立连接！

但是Evernote做得还不够好。另一个工具DEVONthink，能用更复杂的算法提供更多的相关内容，而且还有量化的相关度评估。可是DEVONthink的其他功能实在远远不如Evernote……所以我特别希望Evernote收购DEVONthink。

无论如何，有这样的工具，等于是用"计算机辅助写作"。这就是为什么《精英日课》专栏能做到日更。我永远不缺资料，我的烦恼是资料太多怎么取舍。我完全不担心有什么人工智能写作软件，我希望这些软件越强越好，为我所用。

希望读者能把Evernote用在平时的学习、工作和研究中，但我更希望看到更多的人使用这些方法，写出有干货、有严肃研究结果支持的好文章来。那些无病呻吟的鸡汤文字根本配不上这个时代。

而现在如果有哪个作家还在用复印和剪报搜集资料，用Word写文章，他面临的是我这样的作家的不公平竞争。

三种浪漫体制

我有一篇文章叫《你会跟谁结婚》，文中提到经济学家的数据显示，现在美国的婚姻中"强强联合"的现象越来越严重，高收入者和高收入者结婚，高学历者和高学历者结婚。

经济学家很无奈，我们也无语了。在那篇文章的留言区，我们搞了个行为艺术，只放出了一位读者的留言——"我只和我爱的人结婚"。

我们表达了态度，但是问题还没解决。婚姻大事，到底应该遵循什么样的原则呢？

《纽约时报》的专栏作家戴维·布鲁克斯（David Brooks）最近有一篇文章，标题是《你属于哪个浪漫体制》（*What Romantic Regime Are You In*）。

布鲁克斯是我最喜欢的作家之一，我们的读者可能也比较熟悉他，《社群动物》《品格之路》这些书就是他写的。但是自从特朗普当选总统以后，他就像疯了一样，写的几乎所有文章都是骂特朗普的，简直没法看。

后来，我看他终于写了一篇正经文章，也就是这篇谈婚姻的，而且写得很不错。

他首先写道，有一个从小在俄罗斯长大、16岁移民到美国的女作家，叫波利娜·阿伦森（Polina Aronson），对美国人的爱情婚姻观发表了自己的看法。

阿伦森说，俄罗斯人认为爱情是上天注定的，爱情来了你就无法抗拒，人们为了爱情愿意做出牺牲，甚至可以承受痛苦。总之，所有事情都应该为爱情让路。

但是美国人不这么认为。阿伦森发现美国人特别讲究"选择"。美国人寻找恋爱和结婚对象，会特别理性地权衡比较——对方能不能满足我的各种需要？我在这段关系中能不能舒服地行使自己的权利？就好像自己是在挑选一件适合自己的商品一样。

阿伦森对美国人这种婚姻观持批评的态度。她认为，美国人过分强调自我，有很强的边界意识，特别不愿意依赖对方。阿伦森问，美国人这种"自立自强"是不是太夸张了？人在婚姻中难道不就应该互相依赖吗？

布鲁克斯对此有感而发，他把俄罗斯人的婚姻理念称为"命运体制"，把美国人的婚姻理念称为"选择体制"。

说到这里，我真的很想补充一句：其实除了这两种体制，某些中国家长们的婚姻理念也是一种体制，也许应该叫"指标体制"。这些家长给子女挑选对象，都是按照一系列量化的硬指标来的：工资多少、学历多高、身高多少、年龄多大。美国人虽然讲理性，但至少没有那么直白，而中国家长则直接把人指标化了。

当然，大多数中国人也不是这个态度。那么俄罗斯体制和美国体制，哪个体制好呢？

布鲁克斯说，都不好。"命运体制"太过草率，但是"选择体制"也太过现实了。美国人真的把婚姻当成了"市场"，挑选适合自己的，同时也被别人挑选——如此理性，可是结果并不理想。很多人挑花了眼之后，干脆不结婚了，在不到30岁生了孩子的女性中，超过一半都是未婚妈妈。

布鲁克斯说，你去考察那些携手走过大半辈子、婚姻幸福的老夫妇，你会发现他们的婚姻既不属于"命运体制"，也不属于"选择体制"，而是属于"契约体制"。

在契约体制下，婚姻是一个承诺。为了实现这个承诺，双方都需要改变自己。

你不需要在婚姻市场里精心挑选另一半。契约体制认为，婚姻有一定的偶然性，你可能偶然遇到一个特别心动的人，说结婚就结婚了。但是请注意，这一步并不是最重要的。

最重要的是第二步，也就是双方如何把这个婚姻关系维持下去。

布鲁克斯说，你们两个人要建立"我们"这个概念。从此之后，在生活中的优先级，你们两个人的"关系"是排在第一位的，排第二位的是对方的需求，而你自己的需求只能排在第三位。

契约体制认为双方结婚以后，不应该过分强调个人独立性，而应该互相依靠。

那么，这个"契约"中最关键的一点是，一旦婚姻出现危机，双方要明白不能轻易退出。解决危机的办法是再深入一步去挖掘双方的关系。

可是为什么要这样呢？我生活得自由自在，何必非得结婚，受这个契约的束缚呢？

布鲁克斯说，婚姻并不仅仅是两个人在一起，还有更高的目的，就像我们经常提到的那个"something bigger than yourself"。显然，更高的目的就是孩子，照顾孩子需要两个人的努力。

但是，还有一个比孩子更重要的目标，那就是我们要通过婚姻关系去增加自己的"可爱度"（loveliness）。"lovely"这个词我在这本书后面讲亚当·斯密的时候会说，在这里并不是指小孩子的那种聪明可爱，而是"值得爱"的意思。

说白了，就是一个结了婚的人，会慢慢变得不那么自私了。他会学着去爱别人，自己也就变得更加值得爱，他就变成了一个更好的人。

归根结底，契约体制的出发点，就是爱比自私更有价值。做事永远都为了满足自己的需求，那种生活其实没什么意思，搞不好还是一个自我窒息的过程。学会爱别人，才能获得真正的幸福。

我正好还看到过一个研究，是华南师范大学的王智波和李长洪的一篇经济学论文《好男人都结婚了吗？——我国男性工资婚姻溢价形成机制》。这篇文章使用统计方法，把各种可能的相关因素（比如年龄之类）都排除在外，发现处在婚姻状态的男性，比没有处在婚姻状态的男性，工资高了6.8%。

你可能会说，肯定是挣钱多的人才能找到老婆——而这个研究恰恰说不是这样。事实上，结婚3年以内的男性并没有这种工资溢价，是在3年以后，处于婚姻状态的时间越长，男性的工资越高。研究者甚至发现，这个溢价不能用"结婚以后有人照顾自己"来解释，也不能用"男人结婚以后责任感更强"来解释。

真正左右这种溢价的，是他妻子的素质。研究者的结论是一位高收入和高学历的妻子，对丈夫有"相夫效应"。说白了，就是男人跟她结婚以后，变成了一个更好的人，所以才获得了更高的收入。所以，不是好男人都结婚了，而是结了婚才变成了好男人。

这是经济学家搞的统计研究，只能使用可观测的变量，所以谈的都是收入、学历这些"硬指标"。即便如此，我们也可以认为，这个研究说的其实就是布鲁克斯所说的"婚姻的更高目的"。

我认为这个"契约体制"并不仅仅是一种婚姻观，对于任何严肃的事业而言也应如此。整天问自己喜欢什么，永远都在做选择，没有长性，这种生活其实并不愉快。自己亲手创造一个更好的关系、一个更好的事业，乃至一个更好的自己，这种成就才最值得追求。

PART 4
决策的艺术

◎ 决断力

到底什么是厉害的决策法

科学决策是一门学问。有很多很多关于决策的相关研究，但是有关决策的知识还远远没到普及的程度。咱们借助一本书来讲讲有关决策的研究和知识——奇普·希思（Chip Heath）和丹·希思（Dan Heath）的《决断力：如何在生活与工作中做出更好的选择》（*Decisive: How to make better choices in life and work*）。这本书的作者是兄弟俩，奇普·希思是斯坦福大学商学院教授，丹·希思是杜克大学CASE中心的研究员，两个人都是研究企业管理的。

我特别喜欢希思兄弟的书。他们的风格比较学院派，逻辑严密，随时列举大量的研究结果和真实案例，技术含量和思维密集度非常高。如果他们两个就某个课题写本书，那你基本上可以放心，关于这个课题，目前学术界所知道的，你能知道的，都在书里了。

咱们先说说什么叫"决策"。

1. 你会"拿主意"吗

有一个事实，说出来可能有点无奈——绝大多数人，一辈子也没做过多少决策。老板给你一个任务，你把任务完成了，你没有决策；两个东西价格差不多，一个质量好一个质量差，你选择了质量好的这个，这不叫决策。

决策，是在面对不容易判断优劣的几个选项时，做出正确的选择。说白了，决策就是拿个主意。但是我们的日常生活都是随波逐流、按部就班，让干啥干啥，或者该干啥干啥，根本谈不上什么决策。决策是一个非常纠结的心理过程，你上一次非常纠结地拿主意，是什么时候？

我们知道丹尼尔·卡尼曼的《思考，快与慢》这本书里讲了很多有关决策的知识。最近出了本新书，叫《解构生涯：改变我们大脑的一段友谊》（*The Undoing Project: A Friendship That Changed Our Minds*），是卡尼曼和他一生的研究合作伙伴阿摩司·特沃斯基的传记。如果你读了这本传记，你就会有一个疑问——卡尼曼和特沃斯基整天研究决策，可是他们一生之中，并没有做过多少次决策。

有权力，或者能掌控自己事业的人，才整天做决策。一般人决策的机会很少，无非就是选择什么专业、跟谁结婚、加入哪个公司。也正因为决策的机会少，人们就不太重视，也不太擅长决策。

有的人为几十块钱的东西货比三家，可面对人生重大选择却异常草率。这大概就是随波逐流惯了，不讲究决策科学，而且缺乏决策意识。

那有了决策意识，知道该拿个好主意的时候，到底要怎么决策呢？咱们先说一个比较常见的做法。

这个方法大概还是美国国父本杰明·富兰克林首创的。富兰克林把这个办法叫作"道德算术"（moral algebra）。

比如你面临一件事情不知道该做还是不该做，这时你可以找一张纸，中间画一条竖线，在左边写下做这件事的理由，在右边写下不做的理由。写好之后，你再权衡两边的理由。如果有两个对立的理由重要性对等，你就把它们都画掉，最后剩下的理由哪边多，你就选择哪边。

我有一篇文章叫《数学家告诉你为什么难得糊涂》，其中提到达尔文在考虑要不要结婚的时候，也使用了这个办法。

虽然连大人物都这么做，但我们今天要说的是，这个"道德算数"法并不是最好的决策方法——它甚至根本就谈不上是个科学决策法。咱们看看好的决策是什么样的。

2. 普里斯特利的工作选择

（约瑟夫·普里斯特利，1794年）

英国化学家约瑟夫·普里斯特利（Joseph Priestley）以对氧气的早期研究闻名于世，希思兄弟在《决断力》这本书里讲了他当初的一个人生决策。

普里斯特利本来是个牧师，这个工作很稳定，社会地位也高，年薪是100英镑。普里斯特利是个很有意思的人，他的兴趣非常广泛。在化学方面，他至少发现了10种气体，包括氧气、氨气和一氧化碳，等等；他还对政治运动和神学感兴趣，写过很多著作，而且还是个很好的教育家；个人生活方面也很成功，普里斯特利有8个孩子。

但是这就有个问题，钱不够花。1772年，有一位大亨，谢尔本伯爵，给了普里斯特利一个工作邀请——你能不能全家都搬到我家来，给我的孩子当个家庭教师，同时也给我当个顾问，年薪250英镑。

这位谢尔本伯爵可不是一般的富豪，他有权有势，非常高调，后来还当过英国首相。打个非常不恰当的比方，这就相当于你是今天的一个大学教授，年薪20万元，有一天，有个富豪邀请你去给他儿子当家庭老师，同时也算是他的顾问，年薪50万元。那你去不去呢？

　　这个邀请有利有弊，普里斯特利没有贸然决定，他找了几个人帮自己拿主意，其中就包括本杰明·富兰克林。富兰克林给普里斯特利的建议就是"道德算数"法——找张纸做做利弊分析。

　　好处非常明显：工资高，对家庭很有帮助。但是坏处也有很多：首先，普里斯特利在利兹过得很舒服，接受这份工作就得搬到伦敦去；更重要的是，普里斯特利不知道这个工作会占用他多少时间，他还能不能有时间搞自己的研

（谢尔本伯爵威廉·佩蒂，后来成为兰斯当侯爵，曾担任英国首相）

究；还有，这位谢尔本伯爵是什么脾气？普里斯特利去了会不会被当成家臣和仆人？如果将来两人关系不好，普里斯特利又当如何？

　　所以如果按照富兰克林的办法，做这个利弊分析的话，普里斯特利大概应该拒绝这份工作。

　　这个办法其实是个被动决策法。假设所有的条件、信息都摆在桌面上了，仅根据这些条件和信息做决策。那剩下的当然就只是一个算数问题。

　　但是普里斯特利使用了更积极的决策办法。首先，他积极寻求更多的信息。他向自己的朋友寻求建议，朋友说你千万别去，你去了就成了贵族的附属，就没有学者的独立性了。普里斯特利接着又询问了自己不太熟悉，但是更了解谢尔本伯爵的人。他发现，越是了解谢尔本伯爵的人，越劝他接受这个工作，他们都说谢尔本伯爵人品很好。

　　再者，普里斯特利没有被动地二选一，他积极改变选项。普里斯特利向谢尔本伯爵提出两项要求：第一，我能不能指定一位教师在你家教书，我自己仍然住在利兹，远程操控这个教师，只在你真正需要我的时候，我才临时去伦敦；第二，如果将来咱们两人的关系闹僵了，我这个工作不能做了，你也要保证每年给我150英镑，终生不变。

　　我不知道今天的大学教授们有多少人能对权贵提出这样的要求，但

是普里斯特利提了，而且谢尔本伯爵同意了。这件事的结局是普里斯特利接受了邀请，给谢尔本伯爵当了7年家庭教师和顾问——这7年时间他过得自由自在，取得了很多学术成果。7年以后，不知道什么原因，两人分手了，而谢尔本伯爵果然继续每年给普里斯特利150英镑。

这件事最值得我们学习的，是普里斯特利的决策过程。

3. 科学决策的四个步骤

希思兄弟总结，科学的决策一共分四步。其中的每一步我们都有可能犯错误，克服这些错误就是成功决策的关键。

第一步是看看自己都有哪些选项。一般人的做法是从现有选项里选，而正确的做法是想想你能不能给自己增加几个选项。就像普里斯特利一样，想要高收入，还想继续住在自己家保持独立性，原来的条款不允许他这么做，但是他通过谈判给自己增加了远程工作这个选项。

第二步是评估每个选项的优劣。在这一步人们常犯的错误是"确认偏误"——如果你先入为主已经有了看法，如你已经"喜欢"某个选项，你就可能会不顾事实地坚持这个选项；而普里斯特利的做法是，向很多人寻求意见，对自己的工作前景获得一个客观的评估。

第三步是从这些选项中选择一个。在这一步人们常犯的错误是被自己的短期情感左右。比如一份新工作，许诺了你一笔很高的工资，这个高工资就有一个特别大的吸引力，你从情感上会特别想拿这笔钱。这时候你一定要从长远考虑。

第四步是对未来的不确定性要有一定的准备。首先做人要信守承诺，答应了就要履行；但是任何决策都不可能百分百正确，如果将来出现变故，你得有所准备。我们在做决策的时候，常犯过度自信的错误。而普里斯特利事先就想好了，如果将来这份工作做不下去了，我全家人的生活怎么办？然后他要求一份150英镑的固定收入，等于是要了一份保险。

你可能会说，普里斯特利谈下来的条件也太好了，我根本做不到。我们这里的要点不在于具体的条件，而是决策方法。这是一套积极主动的决策法！像普里斯特利这样的人，永远积极主动，绝不循规蹈矩，富兰克林给的建议也没当回事儿，跟未来的英国首相都能讨价还价，干什么事儿都肯定能超出你的预期，250英镑一年还真不算贵。

希思兄弟把这四步决策过程的指导思想，总结成四句话：

（1）扩充你的选项。

（2）用现实检验你的观点。

（3）从长远考虑。

（4）为决策错误做好准备。

简单来说，这四步就是：第一奇计百出，第二实事求是，第三从长计议，第四未料胜先料败——古代最厉害的谋士，也不过如此吧？

我有一段时间对股票很感兴趣，读过一些关于炒股的书，也曾经实际操作过。我看很多炒股的人说炒股要有一个"操作纪律"，就是要跟自己的本能和直觉做斗争。炒股的操作纪律，跟希思兄弟的这四步决策法有些共同之处。

（1）扩充你的选项。这就是说选股的时候眼界要宽，不要只盯着那几只热门股。

（2）用现实检验你的观点。新手常犯的错误是自己手里持有什么股票，就只爱看这些股票的好消息，听不得坏消息。有研究发现炒股论坛上人们争论之激烈、感情之强烈，比政治论坛都厉害。能客观看待自己持有的股票，是需要修炼的。

（3）从长远考虑。一定要克服自己的短期情感冲动。刚刚赔了钱就想快速捞回来，这就是非常不好的短期情感。

（4）为决策错误做好准备。有的人会在决定买一只股票之前，先设定一个"止损点"，如果事实证明自己判断失误，那么一旦损失到达这个点，就接受失败，立即卖出。

我的炒股事业非常失败，亏了不少钱之后洗手不干了。其实我至今也没想明白,炒股到底有没有"技术"可言,股票市场是不是基本随机的。也许你用了科学决策法也不能从股市中赚到钱。

我举这个例子不是为了说炒股,而是因为炒股是个经常性的决策实践。如果你炒过股,或者你经常做别的什么决策,你就知道,这四条规则看似简单,一听就明白,但是当你真正面临决策的时候,想要做到这些,那是非常非常困难的。

决策是个不常用到的技能;生活中大多数情况下我们都是自动驾驶状态,根据直觉就把事情做了;可是有的时候,你应该停下来,想一想,仔细评估,才能做好决定。今天说的决策方法,就是专门为了应对这些艰难决定的。

选项的价值

前文介绍了做决策的四个步骤。你可能已经注意到了,希思兄弟说的决策,其实就是从若干选项之中选择一个——决策就是选择。

这跟我们平常说的"决策"似乎不太一样。我们平时听说某某公司有某某"战略决策",好像说的都是决定去做"一件事",似乎不是什么二选一或者多选一。我们自己平时说"我决定如何如何",也都是决定做一件事。那为什么希思兄弟非得强调从几个选项之中做选择呢?

因为真正的决策就必须得有多个选项,才谈得上科学。我们听说的"战略决策"只有一件事,那是因为在公布结果的时候,背后的权衡比较都被隐藏了。我们平时说"我决定如何如何",那是因为……你那根本就不是科学决策。

1. 尽量多点选择

卡耐基梅隆大学的几个研究者曾经访问了匹兹堡市的105个女中学生，问她们过去一段时间都做过什么决定。这些女中学生说了很多，结果研究者发现，女中学生的大多数决定，都是没有什么选项的。

这些决定可以分为两类。第一类就是决定去做一件事——"我决定从此之后再也不指责别人了"。第二类是对一件事，做一个"是"或者"否"的选择——"我要不要跟男朋友分手？""朋友请我抽烟，我抽还是不抽？""晚上有个聚会，我去还是不去？"

如果你是一个"老江湖"的话，你不妨欣赏一下年轻人的这些"决策"；如果你是一个年轻人，你不妨自省一下，自己平时做决定，是不是就是这样的。这些决策充满了青春的味道——因为实在太直来直去了。

她们没有给自己任何选项。别人说个事儿，她们要不就连想都不想直接就决定去干了，要不就稍微好一点，想一想干还是不干。她们就没想到，我还有没有别的选择？我能不能把这件事改一改？

那"老江湖"会怎么做呢？咱们就说晚上聚会这个事儿。"老江湖"收到聚会邀请，他在去和不去之外，还有别的办法——晚上先去干点别的事儿，然后去聚会地点露一面就走。你邀请他去，他给你面子的确去了，但是实际上他大部分时间做了自己的事儿。

声明一点，我也不是"老江湖"，我喜欢直来直去。但是多年以来，我的确观察到一些有意思的现象。比如有的人，他请你帮个忙，你肯定是能帮就帮，帮不了就算了；但是当你请他帮忙的时候，他能帮，但是他总能发现一个机会，在帮你做这件事的同时，顺便帮自己也做个什么事情。从交朋友的角度来说，我觉得这个习惯似乎不太好；但是另一方面，我们也看到，有的人的确特别善于给自己增加选项。

增加选项的好处非常明显。同样是这个研究发现，如果只能选择"是"或者"否"，从长期来看，你有52%的决定都是错的；如果你能增加一两个选项，那么选错的概率就下降到32%。选项增加了，选对的可能性反而也增加了，这是因为当你没考虑到别的选项的时候，你实际上是钻了牛角尖。

还有人做过一个实验。实验假设有一部电影的DVD，这部电影是你喜欢的明星主演的，DVD要价15美元。研究者先问一组受试者，在这个情况下，你愿不愿意花15美元买这个DVD？结果80%的受试者选择买。

然后研究者又找了一组受试者，这一次增加了一个选项：你是愿意花15美元买这个DVD，还是愿意把这15美元省下来，花到任何你想花的地方去？

咱们仔细想想，这所谓增加的一个选项等于是废话——我不买DVD当然就省了15美元，这15美元本来就是我的钱，我当然想怎么花就怎么花！

可就是这么一个多余的选项，就让愿意买DVD的人从80%下降到55%。

所以说，哪怕你仅仅"意识到"自己还有别的选项，你的决策水平都能大大改善——你现在不是"钻牛角尖"的思维了。

这个道理说出来非常简单，可是很难做到。事实上，就连大公司的CEO们都会犯女中学生的错误。有人调研发现，CEO决定是否收购一个公司的时候，很多情况下就是一个"是"或者"否"的决定，什么改变条款，什么多几个选择，都不考虑。当然，CEO钻这个牛角尖也是有原因的，我在别处看到过研究，说一个CEO的媒体曝光度越高，他收购别人公司的时候愿意支付的溢价也越高。换句话说，收购公司常常是CEO们过度自信、彰显个人魅力的行为。

总之，这个道理就是一定要给自己增加几个选项再做决定。那上哪儿去找好的选项呢？

2. 寻找亮点

最简单的增加选项的办法，就是看看别人是怎么做的。希思兄弟讲到，沃尔玛商场是怎么一步一步做到这么成功的？沃尔玛老板有句话，说我在沃尔玛采取的每一个动作，几乎都是从别的商店那里抄来的。

这句话很有意思。我们今天看沃尔玛商场跟别的超市都不太一样，它是一个主打廉价商品的巨无霸——可是沃尔玛老板居然说，他的好东西都是跟人学来的。所以借鉴好想法并不可耻，借鉴得多了你就自成一家了。

关键在于，如果你面对一个困难不知道该怎么办，你可以看看别人是怎么办的。这个道理似乎也太简单了，但是我讲个故事你就会明白这其实并不简单。

这个故事我是在蒂姆·哈福德的《适应性创新：伟大企业持续创新的竞争法则》（*Adapt: Why Success Always Starts With Failure*）这本书里看到的。几十年前，越南刚刚结束战争，老百姓生活条件非常差，很多儿童营养不良。一个国际组织就派两个美国科学家前往越南，看能不能想办法解决一下儿童营养不良的问题。

我们的解题思路是借鉴，但是这两个美国人没有前人的成功经验可以借鉴——儿童营养不良，正确的解决方案是提供粮食援助啊！可是现在根本没有援助，就派两个营养学家去，营养学家难道还能变出营养来吗？

美国人还真做到了。他们借鉴的是越南人自己。他们深入到越南农村调研，就发现并不是所有儿童都营养不良。有些儿童家里同样很穷，可是营养状况还不错。美国人就问这些儿童的家长都给孩子吃什么，原来这些家长平时爱弄一些小鱼小虾给孩子吃。

我们知道越南靠海，小鱼小虾在普通越南人看来是非常低级的食物，他们根本不屑于吃，但是营养学家马上就意识到解决方案就在这里。他们在各个村子里召集村民开会，请给孩子喂小鱼小虾的家长传授经验，他们向村民保证，用这个方法就能让你的孩子避免营养不良。

结果，两个营养学家一分钱没花，就把营养不良的问题解决了。

这个借鉴的思路，叫作"寻找亮点"。哪怕大多数人都失败的局面下，也总会有几个人是成功的，那你就看看那几个成功者是怎么做的。这个思路其实有点进化论的意思，事先不预设立场，让各路人马自由发挥、自然选择，找到成功的尝试。

希思兄弟说的增加选项的办法，也包括寻找亮点。举个例子，比如说你是一个中学的校长，你们学校一到中午吃饭时，学生要花很长的时间排队打饭，那你怎么解决这个问题呢？希思兄弟说，你应该先从内部找经验，再向外面寻求借鉴。

先看内部有没有"亮点"：有没有哪个打饭窗口的队列总是前进得特别快？

再看同行：别的学校食堂是怎么做的？

同行也不行，再找不同领域的经验：其他需要排队的地方，如银行、商店，它们都是怎么做的？

如此说来，要想给自己增加选项也不容易。好想法不是凭空冒出来的，你得学习很多别人的经验。掌握的套路越多，办事的选项就越多。

有了各种选项之后，你还需要一个小技巧。

3. 并列选择

咱们说的道理都是听上去感觉特别简单，实际应用起来并不简单。第三个道理也是这样——你要把多个选项都摆在桌子上，要选就一起选。

这不是废话。比如说，你要设计一个什么东西，找了两个设计小组。第一组，每想出来一个方案就给你看，然后你提出各种意见，他们拿回去再修改，再提出不同的方案。第二组，一次性地给你提供了好几个方案，同时摆在你的面前，让你选，你选定一个，他们回去再略做修改。

结果实验表明，第二组的做法效果要好得多。都摆出来，哪个好哪个不好一目了然。一个一个比较，费时费力而且到后面你会忘了前面的。

我们看选秀节目选歌手，特别喜欢搞两两PK，这样做节目特别热闹，但严格来说并不科学；类似地，体操比赛一个比完给一个打分，其实也不科学。最好的办法是所有运动员都比完了以后统一打分，而且允许裁判回看每个人的录像。体育比赛本质上是娱乐节目，对打分形式有戏剧性的追求。

我们平时买东西、决定科研课题、选择做哪个项目，最好的办法是把所有方案都摆出来，统一选择……当然，如果找对象也能这么选就更好了。

所以我们听评书里那些古代谋士给主公出主意，比较讲究的做法是一次性给三个主意让主公选择——有上策、中策和下策。一方面，放一起说容易比较；另一方面，这也给了主公一种控制感。

所以现在大人物做决策，往往要求幕僚多给几个方案。不过这样的老板也容易糊弄，基辛格给尼克松当过国务卿，基辛格后来写回忆录，说尼克松总是要求至少给三个选项，而他的幕僚有时候其实只想给一个选项，然后故意找两个实际上根本不可行的选项做陪衬！

基辛格开玩笑说，这帮人给总统的三个选项其实是：第一，发动核战争；第二，直接投降；第三，要不咱们就这么办……

当然，这个精神是总统面前必须永远有多个选项。

老江湖和女中学生做决策的最大区别在于，老江湖总是考虑多个选项。如果你没有选项，那不叫决策，只能叫决心。获得选项最好的办法是借鉴，有了选项以后最好同时都摆出来。

那都摆出来以后怎么挑选呢？

成大事者怎么才能不纠结

先说一个我儿子常用的、可能是在小学生中流行的办法。上周我给他买了三本书，题材一样，都是解谜游戏类，那他先看哪一本呢？他把三本书都摆在地上，一边念一首像咒语一样的儿歌，一边用手指轮流指向三本书，咒语念完，手指停在哪本书上，他就选哪本书。

这当然不是科学决策法。但是这个办法也有个好处，就是他一点都不纠结，选中哪个就是哪个，然后坚决执行。

真实的决策，往往都是充满纠结的。如果你能一眼就看出某个方案比别的方案好，那你直接选这个方案就是，根本用不着决策。决策，就是要在看起来各有优点和缺点，却没有明显好坏差异的几个选项中做出选择。

《罗辑思维》出过一本书叫《成大事者不纠结》，那面对重大选择怎么才能不纠结呢？希思兄弟给了三个办法。

1. 设立反对派

不知道你有没有过这样的经历，就是你特别特别想去做一件事，别人说什么你都听不进去。我有位读者叫李振鹏，本来有个体制内的稳定工作，但是特别想去深圳发展，他使用富兰克林"道德算数"的方法，自己列举了各种不去的理由，但是感到"一万个坏处都敌不过一个'想'字！"

我很钦佩和赞成这种冒险精神，但这是一个不科学的决策方法，有点感情用事。当我们特别想干一件事的时候，我们会产生"确认偏误"，也就是只能听得进去正面的意见，干脆就听不进去反面的意见了。这往往是过度自信的结果。

前面我们讲过，大公司的CEO特别喜欢收购别人的公司，而且经常给一个明显高于市场价的收购价。事实上你看历史上那些收购的案例，最后的结果很多都不好。比如说著名的惠普收购康柏，还有这几年Yahoo收购的一系列大大小小的公司的案例。

那CEO们为什么这么热衷于收购公司呢？《独裁者手册》这本书说，这是因为收购公司可以扩大CEO的个人权势，对公司并无好处；而希思兄弟说，这在很大程度上也是因为CEO的傲慢。

你想想，假设你有个做得很好的公司，近年来在市场上很有名气——我财大气粗，根本不跟你竞争，我直接收购你的公司！我给你一个你不可能拒绝的邀请！这简直就是攻城略地！这种心理上的满足感，实在太吸引人了，更何况花的还是公司的钱。

有研究者做过一个统计，说主流媒体上每多一篇吹捧这个CEO的报道，这个CEO收购下一个公司的时候，就愿意多付4.8%的溢价。比如，你的公司值1亿美元，现在有个大公司可能要收购你的公司，那你赶紧找记者，发表一篇吹捧这个大公司的CEO的文章，然后他愿意出的收购价就能增加480万美元！

同样的道理，当你特别想干一件事的时候，尤其是如果这件事能给你带来感情上的回报的时候，你就可能一意孤行。那怎么才能阻止这些被荣誉冲昏了头脑的CEO呢？这就必须建立反对派。

《巨人的工具》这本书中有个风险投资公司提供了一条经验。这条经验就是，每个决定都要特别设立反对派。作为反对派，哪怕你心里支持这笔投资，你在开会的时候也要想方设法列举反对的理由。如果听过所有反对理由之后，你们还是决定要投资，那这个投资决定就可能是比较靠谱的。

希思兄弟说，现在绝大多数公司的战略决策过程中，是没有正式的反对派的。这就好比法庭审判只有检察官没有辩护律师。一个好办法是每次讨论决策之前，专门设定一支"蓝军"部队唱反调。这样做的好处是，既然他们是奉命反对，讨论起来大家就会明白他们是对事不对人。

我们做一般的个人决策是不是也需要"蓝军"呢？找几个朋友提提反对意见，帮你用理智战胜情感，用现在流行的说法叫"求骂醒"！

找朋友提意见，还有"旁观者清"的效果。

2. 从远处旁观

做选择时候的很多纠结，其实是各种复杂情绪在影响你的判断。这些情绪往往是短期的，在别人看来，或者你自己过段时间再看，根本不重要。"旁观者清"，其实就是因为旁观者没有你那么多的复杂情绪，往往能做出更理性的判断。

可是我们也不能什么事情都听从"旁观者"的意见，毕竟最了解情况的人还是我们自己。那么最好的办法，就是把自己想象成一个旁观者。咱们以前说过，高手要善于跳出来，以旁观者的视角去观察自己。

希思兄弟介绍了一个特别好的旁观技术，叫"10/10/10法则"。这个方法要求你从三个时间尺度去考虑一个问题：

（1）10分钟之后，你会对这个决定做何感想？

（2）10个月之后，你会做何感想？

（3）10年之后，你又会做何感想？

举个例子。有个青年女性叫安妮，她有个男朋友叫卡尔。安妮36岁，卡尔45岁，安妮没结过婚，卡尔离过婚并带着一个女儿。两人正式交往已经9个月了，安妮对卡尔非常满意，想要赶紧结婚生孩子，但是卡尔的态度不明朗。事实上，卡尔就没让安妮见过他的女儿。这可能是因为卡尔经历了离婚，感情受到了创伤，他不想让自己的女朋友干扰孩子。两人相处以来，还没有谁说过"我爱你"这句决定性的话。

这个周末，安妮和卡尔要一起出去度假，安妮认为这是一个摊牌的机会。但是安妮有点拿不定主意，就请希思兄弟帮忙。

希思兄弟判断，安妮现在的纠结，完全是短期情绪的作用。她有点紧张，有点害怕，特别是担心如果卡尔拒绝了，她该怎么办。

"10/10/10法则"最适合克服短期情绪。希思兄弟就让安妮考虑，如果跟卡尔表白，自己10分钟、10个月和10年之后会怎么看待这次的决定。

安妮说，10分钟之后，我会很紧张，但是我也会很自豪自己说了；10个月之后，就算被卡尔拒绝了，我大概也不会后悔；10年之后，这次表白可能根本就不是个事儿，或者那时候我跟卡尔生活在一起，或者我跟别人生活在一起。

这么一分析，结论当然是向卡尔摊牌。这其实就是一种旁观者思维，站在一个远距离考虑问题，所有短期的情绪，什么害怕、紧张，可能就都不重要了。

另一个使用旁观者思维的办法是，当你面临困难选择的时候，你可以问自己：如果是你最好的朋友面临这个选择，你会给他什么建议？

我前段时间还看到过一个研究，说如果用第二语言，也就是一门外语思考，更有利于做出正确决策。这大概是因为我们使用外语时毕竟隔着一层，不善于表达短期情绪。这也是一种旁观者思维。

如果这样还不能做出最终决定，那我们还有第三个办法。

3. 考虑价值观

前面两个办法都是用理智战胜情感，让自己尽可能客观地分析利弊；

但是任何分析都是有限的，到最后可能还是面临一个利益计算已经无法判断优劣的局面。比如咱们开头说的那个当公务员还是去一线城市闯荡的问题，最后有可能是一个两难选择，事实上有的人当公务员当得很好，有的人出去闯荡也闯荡得很好。

这个时候，就得看个人的"价值观"是什么了。

这里所谓的价值观，就是你设定的"优先级"（priority）是什么样的，说白了就是你认为什么重要，什么不重要。

如果不能两全，那么你认为事业的成功对你最重要，还是家庭幸福对你最重要？这个问题没有正确答案，完全是个人的选择。

我有篇文章叫《道德和道德》，就是说你可以像在《龙与地下城》游戏里选择阵营一样，给自己选择一个道德定位。这就是一种价值观。不论你想当一个目无法纪的英雄，还是想当一个遵纪守法的自私自利者，都可以。有了定位，再做事就容易选择了。

作为一个企业家，你认为让消费者满意最重要，让股东满意最重要，还是让员工满意最重要？这三个满意很多情况下是一致的，但有时候也会产生矛盾。如果你认为让消费者满意最重要，那就少赚点钱多服务一些人；如果你认为让股东满意最重要，那就尽可能地增加利润；如果你认为让员工满意最重要，那就干脆像某航空公司一样，为了给自己员工让座可以把乘客直接拉下飞机。企业家事先把这个价值观跟员工说好，员工在遇到两难选择时就知道该怎么决策了。

从根本上来说，价值观是每个人自己选择的。没有人强迫你接受，你也不一定一旦选了就必须坚持。价值观只是一个指引。

但是价值观不是一句空话，它可以指导我们决策。不过希思兄弟说，一般人做事往往做着做着就忘了自己的优先级，有时候会随波逐流，最好时不时地反省一下自己的核心价值观。所谓"不忘初衷"，也是很难啊！

那么，据此我们得到了以下结论：

（1）把兼听则明给程序化，并且要求给出具体的反对理由。

（2）克服短期情绪，尽量从一个远距离考虑问题。

（3）如果利益计算已经无法让你判断优劣，那就想想自己的核心价值观是什么。

最后再说说安妮和卡尔故事的结局。截至《决断力》那本书出版为止，两人还没有结婚。安妮表白了，卡尔并没有正式表态，但是正在往有利的方向进展——安妮说成功的可能性大概是80%。这里的问题是，卡尔是个非常优柔寡断的人，他想买个智能手机念叨了3年都没买。显然，卡尔应该学点决策科学。

用别人预测自己

四五年前，美国股市是一波牛市，我也跟风加入了炒股的队伍。当然我投入的钱并不多，总共投了大概4万美元。

一开始只是买股票，后来我觉得股票没意思。你花时间研究股票，可是4万美元的本金，即使股票上涨10%~20%，也只有几千美元，这个时间花得根本不值。于是我开始买期权。

对手里持有大量股票的机构来说，期权是一种对冲风险的工具，相当于给股票买了个保险，而对手里没有股票的我来说，期权是个高风险的杠杆。开始我运气很好，挣了点钱，账户金额最高的时候达到了13万美元。

这时候有个朋友就劝我不要再玩期权了，因为他认识的几个人做期权都赔得血本无归，风险实在太大。

这个劝告我根本听不进去。你认识的那些人是那些人，我跟他们能一样吗？

故事的结局你肯定猜到了，后来我连续判断错误，几个月的时间账户就清零了。有人问我是怎么做出不再炒股的决策的——那根本不是一个"决策"，是我的子弹已经打光了。

一身伤痕换一分体会。这个教训就是在我们判断未来进行决策的时候，想要知道自己会怎样，应该先听听那些做过这件事的人都怎样了。

这个思路的有用程度，你可能想不到。

1. 你不比别人特殊

说了我的故事，咱们再说一个丹尼尔·卡尼曼在《思考，快与慢》这本书里说的他自己的故事。我现在讲决策科学，大家听起来还比较陌生，很少有人系统地学习过决策科学，而卡尼曼早在多年以前，就与人合著过一本关于判断与决策的高中教材，帮助以色列在高中就普及这种决策科学。这个想法非常棒。

当时卡尼曼召集了一批人，组成了一个教材编写小组。小组每周碰一次面，平时分头写作。

在编写的过程中，有一天，卡尼曼突发奇想。他说，这本教材中有个内容是关于群体判断的，咱们教材组这帮人能不能也来个群体判断——咱们预测一下，这本教材用多长时间能完成。结果，有人说一年半能完成，有人认为需要两年半，大多数人给的数值都在这个范围内。

这时候卡尼曼想到，在决策科学中有一个很重要的概念，叫作"基础比率"（base rate）。所谓基础比率，就是以前的人，做同样的事，做到的平均水平。卡尼曼知道，预测未来最好的参考指标，就是基础比率。

于是卡尼曼就问，别人编写类似的教材用了多久。小组中正好有一个人，之前有过类似教材编写的经验，他说据他所知，40%的编写组最后的结局是干脆放弃了，剩下的60%则用了7~10年的时间才完成了编写。

这个数字一出来，小组中所有的人都不屑一顾，都认为根本不需要那么长的时间！

结果，卡尼曼的这个教材编写小组用了8年时间才完成了教材的编写。

所以基础比率是一个非常强大的预测工具。说白了，就是你并不比别人强多少。如果别人做这件事需要那么长时间，基本上你也需要那么长时间。如果别人做这件事失败了，那么你做这件事最有可能出现的结局也是失败。

你认为你了不起，其实别人在做这件事之前也认为自己了不起。你并不特殊。

可是话又说回来，有一本书叫《平均的终结》，那本书所说的恰恰是人和人之间是不同的。如果你非觉得自己就是跟前面那些人不一样，那有什么科学的判断方法吗？

2. 你特殊在哪里

我想再强调一遍，用基础比率预测，用过去的经验判断未来，是一个特别靠谱的决策方法。那么就算你认为自己很特殊，也要先了解基础比率，再在这个基础上做些修正。

希思兄弟在《决断力》中讲了一个真实的案例，特别能说明问题。

1998年，美国有个年轻人叫布莱恩（Brian），他得了一种罕见的血液病，叫"骨质增生异常综合征"。他骨髓的造血功能出了严重的问题，血液中血小板的数量非常少。如果布莱恩不采取治疗措施，他大概还有五六年的存活时间，并且能在这段时间内正常地生活。但是五六年时间一到，病情会迅速恶化，导致不治身亡。

布莱恩还有另外一个选项，就是做骨髓移植。如果手术成功，可以让身体建立起一套全新的免疫系统。但是骨髓移植是一个非常危险的手术。首先，你需要找到一位匹配的骨髓捐献者，但即便如此也不能保证骨髓移植之后身体不会出现排异反应；再者，手术前前后后需要历时一年，在这一年时间内，身体等于是没有免疫系统的，那就是说，如果出现任何感染，哪怕是普通的感冒，都会带来生命危险。

所以，摆在布莱恩面前的选项有两个：要么是过五六年平静的生活，然后死亡；要么是进行一场风险极高的手术——成功了，从此就是个健康的人，失败了，一年之内就会死亡。

这是一个非常艰难的决定，而且当时布莱恩的妻子怀孕6个月。如果布莱恩选择不做手术，他还可以和自己的孩子相处5年时间；如果做手术，很可能孩子刚出生，他就死了。

布莱恩首先考虑的就是手术的成功率。一般骨髓移植手术的成功率，也就是我们刚才说的"基础比率"，并不高；但布莱恩并没有简单接受基础比率。他反复追问医生：手术到底会出现什么样的并发症？每种并发症的危险到底有多大，是5%还是50%？他发现医生其实也不是很清楚，他自己不得不深入研究。

这一深入研究，布莱恩就获得了一个洞见。手术成功率的基础比率，是所有医院对所有患者做手术的总的统计结果。那么相对于基础比率，布莱恩可以有两个优势。

第一，大多数做骨髓移植手术的病人都是60岁以上的老人，而布莱恩只有28岁。第二，骨髓移植手术在世界各地的医院都可以进行，有些医院每年做300例且很擅长这个手术，有些医院每年做30例且不擅长做这个手术。如果布莱恩去全美国最擅长骨髓移植手术的医院做这个手术，显然能提高成功率。

最后，布莱恩判断应该做手术。在好不容易找到匹配的骨髓后，他进行了手术，并且非常成功。布莱恩一直到今天还活着，还成了一名大学教授。这就是一次非常成功的决策。

3. 基础比率与你

我们把卡尼曼的故事和布莱恩的故事放在一起看，这其中就有一个关于怎样使用统计数据的智慧。

首先我们必须承认，基础比率是个非常关键的指标。大多数情况下你不比别人特殊多少，哪怕你觉得你很特殊，你也不一定特殊；但是另一方面，特殊情况的确存在，布莱恩的年龄和他找到一家经验丰富的医院，就是实实在在的特殊因素。

那么关键就在于，你找到的这个"特殊因素"，一定得是真正的特殊。

许多事情光看统计数字是看不出来的。希思兄弟提到，富兰克林·罗斯福当总统期间，就不完全相信统计数字。一个政策的效果究竟如何，他总要亲自去访问一下当事人，去了解一线的情况。

我们平时做决策，就得有这样的精神：第一，看基础比率；第二，看我到底特殊不特殊。

比如，你打算去一家以前没去过的餐馆吃饭，你想知道这家餐馆好不好，最好的办法是先去看看网上的评价。你打开手机应用一看，这家餐馆的评分是三星半。

如果只看评分的话，你就不应该去了。不过你也可以仔细研究一下这个"三星半"是怎么来的。你一看具体评论，有很多人给它打了五星，也有很多人只打了一星；而打一星的这些人之所以不喜欢这家餐馆，并不是因为饭菜不好吃，而是认为价位太高，是对价格不满意。

那如果你能承受这个价位，这家餐馆对你来说岂不是很理想吗？

这就叫既尊重一般知识，又能做到具体问题具体分析。

最后咱们再回到我当年炒股的例子。别人业余买期权的，都失败了，那么和别人相比，我有什么特殊之处呢？可以说没有。我并没有深入研究过期权，没有多少操作经验，更没有独创一套成熟的买卖期权的方法。不但如此，和别人相比我还有很多劣势：我的科研工作繁重，平时还爱看书，并不会花太多时间在股市上；我炒股的态度也不够严肃认真，经常不顾交易规律去寻求刺激。那么综合考虑，我并没有比基础比率强。我当时科学的决策，就应该是接受基础比率，放弃买卖期权。

当我们在预测未来的时候，首先要想到自己并不比别人更特殊，基础比率是最好的参考资料。

如果你不想听从基础比率，那么你就得拿出非常特殊的理由，而且这些理由必须是切实存在的与别人不同之处。

实干家无须精确调研

有一篇关于优秀CEO特质的文章，其中关键的一点，就是快速决断。即使是错误的决策，也比没有决策好。这个说法听起来让人不太容易接受，那我们就来说说决策和行动的原理。

也许科学决策的一个高级用法，就是"不科学"决策。

对实干家来说，并没有什么"谋定而后动"的决策。实干家的决策都是一个动态的过程，你先动起来，看看情况再调整。

我想先讲一个悲剧故事。这个故事是我在蒂姆·哈福德的《适应性创新》（*Adapt*）这本书里看到的。

1. 工程师和政治家

苏联有个工程师叫彼得·保金斯基（Peter Palchinsky, 1875—1929），他在苏联建国之前就已经是一名很著名的工程师，非常注重实地调研，有丰富的第一手工作经验。苏联建国之后，保金斯基担任中央政府的顾问。

斯大林搞的苏联第一个五年计划中，有两个大项目让保金斯基参与了。一个是在乌克兰修建一个超大的水电站，命名为"列宁坝"，一旦建成就是世界上最大的水电站；另一个是在磁山城建立一个钢铁厂，这个钢铁厂的产量将会超过整个英国的钢铁总产量。项目开始之前，保金斯基就到这两地去调研。

保金斯基发现列宁坝所在的那条河的水流速度太慢，必须得建立一个非常非常大的水库蓄水，才能带动这么大的水电站。这样的代价太大了，不但需要大规模移民，而且这条河每年还有3个月的枯水期！保金斯基就建议，还不如沿着河弄几个小型的水电站。

至于磁山城的钢铁厂，保金斯基发现它建立在荒郊野外，当地缺乏必要的生活资源，工人的基本生活条件没法保障。再者，虽然当地有丰富的铁矿资源，但是缺乏煤炭。钢铁厂需要大量的煤炭，而煤炭只能从很远的地方运过来，如此一来，也是得不偿失。

保金斯基对这两个项目都提出了反对的意见，但"一五"计划势在必行，政府对他的意见置之不理，斯大林一定要世界最大的水电站和比英国全国产量都高的钢铁厂。

事实证明，保金斯基的看法都是正确的。列宁坝建成之后，水库占地面积之大，以至于有人说哪怕用这么大块地种上干草，直接烧草发电，都比水电站的发电量大。

到20世纪70年代，磁山城的铁矿石全部用尽，为了维持钢铁厂的运转，矿石和煤炭都得从远处运来，成本非常高。更为重要的是，在修建钢铁厂的第一年，光是把工人送到磁山城的路上就死了很多人，第一个冬天，又冻死了不少人，上万名工人及其家属就这么牺牲了。

两个项目都以悲剧告终；而保金斯基自己也是个悲剧——后来他因为"政治错误"，被苏联政府处决了。

保金斯基的故事讲完了，我们再回头看看苏联的"一五"计划。"一五"计划是苏联历史上非常成功的一个计划，可以说是一个经济奇迹，为后来的发展奠定了基础。时至今日，历史学家对"一五"计划的评价都是非常正面的。

那斯大林这种拍脑袋就干的决策方式，到底是对，还是不对呢？

2. 调研和政治

希思兄弟在《决断力》这本书里提到了一项研究。有人调查了《财富》500强的CEO，观察他们的决策模式，发现其中60%的CEO在做一件重大的商业决定时，是连计划书都没有的——想做就做。这些企业家对预测未来的数据和报告根本没兴趣。

有一项研究邀请了45位创业者，他们创立的企业规模当时最低为2亿美元，最高达到65亿美元，可以说都非常成功。研究者就访问这些创业者，邀请他们做个假想实验——想象如果要开一家全新的公司，你会怎么搞市场调研呢？

其中一个创业者，开始为了迎合研究者还说了些关于如何开展市场调研的事儿，但是说着说着，他就坦白说："算了，我和你说实话吧，我做决定的时候，从来不做什么市场调研。我根本就不相信市场调研。"

这就是企业家精神，拍脑袋决定，想做就做。

2011年的时候，Intuit公司的CEO曾经公开说："企业家做决策的过程就是3个P，即政治（Politics）、劝导（Persuasion）和PPT（PowerPoint）。"从政治上考虑做好决定，然后劝说其他人支持这个决定，最后用PPT讲一遍这个决定，根本不存在什么调研。

那么问题来了，如果CEO做决策根本不调研，那么科学决策从何体现呢？其实，关键在于他们做决策的时候，并不是一锤子买卖，而是更类似于试水的方式。

比如，某企业要向市场推出一个全新的产品。企业家不会一上来就大批量生产，也不会等产品研发到完全定型了再上市，而是会先做出一个比较基础的原型，进行小规模的生产，然后再小规模地测试市场的反应。如果市场的反馈好，就加大研发力度、扩大产量；如果市场对这个产品不感兴趣，那就干脆放弃它。

《巨人的工具》这本书中提到一个风险投资人的忠告。克里斯·萨卡说，风险投资人做决策，其实并不是依靠理性分析你的数字和图表，而是在听你的故事。如果他能被你的故事打动，他就会投资你的项目。

正所谓："坑灰未冷山东乱，刘项原来不读书！"实干家做事，根本不是什么谋定而后动，而是"有枣没枣先打一杆子"再说，上来就直接试水。

实干家所谓的"科学"，不是要不要做这件事，而是把握好一开始的力度。拿不准的可以先小规模试探。说白了，就是没必要搞那么多理论分析，先来个小小的身体接触，如果对方反应激烈，那就打住；如果对方不反抗，甚至半推半就，那就加大骚扰力度。

这种实干精神，这种先小规模测试的实验精神，也可以用来指导我们的日常生活。

3. 专业和强迫症

希思兄弟讲了一个年轻人史蒂夫决定是否要成为一名药剂师的决策过程。史蒂夫本来就喜欢化学，而且药剂师的收入很高，工作时间又不像医生那么长。但这些理由还不足以让史蒂夫下决心，毕竟为了成为一名药剂师，他要投入几年的时间学习，这个期间不但没有收入，还要付出高昂的学费。

像这样的重大人生决策，史蒂夫选择先试一下水。他找到了一个药房，要求免费打杂一个月，先体验一下药剂师的生活。

这个做法特别值得赞赏。咱们想想，大多数人在做出大学选专业这样重要的决定时，没有经过任何试水。很多人在决定学医之前，从来没有在医院里干过一天活，根本不知道当医生是一种什么样的体验。如果你投入了大量的时间和金钱，结果毕业后发现自己根本不喜欢这个工作，这难道不是个悲剧吗？

另一个例子就比较喜剧了。一家大的律师事务所里，有一位女秘书叫佩吉。我们知道律师事务所对于公文文档的要求非常高，不能出现任何错误，而佩吉的任务就是整理这些文档。

佩吉是个完美主义者，甚至可以说她有强迫症。她非常担心文档上出现错误，给公司造成不良影响，导致自己被解雇。佩吉每天的工作时间非常长，下班了还要把文档拿回家检查、修改。修改完了，她又担心自己的修改出了问题，翻来覆去检查好几遍。这种强迫症的状态让她非常难受，最后她去找了心理治疗师。

心理治疗师给佩吉想了个办法，有点类似于咱们前面说的先小规模试探。治疗的过程分为若干步：

（1）把文档带回家检查三遍，就定稿。

（2）把文档带回家只检查两遍。

（3）把文档带回家只检查一遍。

（4）不把文档带回家，下班后在公司多待一个小时，能检查多少算多少，到一个小时马上回家。

（5）下班就回家。

治疗师告诉佩吉，每做一步，确认你这么做的确没有给公司带来任何损失，老板没有责备你，再进行下一步。这个做法让佩吉非常放心，她小心翼翼地一步一步放松对自己的要求，果然没出什么毛病。佩吉的胆子有点变大了。然后治疗师说，那咱们继续试探：

（6）故意在文档中犯一个标点符号的错误。

（7）犯一个语法错误。

（8）犯一个拼写错误。

结果一直到第八步，佩吉给了一个明显的拼写错误，公司也没有因为这个错误输掉官司，佩吉没有被解雇——事实上，公司上下根本没有人注意到她那个错误！佩吉的强迫症治好了。

最后，我们回到保金斯基的故事。保金斯基不是历史名人，维基百科中甚至没有他的中文页面，我上网反复查询也没找到他的中文名应该怎么翻译，"保金斯基"这个译名还是我创造的。20世纪90年代，麻省理工学院一个教授研究苏联工程师的历史，才发掘到了他的事迹和思想。

本篇我们讲的是实干，开头说保金斯基在搞调研——保金斯基并非不是实干家，事实上，保金斯基特别主张试水。蒂姆·哈福德在《适应性创新》这本书里也讲到试水，说的就是保金斯基的理论。保金斯基提出，用试水的方法创新，有三个原则：

（1）尽可能地尝试新事物。

（2）尝试要可控，要确保试验不给我们带来灾难性的后果。

（3）获得反馈，从结果中学习，随时调整做法。

咱们想想，这三条不就是中国人爱说的"摸着石头过河"吗？保金斯基是实干者的先驱！

宠物超生问题——伪善还是妥协

你养宠物吗？如果你养宠物的话，你肯定是一个有爱心的人。我认识一些养宠物的朋友，他们都很有爱心。如果需要临时找人照看小孩，我会更乐意把孩子放到养宠物的家庭。我家是不养宠物的，但是我经常在网上看别人晒宠物照片和视频，觉得它们真的是非常可爱，看了之后心情很愉快。

有的宠物视频还令人感动。我看过一个报道，说有一只狗因车祸而轧伤了腿，只能爬行，看着就让人觉得很不忍心；后来，宠物救助站的人来了，精心给它做了手术，仔细地调养；再后来，这只狗的腿好了，能正常走路，在救助站里跑来跑去，非常可爱。

我前几天还看到一个关于猪的新闻。一头猪天生后腿发育不良，只靠两条前腿走路，等于是倒立行走。当地媒体报道之后，养猪的农户决定不杀这头猪，把它当宠物来养，养它一辈子。

我们看了这样的新闻，就对人类有信心。我们正生活在一个特别文明的现代社会，整个世界都充满了爱心。

在有些国家，人们对宠物的爱已经做到了体制化。比如荷兰，已经立法禁止遗弃宠物，还有非常好的宠物救助制度。据报道，荷兰宠物救助站的领养率达到52%，现在荷兰街头根本看不到流浪狗。

受伤了给治疗，流浪了给收容，然后还会帮着找人领养。我看过一个宠物救助站的宣传短片。一只小狗，孤苦伶仃地住在救助站的一个笼子里。有一天，有个家庭来领养它，它一开始不敢相信自己会被领养，当它确认自己被领养的时候，那真的是欢呼雀跃，非常可爱。

为了号召大家去领养宠物，还有一个公益短片，拍得非常有创意。在这个片子里，人被关在笼子里，等着小狗去领养！几个人各自住在自己的笼子里，都是凄惨和难过的状态，小狗来了，每个人都争抢着希望被领养。看了这个公益片，我们对宠物的境遇真是感同身受，连我都恨不得去领养一个。

而且，救助站还会对领养者设定一定的条件，不是你想领养就能领养。在美国，宠物救助站会对你进行背景调查，看看你家的设施是不是齐备，比如院子有没有围墙；还会评估你有没有能力照顾宠物，比如会不会经常出差不在家。这是一个非常人性化的制度，人类付出了很大的努力，确保给每个宠物一个好的归宿。

这件事好是好，可是还有一个问题——那些没被领养的宠物，它们后来怎么样了呢？

我虽然没有领养过宠物，但我做过一些调研。比如，前面所说的荷兰的宠物救助站，已经做得很好了，它的宠物领养率也只有52%。有很多宠物没有找到领养家庭。

是不是像人类的儿童福利院一样，如果没有人领养它们，它们就会一直住在救助站里呢？救助站的条件很不好，它们都被关在冰冷的笼子里，不能跟福利院相提并论。那是不是说，如果没人来领养，宠物就像被判了无期徒刑一样一直住在监狱里呢？

其实不是的。那些没有被领养的宠物，将会被杀死。当然不是残暴地杀死，而是安乐死，注射一种药物让它们安静地死亡。英文有一个文雅的说法，叫"put to sleep"，即让它们睡觉。而这个"睡觉"的意思，是永远沉睡。

你去领养宠物，宠物会欢呼雀跃，那不是因为它摆脱了孤独，而是因为它摆脱了很快死亡的命运。

美国一般规定是一个月——一个宠物进入救助站，一个月内没被领养，它就会被"永远沉睡"。美国的领养率跟荷兰差不多，也是50%左右。也就是说，一条流浪狗被人发现，送到救助站，那么这条狗的命运是有50%的可能性被一个家庭领养，还有50%的可能性会被安乐死。

咱们好好想想这件事。这简直太荒唐了！

一只受伤的流浪狗，我们会花很大的力量救它，给它做高难度的手术，媒体高调报道，然后它被送进救助站等待被领养。我估计这只狗应该没事儿了，它上过电视出名了，很快就会有人领养它。可是与此同时，有很多健康的，甚至比这只狗更漂亮、更可爱的狗，在救助站里会被同样给狗做过手术的医生杀死。

有个家庭来领养一只小狗，你不放心小狗的安全，亲自去这家考察了一番。你觉得他家的环境不够舒适，拒绝了领养申请。十几天以后，因为没有等到新的领养家庭，你却把这只小狗杀死了。

咱们再想想前面说的那个让人扮演宠物的公益片。如果我是一只宠物，我很想把救助站的工作人员咬死。我选择流浪，可以吗？

不行。流浪猫、流浪狗是公众安全和健康的隐患。宠物的命运，就是要么被好好地领养，要么被杀死。救助站只能收养这么多宠物，新的要进来，旧的就必须给腾地方。

我去年还看过一个报道，台湾地区有一个美女兽医叫简稚澄，是台大毕业的高才生，因为喜欢小动物，选择去救助站工作。简稚澄学了5年兽医，她学的是怎么救助动物，不是怎么让动物安乐死。

台湾地区的规定是12天。宠物进了救助站12天找不到领养家庭，就会被杀死。简稚澄在杀死700个宠物之后，再也承受不了难过的情绪，选择了自杀，年仅32岁。

爱心和理性，有时候是一对重大矛盾。

你面前有一只狗，快要冻死了，你肯定会让这只狗在你家过一夜。你甚至可能会收养这只狗。这就是爱心。

后来，这只狗生下了6只小狗，你不可能把它们都养在家里。你想把小狗送人，可是周围亲友要么已经养了狗，要么根本就不想养狗。你甚至上网发了广告，但是也没有什么人响应。那你就只有两个选择，要么把小狗送到救助站去，要么把小狗遗弃。这就是理性。

猫和狗，实在太能生了。几个月就能生一窝，每窝能生下五六只。人类养宠物以前，猫狗的祖先在自然界是自生自灭的，存活率很低，要么饿死了，要么被咬死了。但是，现在人类接管了猫和狗的生活，如果让它们还保持这样的生育率的话，那完全是不行的。

现在美国养宠物的家庭比有孩子的家庭都多，已经饱和了。再有多余的猫狗，就只能杀死了。

这就是爱心与理性的矛盾，也可以说是局部思维与全局思维之间的矛盾。单就行为来判断，有爱心总是好的，无缘无故杀死一个宠物总是坏的。可是，我们把所有的爱心加在一起，根本养不了这么多，怎么办？

这个矛盾无解，此事古难全。

没有终极解决方案，不过现代社会有办法"调和"这个矛盾。

第一个办法是阉割。美国有30个州在不同程度上立法要求对宠物进行阉割。所谓"阉割"，就是要切除母猫和母狗的卵巢，而公猫和公狗更惨，要"中性化"——它们不再是公猫和公狗了，他们被剥夺了性生活的能力。为什么非得搞野蛮阉割，而不做更精细的绝育手术呢？因为绝育手术太贵了，做不起。

第二个办法是禁止买卖宠物、禁止私下配种培育什么纯种狗。当然，完全禁止是不可能的，一般的做法是收重税，比如荷兰就是这么做的。这等于是变相的计划生育——不要再生了，想要就去领养一只现成的吧。

第三个办法比较人性化，是泰勒·科文（Tyler Crowen）在《自满阶级：弄巧成拙的美国梦》（*The Complacent Class: The Self-Defeating Quest for the American Dream*）这本书里提到过的"匹配"。美国的救助站正在使用跟婚恋交友的原理差不多的配对算法，帮宠物和对应的家庭配对。现在，纽约和旧金山的救助站领养率达到了80%~90%，而20世纪70年代的领养率才只有20%。

但是，宠物和人类都是越来越不自由了。我要说的这个道理是，现代社会是一个你不能为所欲为的社会，甚至连爱心都不能为所欲为。

现在，美国78%的宠物都被阉割过。它们的一生是不完整的，仅仅作为宠物而存在。有人说阉割是为了好养，因为阉割后的宠物性情会更温顺，其实最主要的原因还是控制数量。你想给狗狗完整的一生，让它能生儿育女，对不起，你最好不要这样。你不喜欢救助站的野猫野狗，你想要个血统高贵的纯种，对不起，请交税。

遇到流浪猫、流浪狗，如果你想对它们负责，可以把它们送到救助站去。如果你不想对它们负责，那你就别管它们了。但是你不要投喂。投喂是对宠物界和人类都不负责任的行为。

归根结底，人类养宠物是为了自己，而不是为了猫权和狗权。宠物过的不是它们自己的一生，而是我们爱心的投射。现代人一方面对宠物很有爱心，另一方面在救助站批量地杀死宠物。

你说这是伪善吗？我说这是妥协。这是爱心跟理性之间的妥协，也是理想跟现实之间的妥协。这就是现代社会。每个人都必须妥协，只有这样，人和人、人和宠物才能共处。

二十层床垫级别的敏感度

我儿子给我读了个童话故事，我觉得挺有意思。故事是这样的：

从前有个王子，立志要娶一位真正的公主，可他又不知道怎样才算是真正的公主，就向一位女巫请教。女巫说，真正的公主符合三个标准：第一，她对所有人都有礼貌；第二，她对穷人和富人都有关爱之心；第三，她必须有非常敏感的皮肤。怎样才算敏感的皮肤呢？你在二十层床垫下面放一粒豌豆，真正的公主睡在床上能感觉到豌豆的存在！

王子见了很多公主，都没通过三个测试，特别是没有通过豌豆测试。最后是一名女仆通过了三个测试——女仆在机缘巧合之下在床上睡了一晚，但是没睡好，被二十层床垫之下的豌豆硌着了。最后王子就娶了女仆，两人从此幸福地生活在一起了。

为写这篇文章我特意考证了一下，这个故事改编自安徒生的童话《豌豆公主》。原文是一个真的公主通过了测试，我儿子看的版本是女仆取代了公主，这显然是为了迎合现代人的自由主义思想。

这个故事的有意思之处在于，为什么非得要求公主有如此敏感的皮肤呢？我是这么想的，女巫提出的前两个标准，凡是"好人"就能做到，而只有这第三个标准，却非得是从小富养、对生活享受有敏锐感觉的女孩才有可能做到。所以女仆版不太真实——这第三条就是为了把女仆淘汰掉。

我觉得安徒生这个故事的背后有个道理。他想说的是，敏感度，可以区分人的高低贵贱。

当然不一定是皮肤敏感，也不一定是享受方面的敏感，还包括各种感觉的敏感。有的人能体察到细微的东西，而有的人不能。

比如我最近在微博上看到一个描写阿尔茨海默病的公益广告。一个人的父亲得了阿尔茨海默病，连儿子都认不出来。但有一次，他领父亲出去吃饭，父亲看到餐桌上有饺子就直接把饺子拿起来装到口袋里，说要留给儿子吃。这个广告说尽管老人得了病，忘掉了所有事情，但他却始终没有忘记对儿子的爱。这是一个非常令人感动的故事，许多人都被触动了。

可是我看微博评论，也有人就说，他在电视里看到这个广告时，身边的一个人就非常无感，而且还嘲笑老人竟然闹出了直接把饺子装进口袋里的笑话！

所以哪怕是特别简单的点，有的人也感觉不到。这就是敏感度不行。一个人如果在人际交往中缺乏敏感度，他做事就没有分寸，说话就不知轻重，他就无法理解别人的暗示，甚至你讲个高级点的笑话他都听不懂。他可以是个好人，也可以拥有很厉害的专业技能，但是他本质上还是个"粗人"，不能通过豌豆测试。那他有可能就做不好一些高级的事情，比如说支配人——这种公主该干的事情。

现在早就不是公主和女仆的时代了，身份越来越不重要，但是敏感度仍然事关重大。在《未来简史》中，赫拉利提出一个公式：知识 = 体验 ×敏感度。

赫拉利说，在这个没有宗教信仰的现代社会，想要寻找人生的意义，就得有体验和敏感度。赫拉利说的敏感度的意思就是你要从经历中获得体验，用体验改造自己。你通过不断地体验能对世界产生更深的理解，最终变成一个更好的人。

敏感度，就是人文主义者的自我修养。

敏感度是可以学的。比如我看春晚，感觉舞台非常奢华，但总觉得有点土气，可是又说不清是怎么个土法。最近看到一篇文章《为什么大牌时装在春晚就失去了高级感？》，其中提到一个概念叫"颜色饱和度"。作者的理论是颜色饱和度越高，高级感就越弱，春晚舞台土就土在大量使用了大红大绿这种高饱和度的颜色！

这就让我们学会了一个新的看问题的角度。概念一旦明确，敏感度就能成倍增加。我们再看春晚舞台，可能感觉就不是朦胧的土，而是特别土。

生活中其他事情也是如此。一旦你做错一件事，体会到严重后果之后，最好还能用一个成语典故之类的概念概括这个事情，那么下次再遇到类似的局面，你就会特别敏感，你就会做得更有分寸。我们经常谈论的"刻意练习"，就是要求练习者必须对错误非常敏感，随时知道哪里错了，最好还能感到精神上的疼痛！水平高的人敏感度都高，这大概就是为什么人们夸周瑜的夸法是"曲有误，周郎顾"。

但是敏感度高也有问题，你可能会"过敏"——过度拟合式的敏感。有些人就是特别敏感，别人随便一句话，他还以为是什么暗示；别人随便开个玩笑，他可能会生气。我觉得有些信息最好忽略，没必要过度解读，从数学上讲，就是没必要过度拟合。有这种过度拟合式的敏感，可能还不如"粗人"生活得愉快。试想，如果公主真的因为二十层床垫下的豌豆感到不适，她还能正常生活吗？

这就要求我们提升敏感度的同时还必须学习另一项技能——忽略。

看到但是假装没看到，这是被动的忽略。根本不往那个方面看，这是主动的忽略。想要有这样的忽略水平，就必须得知道什么重要，什么不重要。我们应该只在重要的事情上保持敏感度，在不重要的事情上放松敏感度。要避免"过度拟合"，就得"难得糊涂"。

那到底什么重要，什么不重要呢？

琢磨人就不重要。有些人一辈子就把敏感度发挥在琢磨人上了。察言观色，看家本领是任何时候都能迅速识别周围人的身份等级，专门研究人的眉眼高低。可是我们看那些真正厉害的人物，不管是商人还是科学家，学者还是官员，有时候就是直来直去，从来不去"适应"别人，都是别人去"适应"他们。他们把敏感度用在了更高级的地方。

琢磨事儿，琢磨思想，才是用到了高级的地方。富兰克林·罗斯福总统的夫人艾莉诺·罗斯福有句名言："伟大的头脑谈论想法，中等的头脑谈论事件，弱小的头脑谈论人。"

我读过一本小书叫《百万富翁和中产阶级的十大区别》（*The Top 10 Distinctions Between Millionaires and the Middle Class*），书里对这句话有个解读特别好，说这三种人其实就是"让事情发生的人、看着事情发生的人和根本不知道发生了什么的人"。

你得先有想法，才能使一件事情发生。"百万富翁"是能让事情发生的人，他们积极主动，爱谈论想法；一般人比较被动，多数情况下只能作为一个看客，在事情发生以后议论一番；还有一种人，只顾着如何取悦前两种人。

想法来自观察，观察需要敏感度。

最高水平的敏感度能达到见微知著的境界。有个著名的故事说，西汉丞相丙吉去地方视察遇到有人街头斗殴，他视而不见，又见到一头牛似乎病了，却很仔细地去察看牛的病情。下属就问他为什么不管斗殴这样的大事，反而关心牛生病了这样的小事。丞相说，斗殴是地方官的事儿，"宰相不亲小事"，但如果牛生病了则说明可能今年气候异常，这才是大事。

到底什么是小事，什么是大事？什么是偶然事件，什么是大趋势？什么是信号，什么是噪声？

跟计算机相比，人脑非常善于模式识别。Google不知道费了多大力气，才让人工智能学会在任意一张图片里识别一只猫，而人类几乎天生就会。在天气预报系统已经如此精密的今天，还是需要人类对结果进行微调。模式识别，见微知著，绝对是值得努力提升的真功夫。

想要获得这样的功夫就得多积累实践经验，多读书，多了解这个世界。听说一两条负面信息就对世界绝望了，那是无知；认为什么信息都没意义，那是麻木。知道什么重要什么不重要，该信什么不该信什么，才能对世界有个"educated guess"（比较准确的猜测）。

斯多葛派哲学的安心之法

有一个古老的哲学学派叫斯多葛派（Stoicism）。近年来，这一学派在美国非常流行，我经常能看到有人写文章介绍这个哲学学派的心法，也有很多人正在按照这个学派的指导自我修行。但是据我观察，斯多葛派对中国读者来说还比较陌生。

斯多葛派哲学要求我们做一个坚忍、坚定、不轻易动感情的人。"stoic"这个词，在英文中可以做名词，就是指一个斯多葛派的信徒，译为"斯多葛者"；也可以做形容词，形容一个人宠辱不惊、坚忍。比如我曾经看到有文章形容奥巴马是一个"stoic"的人，意思就是说他作为一个领导人，遇事不慌不忙，镇定自若。像特朗普，有时给人感觉有点一惊一乍的，那就不太可能用这个词来形容他。

中国读者可能不太熟悉"斯多葛"这个词，但是我说一个人你肯定知道。前任总理温家宝很喜欢读一本书叫《沉思录》，据说放在枕边已读过100多遍。这个《沉思录》的作者是古罗马皇帝马可·奥勒留，被后人称为"哲人王"。那么，奥勒留又是哪个哲学学派门下的呢？就是这个斯多葛派。

斯多葛派，在2000多年以前的古罗马时代就已经有了，为什么现在还这么受欢迎？

一段名言

我要说的是*Aeon*上的一篇文章，题目是《想要更幸福，就关注你能控制的东西》（*To be happier, focus on what's within your control*），作者是纽约城市大学的哲学教授马西莫·匹格里奇（Massimo Pigliucci），他出版过一本书，叫《怎样成为一名斯多葛者：古老智慧在现代生活中的应用》。在上述这篇文章中，匹格里奇只说了斯多葛派的一点内容，被称为"斯多葛控制二分法"。意思是说，在生活中，有些事情是你能够控制的，有些事情你是控制不了的，你应该只关注你能控制的事情。

你听了这句话是不是感觉有点熟悉呢？基督教里有个类似的说法。美国基督教神学家尼布尔曾在19世纪30年代写过一段《宁静祷文》（以下是维基百科收录的洪宋弦的译文）：

神啊，

请赐与我宁静，好让我能接受，我无法改变的事情；

请赐与我勇气，好让我能改变，我能去改变的事情；

请赐与我睿智，好让我能区别，以上这两者的不同。

其实，犹太教也有类似的说法。中国科技大学前任校长朱清时也非常喜欢这段话，曾经用来勉励学生："有勇气去改变那些可以改变的事；有度量去容忍那些不能改变的事；有智慧区别以上两类事。"

据匹格里奇考证，这段话恰恰起源于斯多葛派哲学。2000年以前，古罗马的斯多葛派哲学家爱比克泰德（Epictetus）说过一段这样的话。所以这段宁静祷文的本意，并不是出自基督教，而是出自哲学家。所谓"可以改变"，就是"斯多葛控制二分法"中的"你能控制"。

如今，你听到这个"斯多葛控制二分法"，可能第一反应是觉得平淡无奇。我知道这个方法，又能怎样呢？

也许会很不一样。匹格里奇把"斯多葛控制二分法"的效果称为"爱比克泰德的许诺"——如果你真的能区分你能控制的事情和你不能控制的事情，并且将两者区别对待，那么你在心理上，就会是不可战胜的。在面对人生起伏的时候，你就能真正做到宠辱不惊。

一个心法

匹格里奇举了一个例子。有一次，他在罗马坐地铁，眼睁睁地看着一个小偷把他身上的钱包偷走，还没等他反应过来，小偷就拿着钱包转身跑出了地铁车厢的门，然后门正好关上，匹格里奇无可奈何。钱包中不仅有现金，还有他的证件、信用卡等。丢了钱包非常麻烦，他得花很多时间去补办各种证件，挂失信用卡，简直想想都让人头大。

一般人遇到这种情况，正常的反应肯定是非常恼火，会痛恨小偷，还会责备自己怎么就没把钱包看好，可能未来几天的情绪都会受到影响。但是，匹格里奇因为已经学习斯多葛派哲学多年，当他遇到这样的事时，就能够很好地面对。

匹格里奇想，小偷把钱包偷走这件事，是我不能控制的，那我就只能接受。钱包已经丢了，那我就应该把关注点放在自己能够控制的事情上。

我能控制什么呢？我可以选择好好度过这一天。本来，匹格里奇已经和家人、朋友约好当天晚上一起去看演出，然后一起吃顿晚餐。结果，他根本不受丢钱包这件事的影响，该看的演出、该吃的饭一点儿也没耽误。匹格里奇的弟弟对他的反应非常羡慕，说你钱包丢了居然没当回事儿，情绪还这么好。

这就是"心法"的作用。事情还是那个事情，仅仅是因为你面对它的态度变了，你整个人可能都不一样了。

"斯多葛控制二分法"可以让我们在面对小事时从容不迫。那么当面对大事时，就更厉害了。

匹格里奇举了一个美军战斗机飞行员的例子。这位飞行员被敌人俘虏，在战俘营待了好几年，其间，他遭到了严刑拷打，受尽了折磨。但是，这位飞行员也修行过斯多葛派哲学，哲学帮助了他。

飞行员想，肉体上的折磨是我无法控制的，那我就只能接受，安之若素就好了。然而，哲学并没有把他变成一个消极的人——他也关注到了自己能够控制的东西。他本身是一个高级军官，所以领导其他的战俘一起反抗，就是他能做到的。结果，他抓住机会组织了一次抵抗运动！

匹格里奇更进一步说，如果你能够接受"斯多葛派控制二分法"，那么你的个人目标就应该从"外界目标"转换为"内部目标"。

两种目标

那么，什么叫"外界目标"，什么叫"内部目标"呢？

比如说，现在你的面前有一个升职的机会。你准备好了简历，列举出了自己取得的各项成绩，把简历交给老板，希望能拿到这个职位。

如果你的目标是获得这个职位，那就是一个"外界目标"。因为这里面有很多因素是你无法控制的。可能你的竞争对手表现得更好，也可能老板不喜欢你。如果你把希望寄托在一个外界目标上，你就会有各种焦虑不安的情绪。

所以匹格里奇说，你应该选择的是一个"内部目标"。你控制不了外界，但是可以控制自己。你可以把目标设定为尽自己所能，写一份最理想的简历。

有了这个控制二分法，你设定的是内部目标，那么对于不能控制的最后结果，你就没有什么可焦虑的。最后结果不管是什么，你都可以坦然接受。就算没拿到这个职位，任何愤怒的情绪也是没必要的，多余的感情只是自我伤害。

想通了这一点，你会发现生活中很多方面都是这样的：

比如，你参加了一个比赛，你要关注的重点应该是发挥出自己最好的水平，打一场漂亮的比赛，而不是能不能赢得比赛；再比如，你喜欢某个人，想获得对方的爱，那么他/她怎么对待你是你无法控制的，但你能控制的是你对他/她的态度，呈现出自己最好的一面。

匹格里奇认为，如果能做到这些，那么你就没有什么敌人和对手，因为你关注的是你自己，你不会去指责任何人。

我们想想，为什么斯多葛派哲学在今天仍然受到欢迎。这大概是因为它没有脱离实际，具备实现的可能性吧。

每个人都希望自己能克服焦虑情绪，任何时候都镇定自若。在这方面，中国有句成语叫"无欲则刚"。如果你能消除自己的欲望，自然就不会有焦虑。佛教也有类似的说法，要求我们消除欲望。

但是我们普通人怎么可能消除欲望呢？我参加一个比赛，我当然想赢！我马上就要上场了，教练看我紧张，过来跟我说你要消除取胜的欲望，这可能吗？

消除欲望这个要求实在太高了，而斯多葛派这个心法就实在得多——并不是没有欲望，你可以有欲望！但是，你要把注意力全部集中在自己能控制的这部分上。

"控制二分法"，可能是斯多葛派哲学中最重要的一个心法。我们应该区分自己能控制和不能控制的东西，接受那些不能控制的，把注意力集中在能控制的东西上，并且有勇气去控制。这不是什么心灵鸡汤，而是很有实用价值的一个哲学思想。若能做到这一点，我们遇事就能从容大度，处变不惊。

◎ 到底什么叫"智慧"

我要说一个我们非常熟悉但实际上又特别陌生的概念："智慧"。

"智慧"这个词我们经常用，一般认为这是一个比"智商"和"知识"都高级的词。比如，有人说《论语》《道德经》，以及佛经这些古代经典里面有智慧；有人说多读书能够获得智慧。2016年，我看了一个电视剧《马向阳下乡记》，其中有一个村干部非常有意思，有时候领导说一句话，他就说"哎呀这句话大智慧啊"，有时候他老婆说一句话，他就说"你这话说得就不智慧"。

如果"智慧"只是一个笼统的赞美词，那么它就不具备可操作性，你也谈不上怎么想办法刻意增长智慧，那么这个概念就没什么意思。

想要获得"智慧"，我们首先得给它找一个可操作的含义。

"知识"，我们都知道是什么意思，不用解释。

"智商"，很多人都知道，它的意思是一个人的认知能力。比如，逻辑推理、模式识别、短期记忆力这些与积累了多少知识关系不大的，但是能反映大脑运算水平的能力。

"情商"这个词经常被滥用，但心理学家有比较明确的定义，是指一个人控制自己情绪的能力，比如意志力，遇到挫折不崩溃而保持乐观。

那么"智慧"是什么呢？我最近看到一篇论文才知道，现在心理学家对这个词也有比较明确的定义了。

　　这篇论文的题目是《面对日常挑战的明智推理》，作者是来自加拿大、德国和荷兰的四位研究者。我把论文标题截图在下面，感兴趣的读者可以自己找来仔细研读。

Article

Social Psychological and
Personality Science
2016, Vol. 7(7) 611–622
© The Author(s) 2016
Reprints and permission:
sagepub.com/journalsPermissions.nav
DOI: 10.1177/1948550616652206
spps.sagepub.com

SAGE

Wise Reasoning in the Face of Everyday Life Challenges

Igor Grossmann[1], Tanja M. Gerlach[2,3], and Jaap J. A. Denissen[4]

Abstract

How stable vs. dynamic is wisdom in daily life? We conducted a daily diary study of wise reasoning (WR) by recording people's reflections on daily challenges in terms of three facets: intellectual humility, self-transcendence, and consideration of others' perspectives/compromise. We observed substantial and systematic intraindividual variability in WR, with wiser reasoning in the social versus nonsocial contexts. State-level WR variability was potent in predicting a bigger-picture construal of the event, more positive (vs. negative) emotions, greater emotional complexity, lower emotional reactivity, less thought suppression, and more reappraisal and forgiveness. In contrast, on the trait level, we observed only a few associations to emotional complexity and reappraisal. We discuss implications for conceptualization and measurement of wisdom-related thought.

　　这篇论文在引言部分介绍，目前心理学家们的确开始关注"智慧"了，而且对老百姓说的"智慧"这个词在心理学里应该代表什么意思有了一个共识：所谓"智慧"（wisdom），就是"明智的推理"（wise reasoning）。

　　这里，我把"reasoning"给翻译成"推理"实属无奈，我找不到一个更好的中文词来对应。这里说的推理跟"逻辑推理"还不太一样，不是指做数学题或者福尔摩斯分析案情，它的意思更广泛一些，是指通过你的理性，对生活中遇到的挑战做出正确的选择和判断。

　　比如说，现在有一个质量很好、可以用很长时间的名牌包，价格很贵，还有一个质量一般，但是价格便宜的普通包，你买哪个？国家放开二胎政策了，你生不生？教师节，你儿子同学的家长给班主任送了厚礼，你送不送？

　　能不能做好这些选择，跟你的数学成绩关系不算太大（当然也有相关性），这既不是逻辑推理，也不是脑筋急转弯问题。掌握的知识多，未必对解决这些问题有"直接的"帮助。科普知识可以明确告诉你不要花冤枉钱买高价保健品，但是名牌包的确有更多的效用，这些问题没有标准答案。

你必须考虑到自身的情况，还要考虑当时你所处环境的情况，综合判断，才能做出明智的选择。

这种选择能力，不是知识，不是智商，也不是情商。心理学家干脆就把这种能力叫作"智慧"。

智慧都需要什么能力呢？你得对周围环境非常敏感，能从一个更大的视野中看待这个问题；你得有灵活度，能同时考虑不同的观点；你得善于自我反省，承认自己的认识是有限的。此前就有研究表明，这种能够具体问题具体分析的能力，对提高个人的生活水平来说，比智商更有用。

在这篇论文中，研究者特别从三个方面考察了一个人的智慧水平。

（1）智识上的谦逊——我知道我需要更多的信息，才能合理评估这件事，我知道未来可能还有不确定性。

（2）超越自我——我知道我身在这个事件之中可能会当局者迷，如果能从旁观者的视角看问题，也许更好。

（3）考虑他人的观点，达成妥协——我知道不同观点的利弊，能理解这个事件的参与各方的想法和立场。我不仅仅考虑自己的利益，也考虑跟别人的关系。

研究者想知道智慧是怎么在人群之中分布的。是一些人确实比另一些人更有智慧，还是每个人面对不同局面会表现出不同水平的智慧呢？

所以研究者就找来了176个受试者，这些人中男女各占一半，年龄和受教育程度都不一样，而且特意选的是一些没有什么心理学知识的受试者。

好了，先让这些人做一个问卷调查，然后每人发50欧元作为酬谢。之后，研究者要求他们在未来9天之中，每天记一个详细的日志。记录自己在遇到生活中各种情况的时候，是否使用了上面所说的三种智慧能力。每天早上研究者会给他们发电子邮件提醒，而且一旦完成日志就再给25欧元。

结果，论文的主要结论是，智慧在不同人中的差异比平均每个人在不同场合之间的差异要小。

这个结论非常有学术味道，就是说智慧可能并不是一个个人特点。也就是说，大概不是这个人比那个人有智慧，而是每个人有时候面对这种情况很有智慧，而面对别的情况就没有智慧。

这其实是个好消息，说明智慧跟智商不一样。智商主要是人与人的差异。一个智商高的人不但考试成绩好，其他方面也好，智商很难通过训练提高。那么，现在既然个人面对不同的情况，智慧有差异，智慧也许就是可以学的！如果我们多熟悉一些不同的局面，也许我们就能学会更多地使用智慧！

这个研究还发现两个小结论，也很有意思。一个是当你跟别人在一起的时候，你就更有可能使用智慧。这个可以理解，有别人在场，我们就更容易从其他的视角去考虑问题。

另一个结论是，智慧跟这些受试者的性别和受教育程度关系不大，唯一有关系的是年龄——年龄越大的，越有智慧。所以智慧跟智齿差不多，到了一定年龄它就长出来了。

我看这篇论文最大的收获是，在智商、情商、性格等维度之外，心理学家研究人，还有这么一个叫作"智慧"的维度。这个"智慧"的定义未必跟我们心目中的"智慧"一致，比如你可能说"进化是大自然的智慧"。在这里，心理学家把"智慧"的定义给缩小了，但是也给了它可操作性。

如果你不喜欢缩小智慧的定义，我们也可以把今天说的这个概念按论文标题的说法，称为"明智推理"。

论文里说的这三种明智推理能力，值得好好体会！我以前听说一个理论，说有什么好东西，你得先给它起个名字，等将来遇到了你才能想起来，才能使用它。这三种能力我们现在一说，都知道是好东西，但是如果没听说过，遇事未必会往这方面想。

现在我们知道了，这叫"明智推理"。那么以后再遇到什么事情，就能多个心眼儿，想想我能不能先别冲动地做决定，能不能用点儿智慧。

　　不过，我不太相信"人与人的智慧差别不大"这个结论。统计实验研究的都是"普通人"，若真有高人在里面的话，他的数据恐怕会被研究者视为"异类"，他就是格拉德威尔说的"outlier"。我相信，如果一个人好好提高自己，他就有可能获得比一般人高得多的智慧。

　　谦逊谨慎，旁观者清，达成妥协，这些都是能让我们生活得更好的品质。能在日常生活中经常做到这三点，就是有智慧的人。

PART 5
数据统治世界

◎ 指导生活的算法

数学家告诉你什么时候结束单身

　　自从我家有了第二个孩子，明显觉得原来的房子太小，就想换个大点的。当时正好有个朋友告诉我，他家附近有些新房。我跟我老婆去看了一下，当场就决定买，第二天找了个房产经纪人就签了合同。

　　房产经纪人对我们的快速决定表示了赞赏。我就问他，跟你买房子的人中，最长的用了多长时间？他说有个人在两年中看了100多套房子，越往后看，房价越高，他越不想买，整个过程非常难受。

　　这就引出了一个问题。看见好的就买，似乎有点草率，但是总下不了决心出手肯定也不对。那么一个科学理性的人，应该怎么办呢？

　　2016年4月出版了一本英文新书《指导生活的算法：人类决策中的计算机科学》（*Algorithms to Live By: The Computer Science of Human Decisions*），作者是布莱恩·克里斯汀（Brian Christian）和汤姆·格里菲思（Tom Griffiths）。

　　这本书说，生活中的很多问题，其实是可以用算法来解决的。比如买房子的问题，与其浑浑噩噩地接受命运的安排，不如有点理性决策的精神，把它变成一个数学问题。我们假设这个问题的条件是这样的：

（1）你随机地遇到各种房子，但是只打算买一个。

（2）遇到一个房子，如果你选择买下，这个房子就是你的。

（3）如果你选择不买，很快别人就会把它买走——你没有第二次机会。

（4）你应该给自己设定一个看房总数的限度，或者一个时间期限——一个月之内一定要买到房子。

这些条件可能跟生活中的人实际买房的情况略有不同，但必须这样把问题简化，数学家才能计算。

应该选择怎样的购买策略？数学家给出了一个重要的数字——37%。

数学家的策略是，你要把这一个月的时间分成两个阶段。在第一阶段，你只看不买，就是根据自己的购买能力，了解一下市场上哪些房子你喜欢，哪些你不喜欢。记住在这个阶段内你看到过的最满意的那个房子。

等过了某个时间点——具体来说，就是过了你设定期限的37%以后——你就进入到第二阶段。如果预先设定的期限是一个月，那么第二阶段就从第12天开始。

从这天开始，你一旦遇到一个比第一阶段那个最好的房子好，或者与它类似的房子，就要毫不犹豫地买下来。

分两个阶段这个策略和37%这个数字，都是数学家们好不容易算出来的。实际上这是一个随机选择优化问题，1958年才被解决。现在人们把这个办法叫作"37%规则"。

37%规则并不能保证你一定能买到最好的房子，但是在假定市场上的房子随机出现的情况下，它是能让你买到一个足够好的房子的好办法。从概率的角度来说，如果你看了不到37%的房子就开始买，你将来很可能后悔买早了；如果你看了超过37%的房子开始买，你将来很可能后悔买晚了。

我们生活中有很多情况跟买房是类似的。好东西过了这个村就没有这个店，那你要还是不要？如果使用37%规则是你作为一个理性的人在这个不确定的世界中所能做的最佳策略，那么你就可以无怨无悔，没有那么多纠结和痛苦了。

再举个例子，找结婚对象也可以用37%规则。比如，一个女青年从18岁开始找对象，设定的目标是在40岁之前结婚，那么根据37%规则，她那两个阶段的分割点是26.1岁。

在数学家看来，这个女青年的最佳择偶策略是这样的：26.1岁之前是观察期，她应该只交往不结婚，但是必须要记住在交往的男生中间，自己最喜欢的是哪个；26.1岁之后是决策期，再结交新的对象，一旦遇到一个比那个人还好，或者和那个人差不多一样好的男人，就应该马上把他拿下，和他结婚。

当然具体到择偶的话，这个数学模型还可以更复杂一点。37%规则是假设你向谁求婚，那个人马上就会答应，主动权在你手里；但是如果主动权不在你手里，你向别人求婚，有被拒绝的可能性，那么分割点就不是37%了。

数学家计算，假设你每次被拒的可能性是50%，那我们就要把37%变成25%。也就是说，条件不好的人应该缩短观察期，仍然从18岁开始算的话，过了23.5岁之后你就要开始抓紧。看谁好，就向谁求婚，他要是同意，你就达成目标了；他要是拒绝，你就再看下一个。

还有一点，37%规则是在假设无法回头的条件下成立的。也就是说，如果你在第一阶段错过了一个人，那他可能就和别人结婚了。可是如果你的条件非常好，就算一开始错过了一个人，过了一段时间回去找他，他还有可能答应你的话，你的观察期就应该延长。

具体来说，数学家计算，假如在观察期内已经被你拒绝了的人，当你回去找他时，他还有50%的可能性会同意，那么在这种情况下，你可以把观察期从37%延长到61%。

条件好的就多等等，不要急于决定；条件差的就赶紧行动。数学家的计算结果，跟我们的常识还是相符合的。

当然，这些计算都是数学家把人们找对象的过程给理性化、模型化了。这个模型里没有"命中注定的真爱"这个概念，似乎缺少了一点儿浪漫元素。你可能会说，我一定要找到真爱才能结婚。可什么是真爱？在数学家看来，你看到A觉得不错，但是错过了，那么再找到一个和A差不多的人，就可以了。如果你非得说只有A才是真爱，那就不对了。

在这个问题上，我觉得你不服不行。如果你说找对象跟买房子不一样，一定要寻找命中注定的真爱，那么数学家告诉你，你大概会有两种可能的结局：要么后悔自己没有早早结婚被剩下了，要么后悔自己结婚太早。

理性的人，应该知道什么时候停止。

说到停止，这本书里还提到一个问题。假设有一个抢劫犯，通过一次次地抢劫获得财富。抢劫，总是有危险的，哪一次失手被抓住了，前面的钱就都白抢了。可是不抢，就不能得到更多的钱。问题：他应该什么时候收手呢？

这个问题在（某些人的）生活中也很常见。我们看某类电影，经常有人感慨该收手的时候没有收手，正所谓"身后有余忘缩手，眼前无路想回头"。我写此文的时候上网搜索，发现某地的廉政网站居然用这句话教育贪官，也不知作者的意思是让贪官根本别贪呢，还是贪几次攒够了钱就及时收手。

无论如何，数学家把这个随机优化的问题解决了。算法是这样的，你先估计一下自己抢劫一次成功的概率有多大，然后用成功的概率除以失败的概率，就是你抢劫的最优次数。比如，如果你水平高，得手的可能性是90%，失手的可能性是10%，那么你就应该在抢劫9次以后收手；如果你成功和失败的可能性都是50%，那么这件事你就应该只做一次。

总而言之，如果我们能有点数学精神，就不用长吁短叹地感慨人生无常了。

我想再次强调，算法不是算命。也许女青年到头来发现她的高中同学才是最佳结婚对象，也许十拿九稳的抢劫犯第一次作案时就失手了——这并不等于算法不对。

这些算法，说的是面对一个不确定的世界，在你根本不知道命运会怎样的情况下，所能采取的最佳策略。如果找足够多的人试验足够多次，你就会发现这些策略比别的策略好，起码比没有策略好。

我们成年以后在生活中运用到复杂数学的机会太少了。如果你不搞技术，可能就连在工作中用到数学的机会都不多。我们生活中用到的数学，大都停留在小学生水平，如购物时算账。

我们所说的这些问题，可以说已经是极其少见的高水平数学了。

而事实上，一个现代人如果能习惯性地用数学模型去思考问题的话，你可能会发现运用复杂数学的机会还是很多的。数学模型和计算机算法可以帮助你决策！

我们经常使用成语典故来帮助自己思考，其实成语典故就是浓缩了的处世哲学，就是套路。之前我们说过，应该尽量多掌握一些心理学的套路，没准儿什么时候就能用上。如今看来，数学也是如此！掌握几个算法，没准儿什么时候就能用上。

那么，据此我们得到——

（1）一个数字：37%。

（2）一个教训：把思路理性化，浪漫问题也需要解决方案。

（3）一个思想：我们要尽可能地想想什么时候可以运用到数学思想。

数学家告诉你怎样慢慢变老

我们在讲道理时经常会引用一些谚语和"鸡汤"，可是这些东西如果放在一起看，常有互相矛盾的地方。比如，逻辑学家金岳霖很早就注意到"金钱如粪土"和"朋友值千金"这两句话不可能都是对的，否则就等于说"朋友如粪土"。

想要避免价值观紊乱，我们需要一点儿数学意识。

看似互相矛盾的两个人生指南，其实可能都有道理，你要做的是在其中进行取舍。你不能光讲理念，你得讲"度"——这个"度"，得用数学方法量化计算。

1. 鸡汤与数学

我再列举几个鸡汤和谚语的例子，咱们看看怎么取舍。

（1）有人采访临终的老人，问他们这一辈子最后悔的事情是什么。结果是他们后悔的大多是"没做的事"——有个好教授的课没选，有个好姑娘没向她表白，有个好机会没下决心辞职，而很少对"做过的事"后悔。

（2）一个女青年突然辞掉稳定的工作，她的辞职信上就写了一句话，"世界那么大，我想去看看"。

（3）西方人说，"邻居家的草坪更绿"；中国人说，"老婆都是别人的好"。

（4）一只小猴子下山，看到玉米地里的玉米好，就掰了一根玉米；又看到一棵桃树，就扔了玉米摘桃子；又看到西瓜，就扔了桃子拿西瓜；又看到一只兔子，就扔了西瓜追兔子——结果没有追到，最后两手空空。

前两条说的是人生在世应该积极探索新事物，后两条则讽刺了这种行为，认为还是要珍惜已有的东西。那么，哪条说得对呢？我们到底应该在什么情况下探索新事物，什么情况下专注于已有的东西呢？

这其实是一个数学问题，而且是一个非常难、困扰了数学家很长时间的问题。

这个问题在数学中就叫"探索与收获的取舍问题"（Explore/Exploit Tradeoff）。从本质上来讲，这个问题是说，你到底应该花费精力去探索新的信息，还是专注于从已有的信息中得到收获？

比如，你家附近有个餐馆，你已经去过15次，其中9次的体验非常好，6次的体验不怎么好。你打算明天晚上出去吃饭，那么你是否应该尝试一个新的餐馆呢？

这个问题的应用非常广。在这个单位已经工作了好几年，有时候感觉挺好，有时候感觉挺差，我应该跳槽去一家新单位吗？有个老作者的书，我读过5本了，3本写得挺好，2本比较差；另一个新作者，我读过他2本书，1本比较好，1本比较差。那么，下一本书我该买谁的呢？

手里的这个,我们已经知根知底;新的那个,充满未知的风险和诱惑。什么情况下应该换,什么情况下不应该换?这个问题一直到20世纪70年代才被真正解决。

2. 基廷斯指数

数学家的第一个洞见,是你必须考虑时间因素。

假设我们前面说的是北京的一个餐馆。数学家要问的是,你还打算在北京住多久。如果还要住很久,那么你就应该去积极探索新事物,冒点儿险是值得的,一旦发现一个好餐馆,将来可以继续去。可是,如果你后天就要离开北京,那么在离开北京前的这个晚上,你需要的是最稳妥的体验,所以就应该去你常去的那个餐馆。

如果你还很年轻,你就应该积极寻找最适合自己的工作;如果你再过两个月就退休了,你还跳什么槽?

有些鸡汤说,我们要把每天都当作生命的最后一天来过。我认为这纯属胡扯。如果今天是我生命的最后一天,我还上什么班?时间是一个非常重要的因素。

解决问题的数学家叫基廷斯。他说,当你计划出去吃一顿饭的时候,明天那顿应该比今天这顿要贬值一点——因为你明天可能会离开这里,吃不上那顿饭。具体贬值多少,取决于你预期还能停留多长时间。基于这一点,他提出了一个非常复杂的解决方案,最后结果是给每个选项计算了一个指数,现在被称为"基廷斯指数"(Gittins Index)。

下面这张表,就是在假设第二顿饭比第一顿饭贬值1%的情况下,各种局面的基廷斯指数。

		成功								
		0	1	2	3	4	5	6	7	8	9
失败	0	0.8699	0.9102	0.9285	0.9395	0.9470	0.9525	0.9568	0.9603	0.9631	0.9655
	1	0.7005	0.7844	0.8268	0.8533	0.8719	0.8857	0.8964	0.9051	0.9122	0.9183
	2	0.5671	0.6726	0.7308	0.7696	0.7973	0.8184	0.8350	0.8485	0.8598	0.8693
	3	0.4701	0.5806	0.6490	0.6952	0.7295	0.7561	0.7773	0.7949	0.8097	0.8222
	4	0.3969	0.5093	0.5798	0.6311	0.6697	0.6998	0.7249	0.7456	0.7631	0.7781
	5	0.3415	0.4509	0.5225	0.5756	0.6172	0.6504	0.6776	0.7004	0.7203	0.7373
	6	0.2979	0.4029	0.4747	0.5277	0.5710	0.6061	0.6352	0.6599	0.6811	0.6997
	7	0.2632	0.3633	0.4337	0.4876	0.5300	0.5665	0.5970	0.6230	0.6456	0.6653
	8	0.2350	0.3303	0.3986	0.4520	0.4952	0.5308	0.5625	0.5895	0.6130	0.6337
	9	0.2117	0.3020	0.3679	0.4208	0.4640	0.5002	0.5310	0.5589	0.5831	0.6045

比如，你正在跟女朋友讨论晚上去哪里吃饭。你说还去那家常去的餐馆吧，女朋友说不行，要去新餐馆。这时候你该怎么办呢？你就应该当场掏出这张表来，查阅两家餐馆的基廷斯指数。

常去的那个餐馆，你们去过15次，其中9次感觉很好，6次感觉不好，那么就是9次成功，6次失败，根据表格，基廷斯指数是0.6997；而新餐馆你们并没有去过，所以成功和失败都为0，基廷斯指数是0.8699。新餐馆的基廷斯指数更高，所以女朋友是对的，你们应该去新餐馆。

基廷斯指数给一次都没去过的新餐馆一个非常高的估值，就是因为它可能给你带来惊喜，要积极探索；但这个探索不是无条件的　根据表格，如果你们去过常去的那个餐馆9次，每次都很好，那么它的基廷斯指数就是0.9655，那就没必要去这个新餐馆。

事实上，哪怕女朋友说的这个新餐馆，你们已经去过2次，1次体验好，1次不好，那么新餐馆的基廷斯指数仍然高达0.7844，你们还是应该去。这是因为小样本的统计很可能不准，也许一次不好只是偶然，你应该给它更多机会；而对比之下，常去的那个餐馆已经去过多次，测量结果已经稳定在某个水平了。

可是，如果你们即将离开这个城市，那么时间贬值率就要调高，下面这张表是假定每次比前一次贬值10%的计算结果。

	成功									
	0	1	2	3	4	5	6	7	8	9
0	0.7029	0.8001	0.8452	0.8723	0.8905	0.9039	0.9141	0.9221	0.9287	0.9342
1	0.5001	0.6346	0.7072	0.7539	0.7869	0.8115	0.8307	0.8461	0.8588	0.8695
2	0.3796	0.5163	0.6010	0.6579	0.6996	0.7318	0.7573	0.7782	0.7956	0.8103
3	0.3021	0.4342	0.5184	0.5809	0.6276	0.6642	0.6940	0.7187	0.7396	0.7573
4	0.2488	0.3720	0.4561	0.5179	0.5676	0.6071	0.6395	0.6666	0.6899	0.7101
5	0.2103	0.3245	0.4058	0.4677	0.5168	0.5581	0.5923	0.6212	0.6461	0.6677
6	0.1815	0.2871	0.3647	0.4257	0.4748	0.5156	0.5510	0.5811	0.6071	0.6300
7	0.1591	0.2569	0.3308	0.3900	0.4387	0.4795	0.5144	0.5454	0.5723	0.5960
8	0.1413	0.2323	0.3025	0.3595	0.4073	0.4479	0.4828	0.5134	0.5409	0.5652
9	0.1269	0.2116	0.2784	0.3332	0.3799	0.4200	0.4548	0.4853	0.5125	0.5373

（左侧竖排标注：失败）

这时，全新探索的基廷斯指数已经降低到0.7029。

用基廷斯指数解决探索/收获问题，其实有一个隐含的假设，那就是你的转换是没有成本的。今天在这个餐馆吃饭，明天去新餐馆，可以随便去。可是对于换工作之类的问题，其实存在一个适应新单位的转换成本，那就要考虑得更复杂一点了。

但无论如何，这个根据停留时间长短来决定探索和收获的取舍的思路是非常清楚的。这本书提出，哪怕不计算、不查表，我们也能从中获得三个重要的人生智慧。

3. 三个智慧

我们希望每一天都活在当下，可是从数学角度来说，你预期停留的时间越长，探索新事物的价值就越高，基廷斯指数也就越高。

如果我们把期限设定为人的一生，这就意味着年轻人应该多探索，到了后期就要专注于收获。

因此对理性的人来说，要想过好这一生，意味着三件事。

第一，年青时代要大胆探索。

绝大多数小孩不知道什么基廷斯指数，但是他们非常明白探索的重要性。他们会把家里所有电器的所有按钮都按一遍，特别喜欢新玩具，走到哪儿都在关注新东西。

问题是，强调探索，就意味着没有那么多的收获，就像那只掰玉米的小猴子。所以家庭因素就非常重要了。一个年轻人要想不断试错，他需要父母提供强有力的支持。不用你挣钱养家，上大学去！选个自己喜欢的专业，不用考虑就业市场！这个工作不喜欢，换！就算出了错，父母也能包容。

这样的人在年青时代可以不断地探索未知，积累各种经验教训，他才能迅速理解这个世界，他的后期才能做出更好的选择。

第二，随着年龄增长，要慢慢学会利用已有的信息，专注于收获。

一般的规律，就是人的年龄越大，社交的圈子越窄。老了以后，经常交往的也就寥寥几人，经常做的事情也就那么几件，去的地方也非常有限，吃饭只去一个餐馆，就好像已经失去探索的动力了。之前，人们都认为这是老年人的悲哀。

可是斯坦福大学有个心理学家认为，这其实是老年人的理性选择。他们已经完成了探索！他们知道自己最适合做的事情是什么，和哪些人在一起最舒服，哪个餐馆最符合自己的口味，他们已经没有冒险探索的必要，只要享受人生就行了。

这就引出了一个非常让人感慨的实验。实验者问受试者，如果接下来你可以跟一个人深入交流30分钟，那么在以下这三个人中，你会选哪一个？

（1）直系的家庭成员。

（2）你刚刚读完的那本书的作者。

（3）在某一方面跟你有共同兴趣的一个陌生人。

结果，老年人选第一个，而年轻人选后两个。如此说来，老年人念旧啊。可是接下来，实验者把问题变了一下：

他们问年轻人，如果你明天就要出远门，很长时间都不会回来，你会选择谁呢？结果，年轻人选了直系家庭成员。

他们问老年人，如果现在有个新技术突破，你的寿命可以立即延长20年，你会选择谁呢？结果，老人们选了后面两个选项。

老年人不是念旧，他们只是在合理地规划人生。

人老了以后，就更希望能够专注于自己先前已经建立的关系。这也是为什么当一个年轻人到一个完全陌生的城市去上大学，周围都是陌生人，依然能够兴高采烈；但如果你让老人住进养老院，身边同样都是陌生人，他们就不（一定）会开心。

悲哀吗？一点儿都不悲哀。

第三，在慢慢变老的过程中，我们的生活其实是越来越好了。

实际上，探索新事物的好处并没有我们想象的那么巨大，你会不断地遭受失败，哪有那么多浪漫和惊喜。老年人不探索，并不是因为他们不敢探索了，而是因为他们不用探索了——他们已经完成探索了。

研究表明，随着年龄的增长，人的精神状态和生活状态都会越来越好。如果你已经知道自己喜欢什么，你就会很乐意被自己喜欢的事物所包围。

当你看到一位老人，每天见同一个人，去同一个餐馆，坐在同一个座位，点同样的饭菜，你可能会以为他的生活很无聊——殊不知，这才是最浪漫的事，他是在享受自己用一辈子的时间所探索出来的成果！

数学家告诉你为什么难得糊涂

咱们先来设想一个场景。一个会议室里坐满了人，正在做报告的年轻人西装笔挺，头发梳得一丝不苟，PPT上列满了数据和图表，他正在论证一个什么东西。

年轻人讲了很多，可是在台下听报告的一个穿着随意的大佬，有点不耐烦了："你不用说那么多，我就问你几个问题。"

大佬问了几个问题，年轻人马上被难住，于是大佬否决了年轻人的整个提案。

我们对这个场景并不陌生。这可能是一次公司例会，也可能是一次论文答辩。在一线做事的人用了很多精力专注于各种细节，可是大佬们想问题却往往是写意的——他们三言两语就能发现问题的关键，并以此做出决策；然后事实证明大佬们说得对。

这就引出了一个问题。有些人做过大量功课，掌握了丰富的数据和资料，为什么他们的决策水平，反而不如大佬们短短时间内的快速判断呢？难道说，对一个问题思考得多，反而没好处吗？

这个问题，数学家也早就想明白了。如果你的模型涉及决策判断和预测未来，那么精确写实往往不如粗略写意。事实上，你的模型越写实，可能你的最终效果反而越差！数学家把这个叫作"过度拟合"。

"过度拟合"这个词听起来可能让人感觉有点陌生，非常技术化，可是我觉得这个概念实在是太重要了，每个决策者和思考者都应该了解。

什么叫过度拟合呢？

1. 过度拟合

我们先来看看下面这组数据。这张图是对已婚德国人调查统计的结果，说的是人们在结婚以后，生活满意度随着时间推移发生的变化。曲线上有10个点，对应结婚第一年到第十年的数据。

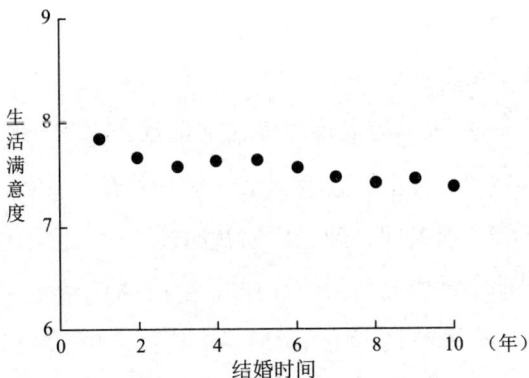

我们看，刚结婚第一年人们的生活满意度很高，而第二、第三年则持续下降，到第四年又有所回升……后面是一个波动的局面。

好，如果我们想要根据这10个点来预测人们结婚15年甚至20年之后的生活满意度，应该怎么办呢？你就应该根据现有的10个点画出一条曲线，然后把这条曲线按照原来的趋势延伸出去。画曲线发现趋势的这个动作，就叫作"拟合"。

在数学上，最简单的拟合就是多项式拟合。如果曲线只是时间的函数，那么一阶多项式，$f(t)=a+bt$，就是假设生活满意度只和时间的一次方有关；你也可以进行二阶多项式拟合，$f(t)=a+bt+ct^2$，也就是生活满意度不仅与时间有关，还与时间的平方有关；以此类推，你还可以考虑更高阶的多项式拟合。

拟合出来的结果，就是下面这张图。

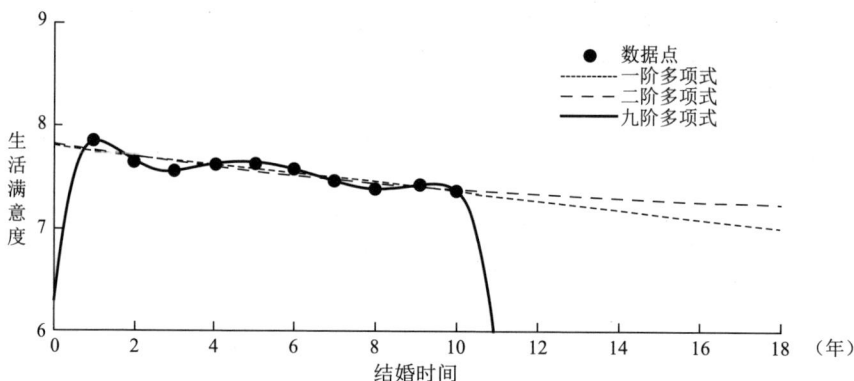

图中的点状线代表的就是一阶多项式的拟合结果，还有一条虚线表现的是二阶多项式的拟合结果。

如果按照一阶多项式的拟合结果往下推算，人们的生活满意度就是按照相同的速度逐年下降的，这看起来似乎不太符合事实。二阶拟合的结果就好多了，下降一段时间，到了后期就比较平稳。但不管是一阶还是二阶，拟合出来的曲线和原始数据都存在偏差——原始数据的点并没有落在拟合曲线上，这两个模型只能大致说明一个趋势，并不精确。

想要精确的结果，我们得用到九阶多项式拟合，也就是图中的实线部分。这条拟合曲线经过了原始数据上的每一个点！可是，九阶多项式的预测结果非常糟糕！它说明，在结婚10年之后，你的满意度会突然下降！这几乎是不可能发生的现象。

这就是过度拟合。你的模型想要一丝不苟地反映已知的所有数据，它对未知数据的预测能力就会非常差。这是因为所谓的"已知"数据，都是有误差的！精准的拟合会把数据的误差给放大——拟合得越精确，并不代表预测结果就越准确，拟合得过度精确后反而结果更加糟糕。

所有搞数据分析的人都明白这个道理。在大数据和人工智能领域，过度拟合是一个非常让人头疼的问题。数学家想了各种办法去判断什么时候出现过度拟合，以及怎么避免过度拟合。

2. 不要想太多

如果把原始数据随便改动一点点，你这个模型的预测结果因而有很大的变化，那么你基本上就是过度拟合了。一个好的模型不应该对数据如此敏感！

比如，某公司选取一套数据作为考核指标，来评估公司运营情况和激励员工。如果有人认为完成这些指标非常重要，以至于稍有不足就万分焦虑，那么我们就可以说这个人已经是在过度拟合了。一个大公司，怎么可能因为一件小事而改变整个未来的走向呢？

数据很重要，但今天的人似乎有点"数据崇拜"。过分重视各种考核指标，为了数据和指标而工作，纠结于各种细节，就可能顾不上真正重要的事情了。

《指导生活的算法》这本书中举了一个例子。有位大学老师在从事教学工作的第一年，备课非常细心，1个小时的课程他会用10个小时准备，教案和PPT无比详尽。到了第二年，他新开了一门课，因为工作太忙了，他并没有那么多的时间来备课，不得不简化并仓促应对。他自己很焦虑，结果学生反而更喜欢新开的这门课。

他准备的时间短，效果反而更好。

这是为什么呢？其实，第一年的课程看似准备得非常完美，但这只是老师自己眼中的完美，他有充分的考虑时间，就拼命往教案中加入各种细节——其实从学生的角度来看，根本不得要领；第二年，他没有那么多时间准备，就只能确保把最重点的内容放进去，结果学生一看反而简单明了。

其实，每个人都可能会有类似的经历。一篇文章让你几个小时写完，内容就已经很不错了。非得让一个写作班子用上好几周的时间写，这篇文章里面必然会被加入各种不该有的细节。一个决策能抓住重点就很好了，非得考虑各种不重要的因素，最后往往做出错误的选择……这就是"长考出臭棋"。

数学家为了避免过度拟合，经常要人为地减少模型的复杂度。其实，我们在生活中也有这样的机制！人脑看似不大，但是其能耗却占了整个身体的20%，这就是为什么我们想问题时间太长会感到很累——这其实是个好事儿，因为想多了反而不好。

我们在生活中思考问题，并不会随时参考大量的数据和图表，我们头脑中有很多的快捷方式！比如，利用类比、成语典故和谚语，其实都是好办法。面临重大决策，有时候没必要考虑太多细节，还不如当场念两句诗。

1990年诺贝尔经济学奖得主哈利·马可维兹（Harry Markowitz）的主要贡献是提出了现代投资组合理论——给定了每种金融产品的预期回报和风险，你应该怎么把它们组合在一起，让自己的投资利益最大化。这显然是一个特别有用的理论。

有人就问马可维兹，你把自己的退休金做了什么样的投资组合呢？马可维兹说："非常简单，一半买股票，一半买债券。"

这就是简单的力量。

3. 三个建议

我们小时候做数学应用题，通常都是题目给你多少个数据，你解题的时候就能用到多少个数据；而真实生活并不是这样的。我们在真实生活中往往会遇到很多很多的信息，而且还是有误差的信息，你不可能像小学生做应用题那样把这些信息都用上。

诸葛一生唯谨慎，吕端大事不糊涂。想要避免过度拟合，你必须学会抓住重点，学会忽略掉一部分信息。

书中给了三个建议。

第一，限定思考时间。比如，一小时之内必须完成报告，或者一小时之内必须结束会议。其实开会也好，写报告也罢，考虑的时间越长越无法保证效果；反而是在有时间限制的情况下，你才会逼着自己去考虑最重要的因素。

第二，限定内容长度。比如，你可以要求属下写报告不能超过一页纸。如果一个方案无法用一页纸阐释清楚，你就应该放弃这个方案。另一个办法是所谓"电梯谈话"——你想跟我谈一个商业计划，你最好能在乘电梯的这点儿时间内说清楚你的方案。

第三，在白板上讨论商业计划，要使用粗的马克笔。最初的计划必须抓住重点！笔画越粗，对你的思维越有利，越能逼着你去考虑大局。如果你用圆珠笔，无形之中就会陷入关注细节的思维模式。

每当预测未来和做计划的时候，我们都应该意识到，最好的预测，就是在上面随手画一条很粗很粗的线。

最后，咱们讲一个达尔文的真实故事。达尔文曾经无法决定到底是不是应该结婚。他使用了当时流行的一个决策办法——把日记本上的一面分成两半，在左边列举结婚的理由，在右边列举不结婚的理由，看看哪边的理由充分。

达尔文列举得非常详细，其中一个不结婚的理由是结婚之后开销变大，可能就没钱买书了。

可是反复思量之后，最终还是一条理由促使达尔文决定结婚。这个理由是，人不能光顾着工作——有了妻子、孩子，才能享受到家庭生活的乐趣，哪怕为此做出一定的牺牲也是值得的。就为了这条理由——而不是所有理由加在一起权衡的结果，达尔文决定向表姐求婚。至于买书什么的，都是不重要的细节问题。

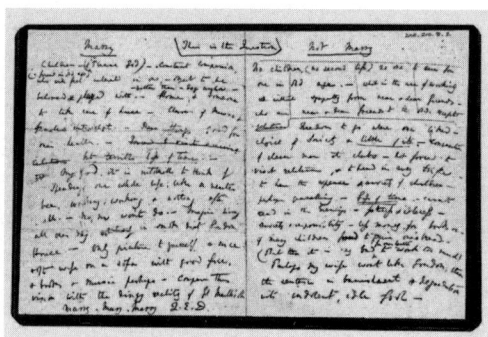

（达尔文日记本中做出结婚决策的一页）

他求婚成功了，而且收获了幸福的婚姻。

如果一件事情真的值得去做，哪有那么多理由？

下次再有人不顾重点，在细节问题上纠缠不清，请你告诉他："你过度拟合了。"

数学家告诉你最好的时间管理

时间管理的话题大家早就熟悉了，但本篇文章我想说一个关于时间管理的"大统一理论"。

时间就是这么点时间，事情就是这么多事情，人就是你这么一个人，无非是花时间做事，那我们为什么还要说时间管理呢？这大概不是一个物理学问题，而是心理学问题。有任务压着就会产生焦虑感，完成任务就能获得成就感，也许我们是为了管理心理，才需要管理时间。

所以，有人说应该小事优先——根据GTD（Getting Things Done）理论（中文版书名特别精准，叫《搞定：无压工作的艺术》），你要追求的是一个心如止水的境界：准备几份任务清单，只要时间、地点合适，凡是能干的事儿就马上干，完成任务打了钩就可以把这件事给忘了——特别是，凡是能在两分钟之内完成的任务，你就不应该再把它列入任务清单中，直接"搞定"，它就不会再"压"你了。

可是也有人说，应该要事优先——每天一到办公室，就要先做完今天"最重要"的三个任务，完成了重要任务，你才能真正省心。

还有人说，应该急事优先——很多任务是有期限的，你应该将事情分为四类：重要而紧急，重要而不紧急，不重要但紧急，不重要也不紧急。我们应该优先完成重要而紧急的事情。

可是也有人说，重要而不紧急的事才是能左右你成长的大事。

所有这些说法，其实都是心法，而不是算法；是艺术，而不是技术。那么从数学家的角度来看，有没有一套算法，来给时间管理找个最优解呢？

数学家问的第一个问题，是你到底想要什么。

1. 紧急

如果你的任务都是有截止日期的，数学家的建议非常简单，那就是按照截止日期的早晚安排任务，先做最早截止的任务。比如，我写专栏文章，就应该按照设定的发表顺序写。我们就把这个算法称为"最近截止日期"算法。

而不简单的问题是，如果有任务不能按时完成，我应该怎么办。从数学上来说，按照截止日期顺序这么一个一个完成的算法，可以确保让我"拖延得最久的那个任务"的"拖延时间"最小化。这句话说得有点拗口，实际意思就是说可能每个任务都会拖延一点，但是所有任务都不会拖得太久。

但在很多情况下这不是我们想要的。也许我们想要的是，能按时完成的任务越多越好，不能按时完成的任务越少越好，那么就要换一个办法。

比如，你的冰箱里有很多水果，它们都有自己的过期时间，所以你的目标是尽可能在过期之前，把它们都"消灭"；但如果你真的"消灭"不了，你的目标就应该调整为尽可能减少扔掉水果的个数。

数学家对此的建议是，首先你还是用最近截止日期算法，也就是按照过期时间吃，哪个最先过期就先吃哪个。吃了几天后，一旦你发现这么吃下去肯定吃不完，你就应该扔掉剩下的水果中最大的那个，也就是吃它需要花费时间最长的那个水果。

也就是说，不管西瓜还有几天过期，你都应该先把西瓜扔了，然后继续按照最近截止日期吃。一旦发现又快吃不完了，再扔掉剩下的水果里最大的那个。

对应到完成任务，这就意味着，如果你想要的是尽可能按时完成更多的任务，那你就应该先放弃那个占用时间最长的任务。这个算法，叫作摩尔算法（Moore's algorithm）。

2. 小事和要事

一般任务的截止日期都是比较宽裕的，我们可以从容安排，那么就要有别的考虑。

首先，如果这个任务牵涉到别人的等待时间，我们就应该用"小事优先"——完成时间短的任务优先——的原则。

假设有两个人在你办公室门口等着跟你谈话，一个人想要谈3分钟，另一个人要谈10分钟。如果你先和3分钟的这个人谈，这两个人在你这儿总的停留时间是16分钟（3+3+10）；但如果你先和10分钟的人谈，两人的总停留时间就变成了23分钟（10+10+3），这就浪费了。小事优先，可以确保让等待的时间之和最小化。

但是就算没有别人等，我们也应该小事优先——因为你在等！你的心里一直被任务压着，你在等着任务完成。每完成一个小任务都能减轻你的心理负担。

打过魔兽世界游戏的人都有同感。比如，你路过一段敌占区，突然冲上来一堆小怪打你。就算你不马上杀它们，它们短时间内也不能把你怎么样，可是它们在你身边打转会让你觉得难受。既然早晚都得杀它们，还不如早杀。小事优先，就是追求这么一个"done"的感觉。

可是，如果不同任务的重要程度不一样，那就不能简单地以小事优先为原则了。重要任务给你的心理负担也更大！在小事和要事之间，怎么权衡呢？

数学家的答案非常简单。你先估算一下每个任务的"重要程度"，然后算一算每个任务的"密度"。

一个任务的密度 = 重要程度 / 完成时间

然后，你就按照任务的密度从高到低的顺序去做事。这就能让你总的心理负担最小化。

一个衡量任务重要程度的简单办法就是看这个任务能给你带来多少收入。比如，你有两个任务：第一个任务你需要用1个小时完成，它能给你带来200元的收入；第二个任务你需要用3个小时完成，它能给你带来300元的收入。那么数学家说，你应该先做第一个任务，因为它的密度是200，而第二个任务的密度只有100。

方法非常简单，但是这个思想很重要——关键在于"量化"。你不能光说"要事优先"——到底多重要的事，才算"要事"？现在有了这个量化的方法，我们就知道，如果任务A的完成时间比任务B高一倍，那么A的重要程度必须也比B高一倍，我们才可能会优先考虑做A。

我们把这个算法，叫作"加权最短处理时间"算法。

这种计量方法非常符合我们的直觉。用钱来打比方，其实就是说，肯定要优先考虑单位时间内收入最高的工作。

从"最近截止日期"算法到"摩尔算法"，从"小事优先"到"加权最短处理时间"算法，我们看数学家的思路都是先从一个简单的情况出发，再针对复杂的情况进行改进。

那么如果情况更复杂一点，怎么办呢？答案就非常出乎意料了。

3. 万全之策

如果你的任务列表中既有轻重又有缓急的区别，也就是既要考虑不同任务的截止日期，又要考虑它们的重要程度，你应该怎么办呢？

答案是没办法。也许你对遇到的每一个具体的任务列表都能想出一个最好的排序方法，但是数学家们没有一个通用的算法能对每一种情况给出最优解。

这还不算。如果列表中有些任务和任务之间存在先后顺序的关联，如你必须完成A任务才能去做B任务，这种情况也没有固定的算法可以解决。

还有，如果有的任务必须要等到一个特定的时间才能开始做，如你必须等别人做出明确的决定后，再执行的任务——这种情况也无解。

时间管理，其实是一个非常困难的数学问题，比我们想象的困难得多。

如此说来，市场上有那么多不同派别的时间管理书籍还真是合理的，因为的确没有一个放之四海而皆准的好办法。到底应该先做重要而紧急的事，还是先做重要而不紧急的事？数学家没有找到固定的套路。你非要说你的原则好，数学家也没意见。

那今天我们还能得到什么呢？别急，只要给一个特殊的条件，数学家就能送你一条特别简单，也特别有用的生活建议。

这个条件就是允许临时中断一个任务，去做新的任务。

比如，你正在干一件什么事，干到某一时间会来一件新的事情要求你做，那么你是应该继续完成手头的工作，还是应该立即转向去做这个新的工作呢？这个问题是有解的。

数学家说，你只要按照同样的标准去比较这个新任务和你手头的任务就行了。

如果你使用的是"最近截止日期"算法，那么你就比较一下新任务和你手头任务的截止日期；如果你使用的是"加权最短处理时间"算法，那么你就比较一下新任务和你手头任务的密度。手头任务的优先级高，你就继续做手头的任务；新任务的优先级高，你就转头去做新任务。

可是如果不允许中断任务，这个问题就是无解的——现在8点半，你手头有几个任务，而你知道9点钟会来一个新任务。那你是先挑一个手里的任务开始做，还是等着新任务？数学家对此没有固定的算法。

"加权最短处理时间"算法并不完美。它假设任务转换是没有成本的，可是众所周知，在不同任务之间来回切换要花掉很多时间。如果你对自己的工作比较有掌控力，不会随时被人打扰，那么"加权最短处理时间"算法还是非常有用的。

至此，《指导生活的算法》这本书中最有意思的几个算法我们都讲完了。前面三节讲的都是数学家非常漂亮地、干净利落地把生活问题解决了，最后这节的结果有点无奈。

不过这也可以说是一个好消息，这说明（已知的）算法不能指导全部的生活！你有时候没有万全之策，只能去尝试和冒险——以我之见，这样的生活更有意思。

总的来说，数学家在时间管理上到目前为止最大的一个成果，就是可以打断任务的"加权最短处理时间"算法。这个算法已经可以帮我们应对许许多多的局面了。

经济学是"老司机"的游戏

这篇文章要说的是"纳什均衡"。

这个概念听着学术味道太浓，所以我得用一句"人话"来转述它。

如果参与游戏的各方都是"老司机"——每个人都非常聪明，谁也糊弄不了谁，那么游戏就会达到一个各方都满意，或者各方都无奈的局面，任何一方想要采取一个什么行动让自己的局面比现在更好都不可能了，这个局面就叫"纳什均衡"。

先举一个不是纳什均衡的例子：田忌赛马。田忌与齐威王赛马，本来，田忌的上、中、下三等马都不如齐威王的，孙膑献计让田忌以下等马对齐威王的上等马，中等马对下等马，上等马对中等马，最后二比一取胜。

这个游戏对齐威王其实是不公平的，因为田忌知道齐威王赛马的出场顺序，齐威王却不知道田忌的，齐威王如果是老司机，他就不应该首先公布自己队伍的出场顺序。

当一个数学家或者经济学家说"博弈论"的时候，他说的可不是孙膑搞的这种欺负老实人的骗术。作为一门高大上的理论，博弈论最基本的假设就是参赛各方全是老司机。

这就要求每个参与者在做决定的时候，必须知道对手并不笨，对手会有什么反应，而且他还必须知道对手也知道他也不笨，也在考虑他未来的反应。这样的高手下棋一定会往后看很多步：我如果这样走，你一定会那样走，然后我就这样走，你再那样走……而且参与者还会考虑到所有的可能性，对所有选择的结局做出评估，才能出手。这里面没有"阴"谋，全是"阳"谋。

那么老司机遇到老司机，高手过招是一个什么境界呢？我们说一个有点极端的纳什均衡例子——"旅行者困境"。

这是印度经济学家考希克·巴苏1994年提出来的。有一趟航班的两个旅行者丢失了行李，其中包括价值相同的两件古董，而两人都声称古董的价值是100元。航空公司认为，这两人故意高估了价值骗取赔偿，于是把两人分开，要求他们写下古董的真正价值，且必须是2~100元之间的一个数字。航空公司规定，如果二人写下的数字相同，就认为那是一个真实的数字，照价赔偿；如果二人写下的数字不同，那么就认为较小的那个数字是真实价格，就按这个价格赔偿，并且对写下较大数字的人处以2元罚款，对写下较小数字的人给予2元奖励。

规则看起来简明合理，可是老司机一看，可就要了命了。

你的第一反应是写100元。但你随即想到，对手也会写100元，而这样一来你的最佳策略其实是写99元，因为如此你就会得到99+2=101元，还能多拿一元。但是，对手难道就想不到这一点吗？他肯定也写99元。而在这种情况下你写98元比99元更好，因为这样你可以得到100元而不是99元。同理，对手也会得出写98元比写99元好的结论……这样一步步地推理下去，你会发现最后的结果（也就是纳什均衡）是两个人都写2元。

看到这里你可能会说这个纳什均衡也太不亲民了，日常生活中谁会算得这么精？这个例子确实极端了一点，但日常生活中的很多局面，其实就是纳什均衡。

比如，你换了个新工作，早上开车去上班，走到高速公路上正好赶上大堵车。这时候你可能就会想，如果我从高速上下来，走一条有点绕远的小路，那条小路如果不堵的话，岂不是能更早到吗？

于是你下高速，走小路，结果一看，小路也在堵。

为什么呢？因为你能想到这招，别的司机也能想到，如果小路不堵，也会有人过去把它弄堵了。路上的交通状况，基本上就是一个纳什均衡。就算有偶尔偏离均衡的时候也是稍纵即逝的机会，根本别想抓住。

等你上过几天班，在这条路上成了老司机以后，就不会再动这种脑筋，而会心平气和地接受纳什均衡。

传统经济学或者"古典经济学"，研究的就是这种均衡的局面。它假设参与各方都是老司机——学术上叫"理性人"，然后研究如果市场上都是理性人，市场会是一个什么情况。

而现在各种畅销书中流行的一种经济学，叫作"行为经济学"，则认为人根本就没有那么理性，它专门研究人的非理性行为对经济生活的影响。这些讲行为经济学的书一般都是一上来就把传统经济学批判一番，说你这个理性人假设根本不符合实际情况，真实经济经常远离平衡，等等。

但是据我所知，那些搞传统经济学的经济学家对此相当不以为然。比如你去超市买菜，行为经济学家会告诉你，商店里摆在货架正中位置上的那些商品，其实并不是最受消费者欢迎的商品，而是"商店最想卖给你"的商品。可能这种商品质次价高，摆在显眼的位置上，希望激发你的非理性。但是这招对谁有用呢？也许只对那些不常买菜的人有用！

如果你每天都去超市，你就会对各种商品的价格和性能非常熟悉，你可能早就知道自己最需要的商品摆在哪里，哪怕它再不显眼你都能找到。商家玩的这些把戏对你根本不好使。换句话说，你买菜的时候是非常理性的。

所谓各种非理性，其实是人在面对一个陌生的环境，做不熟悉的事情时的表现，而我们日常的各种经济行为，恰恰是我们熟悉的事情！别忘了，人脑可以迅速适应新局面，今天的新手过不了多久就是老司机。骗我一次是你的错，被你骗两次那就是我的错了！

所以我认为，对经济学应该这么认识：

（1）在大多数情况下，传统经济学最好用，因为人是理性的，市场是大体均衡的。

（2）在少数情况下，人可能会表现出非理性，市场可能偏离均衡。

（3）非理性和偏离均衡，可以给世界带来活力。

如果非要再多说一句的话，就是市场不可能是绝对均衡的。回到前面堵车的例子，如果每个人都认为小路肯定也被堵上了，没必要去，那么小路反而就不会堵！总有一些人不信邪，非得去小路看一眼，这些人就促成了市场从一种均衡向另一种均衡演变。均衡既然能演变，中间当然就有不均衡的状态。

我敢写这篇文章，就是因为我认为市场还不够均衡。如果我相信所有对这个话题感兴趣的人都已经了解和想明白了这个话题，我写文章不是多余吗？如果你认为所有好想法都已经被人实践过了，那你还搞什么创业？

所以，纳什均衡只是一种特别有用的理想状态。

***

纳什均衡，以约翰·纳什命名，他正是电影《美丽心灵》的主人公。

"纳什均衡"理论就是他在普林斯顿大学时的博士论文，只有28页，这个理论后来使他获得了诺贝尔经济学奖。在此之后的几年里，他连续做出重要的工作，然而在1959年因被诊断出精神分裂症而住院。

这并不是说特别理性的人容易精神分裂——事实上，后来纳什的病好了，恰恰是他自己运用理性战胜病魔的结果。

纳什均衡，闪烁着理性的光辉！

不过话说回来，特别有理性也不见得有多大意思，纳什本人病好以后说了这么一段话："……回归成为一个理性人的快乐，跟身体有病然后康复获得的快乐，还是不能比的。"

纳什和他的妻子在2015年死于车祸，终年86岁。

◎ 怎样识别"hype"

一个东西流行的速度是快点儿好，还是慢点儿好？很多人的看法包括我在内都是觉得慢一点儿好。很多东西流行得快，消亡得也快，根本经不起时间的考验。

在很短的时间内成为关注热点的东西，英文里有个专门的词，叫"hype"。hype对应的中文差不多是"炒作"，但"炒作"主要用作动词，就算当名词用，也是指这个东西是"被炒作"才出名的。而 hype 对应的意思更广泛一点，不一定有人故意炒作，也可能是自发的，突然就成了热点。

一个明星、一个节目、一个新技术、一个商业模式、一个文化概念，甚至是一个学术思想，都有可能是hype。hype的标准，就是"过度了"的"可见度"。

可是什么叫"过度"？这其实只能事后才能确定。2016年，特朗普折腾了大半年获得了极高的关注度，如果最后没有当选美国总统，我们现在绝对会说他是个 hype，可是人家当选了，那就不能叫 hype 了。反过来说，"3D打印"这个概念前几年非常热，现在几乎没人谈论了，看来的确是个 hype。

当一个东西的声望如日中天的时候，你怎么知道它到底是不是hype呢？

有一个办法可以判断，就是咱们一开始说的，看它成名的时间长短。

特勒布，我们完全可以想象，作为一个哲学家，他肯定是看不起任何新流行的事物的。事实上，在《反脆弱》这本书里，特勒布就说，你要想预测一个想法或者信息还会存在多久，就应该看它已经存在了多久。

比如，"椅子"作为人类的一项发明，它本质上是一个可复制的信息。而鉴于椅子已经存在了上千年的时间，我们可以预期它至少还会存在上千年的时间。1000年以后，计算机键盘、手机这些东西未必存在，但是椅子一定还存在。

特勒布甚至说，信息或者想法的预期寿命和它的现有寿命成正比。

当然，他说得有点夸张了。汽车的寿命才100多年，我就不信，再过一两百年就没有汽车了？但特勒布的想法是对的——新技术是引人注目，但越新的技术越容易被取代，升级换代就越快。

我看特勒布这个定律的问题是时间尺度有点大。越是短期的事，他说得就越不准。比如特勒布说，如果哪个高科技公司上了《时代周刊》的封面了，那么很可能它这个技术的 hype 已经到了顶峰，你现在就可以做空它家的股票了。

是真的吗？扎克伯格上了2010年的《时代周刊》封面，而且还是年度人物。

那时候的Facebook还没有上市，规模和盈利都远远不如今天，可以说，《时代周刊》是冒了一点风险的。如果那时候你手里有Facebook的股权，一看这期杂志封面，就应该断定Facebook的hype已经到顶，就应该赶紧把股权卖掉吗？

那你可能会非常后悔。一年多以后，Facebook正式上市，此后股价有过波动，但总体来说是一路上涨的。

也许特勒布会说"从长期来看"，Facebook还是一个hype，必将消亡——从长期来看，特勒布也必将消亡。

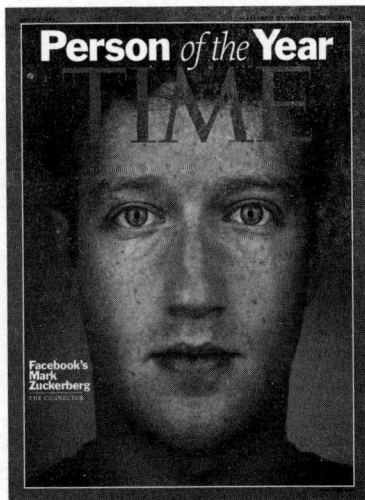

所以"长期"没意思，凯恩斯说，从长期来说我们都死了。可能一切流行的东西在一定的时间尺度上都是hype，但我们关心的是在十来年的这个时间尺度上，哪些东西会很快消亡，哪些东西能够持续存在甚至做大。

对于这个问题，至少在技术界，已经有一个取得了很高认同度的理论，中文把它叫作"高德纳技术成熟度曲线"，英文是"Gartner Hype Cycle"，我们这里就叫它 hype 曲线吧。它表现的是一项新技术从出生到变成 hype，到低谷，再到真正实用化的过程。

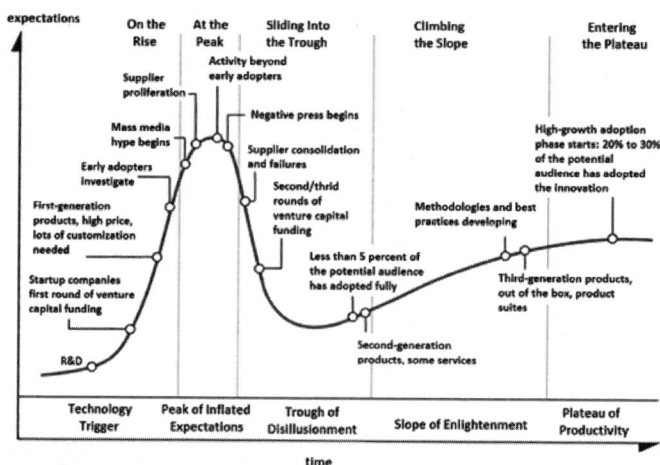

横坐标是时间，纵坐标是人们对这项技术的期望值，也可以说是这个技术在媒体上的曝光度。一开始无人问津，有了一些苗头之后媒体兴奋地大肆宣传，很快声望达到顶点，关注者极多，然后很多人失望而去，再到达谷底，可是这个技术仍在不断迭代，后来终于实用化，稳步攀升。

这个曲线的前半部分和"时尚动力学"的趋势是一样的。跟风者太多，导致它的流行度增长过快，紧接着，反流行的趋势就成为主流，然后就跌落下来。

而技术与名气和时尚服饰的区别在于，技术里面可能有真东西。如果这个真东西足够厉害，就算后来你不关注它了，你也不能不用它。比如，有人说抽水马桶是人类最伟大的发明，当然现在没有人赞美抽水马桶技术，那早就不是时尚了，可是你不能不用它。这大概就是新技术的最好归宿。

并不是所有新技术都能走完这条曲线。"高德纳"是一家商业咨询公司，它每年都发布一版新的hype曲线图。曲线的形状不变，看点是曲线上标记的各项新技术所在的位置。下图是2014年的hype曲线图。

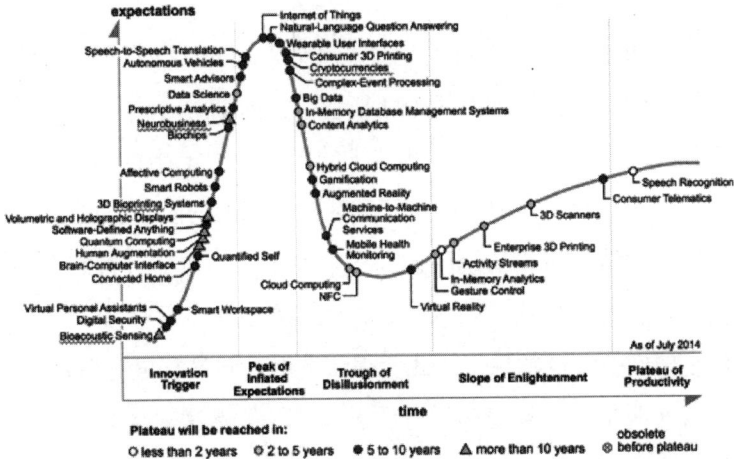

我们熟悉的"家用3D打印"和"大数据"都在列，但是已经到了hype峰的下行一侧，有点过气了的意思。而到了2016年这一版，这两个概念都从图上消失了。

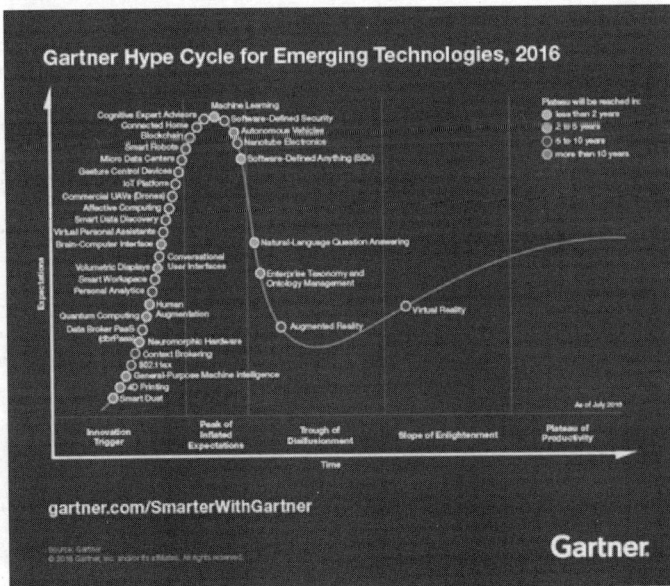

我不能确定为什么2016年的图上没有"家用3D打印"和"大数据"，可能是高德纳公司没有标记，也可能是它认为这两个概念已经没有意义了。"机器学习"是现在的风头浪尖，而"虚拟现实"则正在走向成熟的路上。

我们大概可以说，位于曲线左侧、风头正劲的这些新概念，将来都有从曲线上消失的可能——即使从短期来看，它们也是hype。

如果你要投资，投资曲线左侧技术的风险，肯定比右面谷底往后已经成熟了的技术的风险大，但是赌对了的话，短期内的收益也更高。

也许hype曲线还可以告诉我们一些别的东西。比如，我们熟知的那些明星，他们都在这条曲线的什么位置？大多数选秀歌手参加选秀节目的那一刻，就是他们关注度的顶点，此后很快下滑，并没有再次攀升的机会。

但也有些明星过了谷底还能再次崛起——虽然这一次崛起的速度慢了很多，但是很稳定。这样的明星就能成为观众的老朋友，也许在特勒布的有生之年都能长盛不衰。

那么咱们这些普通人有没有hype曲线？可能也有。学习好的人的巅峰时刻就是高考那一刻，亲朋好友众人关注。等到了大学一看高手众多，心态就比较低调，毕业以后如果干得好，才是实实在在的上升。

我觉得最关键的教训是，人的认知总是偏爱新东西，我们总是给新概念和年轻人更多关注，所以hype曲线的左侧一定是非常陡峭的急剧上升，而这个上升速度和高度其实都是偏见导致的假象！你一定会很快失去这么高的关注度，忍受一段谷底的考验。如果你能挺过去，后面才是真功夫。

◎ 喜欢 = 熟悉 + 意外

这个时代的关键词之一就是注意力。不管你是媒体人、奢侈品商人还是广告人，你都希望能吸引消费者的注意力。不管你从事什么工作，你都希望别人喜欢你的东西。今天我们来说一个微观的实用技术。

2017年1月的《大西洋月刊》上有一篇文章，《什么能让东西显得酷？》（*What Makes Things Cool*），作者是德里克·汤普森（Derek Thompson）。这篇文章就回答了这个特别实用的问题。

有人认为美是客观的，比如，符合黄金分割比例或者对称的东西就是美的；也有人认为美其实是主观的，没有固定标准，正所谓"情人眼里出西施"。这两派的说法都很有哲学味道……但是不用再争了，心理学家已经有了答案。

这是一个非常坚实的结论，有几百项研究支持——你之所以觉得这个东西美，是因为你比较熟悉这个东西。这个效应叫作"多看效应"（Mere Exposure Effect）。

我们这里说的"美"未必是高大上的那种美，简单来说就是你喜欢，你觉得好看。心理学家在无数的实验中让受试者选他喜欢的东西，最后选出来的都是他熟悉的东西。所以，多看效应的意思就是"看的次数多了就喜欢了"。

但熟悉和重复还不一样，重复会导致审美疲劳。最理想的情况是，在一个意外的场合，看到自己熟悉的事物，你才会特别喜欢它。用中国话来说，就是"他乡遇故知"。反过来也对，如果你整天面对一个熟悉的事物，哪天它突然给你来点"意外惊喜"，你也会感到它特别美。

举个例子。有个音乐推荐应用软件Spotify，它最早的推荐算法设计思路是只推荐用户没听过的音乐。但是在内部测试的时候，程序有个bug，在新音乐之外还错误地推荐了一些用户已经听过甚至很熟悉的音乐。这样测试了一段时间后效果还不错。后来程序员发现了bug，立即改正，让程序只推荐新的音乐，结果发现改正后的算法反而没有原来的受欢迎！

所以，你要在新奇和熟悉之间寻求一个平衡。我们并不喜欢完全陌生的东西，而是希望能从中发现点熟悉的元素。

这就不得不提到一位牛人——"工业设计之父"雷蒙·洛伊（Raymond Loewy）。洛伊以一人之力影响了20世纪美国人的审美，他的作品包括壳牌石油标识、灰狗巴士、宾夕法尼亚州铁路机车、美国总统专机空军一号的蓝色大鼻子涂装，等等。洛伊的设计哲学，就是"陌生又熟悉"。

洛伊发现，人确实喜欢新奇的东西，但如果东西过于新奇，又会让人感觉到害怕。所以他的原则是"尽可能地前卫，只要能被人接受"，而且还专门有个英文缩写来命名这个原则，叫MAYA（Most Advanced Yet Acceptable）。最理想的效果，就是你的设计特别大胆，而观众还能立即理解。

你应该记住这个MAYA原则，它的应用范围非常之广。汤普森举了好几个例子。

比如，如果你是一个科学家，要写一个课题计划去申请研究经费，你就应该先考虑一下这个MAYA。有人做过一个实验，找人写出几个人们熟悉程度不同的各种课题计划，随机交给专家评审。结果发现，被专家打分最低的恰恰是那些想法全新的计划！不都说要鼓励大胆创新吗？真实情况是"新可以，但是不能太新"。当然，那些毫无新意的计划的得分也很低。实验证明，最容易获得经费的课题，是在现有的已经成熟的概念之上的改良式的创新。

这大概就是为什么革命性创新往往一开始是不被支持的。人都有点保守的倾向，学术界也是如此。

就连风险投资界都能被MAYA左右。有研究表明，如果一家创业公司的想法过分新颖，投资人根本看不懂，那么他就一定不会出钱。如果概念太老，也没法获得投资。最容易获得投资的创业思想，是把过去已经被市场证明可行的一个想法用在一个新的领域。

比如，eBay已经广为人知了，现在你发明一个商业模式叫Airbnb，让人出行时可以住在当地人的家中，而不必去住旅馆。那你怎么向投资人解释Airbnb呢？你可以说"Airbnb就是租房界的eBay"。

等到Airbnb大获成功了，又有人想出一个商业模式叫Uber。怎么向投资人解释Uber呢？"Uber是出租车界的Airbnb"。

那么，下次你想出一个什么新商业模式，你就可以跟投资人说这是"××界的Uber"。

而电影界的MAYA则可能有点过分保守了。汤普森说，美国电影在过去16年间，有15年的票房冠军要么是老电影的续集，要么是畅销书的改编，几乎都不是原创剧本。老人物、老故事，都跟漫威的漫画一样千篇一律，全是俗套的老IP。这显然是因为美国大片的投资数额巨大，投资人不敢轻易冒险。老IP就算没有惊喜，至少能保证票房。

汤普森问，电影人为什么不像电视剧学习呢？美国电视界近年的套路是"新人物、老故事"——一开始的故事框架让你很熟悉，但是其中人物性格和行事方式能给你带来惊喜，结果剧情就非常不一样。这就是为什么美剧的剧情比美国电影先进。

工业设计大师洛伊曾参加过美国宇航局第一个空间站的设计。他想方设法地把空间站内部设计得有点像是地球上的房屋，给宇航员增加一点熟悉的感觉。最关键的一点是，洛伊坚决要求给空间站安装一个窗口，让宇航员能够时刻看见地球。

在太空的陌生环境中，能看一眼地球是多么大的安慰啊。

如果你对"刻意练习"这个概念比较熟悉的话，你会马上意识到，所谓的"熟悉和新奇之间的平衡"，不就是我们常说的"学习区"吗?

心理学家把人对外界的感知分为三个区域，最里面的一层是"舒适区"，是我们熟悉的事物；最外面的一层是"恐慌区"，是我们完全陌生的事物。"学习区"在舒适区和恐慌区之间，既有熟悉感，又有新意。刻意练习一定要在学习区进行。

"喜欢=熟悉+意外"的理论就相当于把学习区的原理推广到其他领域。我们不但应该在学习区练习，而且应该在学习区研究、工作和娱乐。

关键的一点，就是你要敢于从舒适区往外走一步，但是还不能走得太远。面对这个世界，你不能一味地迎合，你要敢于任性地加入一点新东西，但是为了你自己的安全起见，也不要太新!

最容易被人接受的东西，往往能在熟悉和新奇之间找到一个微妙的平衡。

◎ 行为设计学

几年前有一本非常流行的书——《助推》（*Nudge*），书中提到如果你能使用一些心理学的小技巧去设计一个东西，就能往好的方向引导用户的行为。不管你看没看过这本书，你肯定听说过它的思想。我们举几个大家熟悉的例子：

- 在男性小便池里印上一只苍蝇，就能大大减少尿液外溅——因为人们会"瞄准"苍蝇。
- 美国人存退休金的比例很低，但是如果发工资时把默认选项设定为存一定比例的退休金，谁想不存就要单独提出来，那么存钱的比例就会大大上升。
- 学生食堂里把苹果之类的健康食品放在容易拿到的地方，把薯条之类不健康食品放在不容易拿到的地方，人们就会更多地吃健康食品。

这些做法的妙处在于，它既不是强迫，也不是花钱收买你做什么事，它只是利用人的心理弱点或心理特点，去引导你按照它设计的方向做事。你没有压力，我没有成本，然后你高高兴兴地按我想的把事情办了，心理学就这么好使。

不过，这本书的重点是如何在公共政策上引导公民，而对于这些技术的商业应用关注得并不多。我最近看到一篇文章，说的是类似的技术在商业上的应用，而且非常直白地把这些技术的门道给说了出来，以至于尽管我早就知道 nudge，但看完这篇文章还是有点触目惊心的感觉。

如果我使用心理学技术不是让你去做"好事"，而是去做"对我有利的事"，将会怎样呢？

这篇文章来自《1843》（这是《经济学人》旗下的一个新的文化杂志，双月刊，内容不错，推荐阅读），文章标题是《让APP使人上瘾的科学》（*The scientists who make apps addictive*），作者是伊恩·莱斯理（Ian Leslie）。

这一切起源于一个老鼠实验。1930年，哈佛大学心理学家斯金纳（B. F. Skinner）发明了一个实验装置skinner box，来研究老鼠是如何对奖励做出反应的。

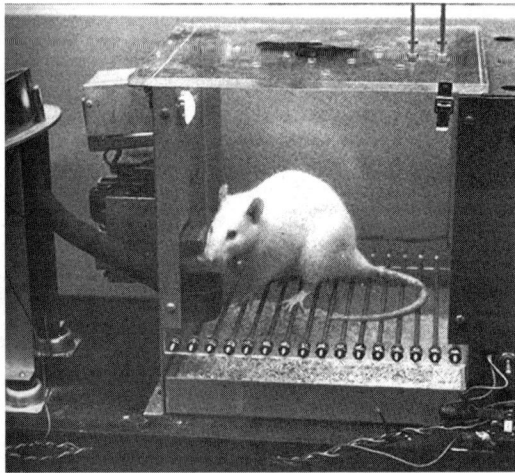

实验装置如上图所示，老鼠被关在盒子里，其中有个控制杆，老鼠只要一推这个控制杆，下面就会有食物出来。实验结果是，老鼠被关进去以后，一旦发现这个控制杆的作用，很快就能学会去推这个控制杆。

斯金纳说，人的行为也是这样，设计好激励和奖励措施，他就会听你摆弄。这个洞见很了不起，斯金纳等于是开创了心理学的一个新门派！别的心理学家都是被动地观察人类行为，而这一派却是要主动左右人类的行为！

时至今日，这一门派有了个正式的名字，叫作"行为设计学"

（Behaviour Design）。现在它的掌门人是斯坦福大学的福格（B. J. Fogg）。

福格的最大贡献在于，他把行为设计学跟计算机软件和互联网应用联系在了一起，这就造就了一个个巨大的商机。

- 教育软件怎么才能让学生愿意花更多的时间去学习？
- 财务软件怎么引导人存更多的钱？
- 发个电子邮件，怎么能让人看完后立即购买你的产品？
- 游戏和手机APP怎么能最大限度地吸引你的注意力？

福格教过的几个博士毕业以后创业都成了百万富翁，所以人们称福格是"百万富翁制造者"。如果你对心理学和赚钱都感兴趣，赶紧报考他的研究生。不过现年53岁的福格老师作为一代宗师，对赚钱没什么兴趣，他专注于学术，并不喜欢搞商业合作。

怎么设计，才能让人听你的去做一件事呢？福格说了三点。

第一，这个人必须自己想做这件事——要有意愿。

第二，这个人必须能做到这件事——这件事越简单越好。

第三，你得提醒他做这件事——这就是一般软件、应用和广告做的事。

只有满足了前两点，你的提醒才有意义。如果他根本没有意愿，你发的广告就会被视为骚扰。如果他有意愿买你的东西，但是你的购买流程非常复杂，他就会感到困扰，索性也不买了。

现在我们提一个问题：作为一个商家，你应该把主要精力放在提升消费者的意愿上呢，还是放在简化流程让用户体验变得容易上呢？

我觉得这个问题的答案很值钱。作为一位老司机，福格告诉我们：简化流程才是你应该做的。

一般商家的直觉反应都是设法提升消费者的购买意愿，鼓吹自己的东西有多好。可是改变别人的意愿非常困难，如果他本来不感兴趣，你花费很多口舌也难以让他感兴趣，最可能的结果是他根本不理你；而如果这个东西有很多潜在的用户，他们本来就是感兴趣的，但是懒得动手，你如果能想个什么办法让他们很容易就能购买，将会事半功倍。

美国总统选举的投票率其实很低，很多人有政治立场，但是懒得花时间去投票。那么，一个政客为了竞选到各地演讲，花很多钱做电视广告，就不如在选举日这天直接派公共汽车把选民接出来投票！银行与其花很多钱做广告说在这里开户有多大好处，还不如把网站流程好好设计一下，让用户点击几次就能开个户。

如果一个用户的意愿很强，他做的这件事又特别简单，你的提醒又恰到好处，那么就会有一个特别好的效果——他会养成做这件事的习惯。所以什么叫品牌？品牌就是你培养了用户的使用习惯。

以培养用户习惯为目标，说白了就是以让用户上瘾为目标，福格又给了两个经验。

第一是让用户第一次接触你的东西就留下一个好印象。这就是为什么你在头等舱刚坐下，空姐就送上一杯香槟；这也是为什么苹果公司特别注重开机甚至开箱体验。

第二是让用户能经常获得成就感。比如，微博、微信这些社交网络为什么能让人上瘾？因为你每发一个状态都可能收获回复和点赞，都可能带来新的粉丝。哪怕只有一个赞，也能给人带来一次愉悦的情感小波动！

时不时给用户一点儿奖励，让他获得成就感，这听着很平常，但只要加入一个小关窍，它就是一件大规模的"杀伤性武器"。

这个关窍就是把奖励随机化。

我们再回到斯金纳的老鼠实验上。斯金纳发现，如果每次奖励的食物是一样多的，老鼠慢慢弄明白后，对游戏的激情就会褪去，只在饿了的时候才会去推那个控制杆。斯金纳改变了设计，把老鼠每次推控制杆得到的奖励变成随机的——有时候给一份食物，有时候给几份，有时候什么都不给。结果老鼠痴迷了，推控制杆到了上瘾的程度，根本停不下来！

我在《反脆弱式学习养生法》这篇文章中就说过随机性的好处，它能时刻给大脑新的刺激。我现在说的这个刺激更大。你不知道会出现什么奖励，每一次新的奖励出来时，你的大脑就会分泌一次多巴胺，你就再兴奋一次！

心理学家对此有一个专有名词，叫"变换奖励原则"（principle of variable rewards）。

在微信发个状态，有时候有人点赞，有时候没人点赞。过了10分钟了，有没有新的点赞？赶紧打开手机看一眼——接收变换奖励。这就是为什么平均每人每天要看150次手机。

老虎机已经过时了。拉斯维加斯正在使用一种新的赌博机器，是数学家帮着设计的，专门按照行为设计学给你安排各种结果的概率，重点就是要给你提供加强版的变换奖励。比如，其中一个办法是，如果这一把你不中奖，你看到的结果很可能是"差一点就中"——其发生的概率远远高于正常机器的理论值，这样你就会以为你不是输了，而是差一点就赢了，你就会更有动力玩下去。

现在从拉斯维加斯到Facebook，从老虎机到手机，都在使用行为设计学，因为它们有一个共同的追求：最大化你在这个设备上所花的时间。

让人上瘾，是行为设计学最核心的目标。手机就是老虎机。

我们不禁要问，这种搞法是不是太狠了？福格出生于一个摩门教家庭，他一直追求把自己的学说用在正途上。他的学生们也在研究如何使用行为设计学去帮助人，比如用于教育。其中一个学生创业成功赚了钱，把公司卖了，现在专门研究技术的道德问题。

技术可能没有正邪之分……或者，就算有，至少我们现在已经知道了它是什么。

◎ 两种技能增长曲线

经常有人想把青春献给物理学或者别的学问，让我给点儿建议。我不想说什么具体的战术，只想介绍一个战略性角度的思维。

我要分享两篇并不新的文章。

一篇是戴维·布鲁克斯（David Brooks）2014年发表在《纽约时报》上的专栏文章，《增长的结构：学习可不是简单任务》（*The Structures of Growth: Learning Is No Easy Task*）。

戴维·布鲁克斯是我最喜欢的作家之一，也是《纽约时报》上最值得看的专栏作家。

一篇是斯科特·扬（Scott Young）在2013年发表的博客文章，《两种增长类型》（*Two Types of Growth*）。

这位斯科特·扬并非无名之辈，他曾经用1年时间完成了麻省理工学院计算机系的4年本科课程，还出了1本书，而且这本书还被翻译成中文，名叫《如何高效学习：1年完成MIT4年33门课程的整体性学习法》。

事实上，布鲁克斯的专栏是受扬的启发而写的，两篇文章说的是同一件事：技能水平的成长，其实有两种不同的类型。

对数增长

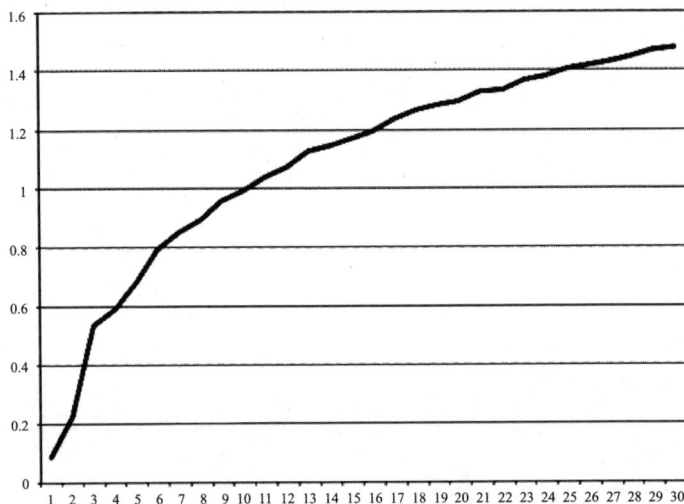

　　这个技能初期的进步速度非常快，到后面则越来越慢，最后几乎是一个平台期，哪怕你付出极大的努力，也只能获得一点儿小小的突破。

　　体育运动就是这样的情况。4年前，我有一次心血来潮，决定每天跑楼梯（我的办公室在物理系9层）健身，而且每天记录成绩，记录现在还存储在我的Evernote里。最初需要1分20秒，两三天之后就达到1分15秒以内，2周不到就达到了1分钟之内，后来的最好成绩是55秒。

　　所以健身也好，减肥也好，最初一段时间的那种感觉真是特别愉快，进步神速！当然，我比较懒，后来就不跑了。过了半年又跑了一次，成绩是1分12秒。也就是说，人的身体似乎能迅速适应一个新项目，但是如果你不坚持就会退步。

　　而对于顶级运动员来说，进步将会越来越难，到了职业水平，明星跟普通队员的差异就只有那么一点点。

　　学外语也是类似的情况。初期花不了多少时间，掌握几百个最基本的单词，就能获得一定的交流能力，但是要想达到在各种场合下运用自如的本地人水平却是难上加难。

指数增长

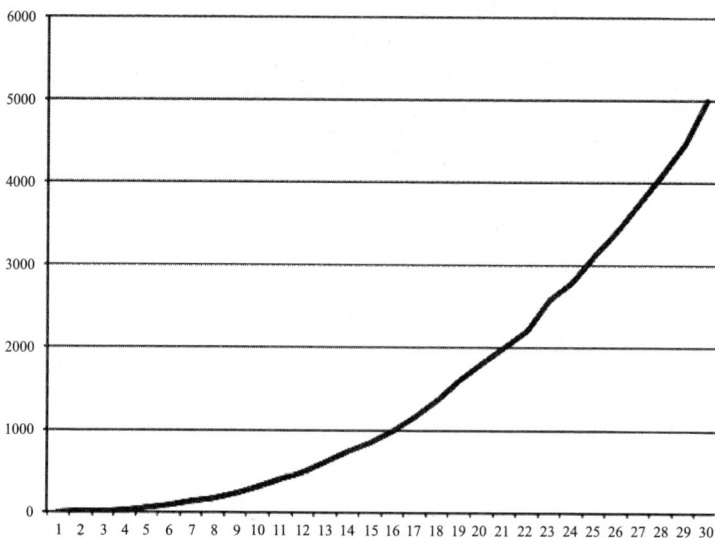

从你开始做这件事情之后的很长一段时间内，几乎没有任何能让外人看出来的进步。一直到某个时候，你就好像突破了一个障碍一样，水平一下子就显现出来了，然后还越增长越快。

很多技术进步就是这样的。在研发的最初阶段有很多困难要克服，要么是性能不佳，要么是成本太高，要么就是市场不认可，甚至根本看不到什么希望。慢慢摸索迭代，性能越来越好，成本越来越低，直到有一天被市场广泛接受，然后就是爆发式的增长。摩尔定律就是典型的指数增长。

企业的成长、个人财富的增加，乃至你的博客点击量的增加，大体也都符合指数增长。这背后的原理当然是正反馈：你的钱越多、声望越高，进一步增长的机会也越大。

布鲁克斯在文章中还补充了几种其他的增长模式，比如阶梯式的增长——增长期、平台期、突破平台期、在一个更高的水平上继续增长……

但是，对数增长和指数增长这两种最基本的模式，已经能帮助我们理解很多事情了。

学术研究，比如搞物理学研究的技能是指数增长的。你需要经过很多年艰苦的训练，在这期间你也许学会一大堆数学和物理知识，但是距离搞科研仍然很遥远。我还记得上大三的时候，面对一篇物理论文根本看不懂的那种心情。你学了很多年物理，但是没有任何可见的痕迹。

一直到了研究生阶段，也不知道怎么回事，突然之间发现自己几乎什么论文都能看懂了。然后就是突然自由了，可以自己搞研究写论文，而且觉得这些也不是什么难事儿。这时候，江湖上就多了这么一个人。而没有经过前面那么多年不可见的努力的人，永远也到不了这个水平。

为什么有些人小时候走到哪儿都被夸聪明，长大就不行了呢？因为他引以为傲的经历其实是对数增长。一个2岁的小孩会背诵唐诗，一个3岁的小孩能把圆周率背到100位，这种技能在家庭聚会上绝对是亮点节目，但是这些是没有什么上升空间的技能。各种棋类、武术这些经常被人当作业余爱好的项目也都是对数增长——打败身边的朋友，赢得称赞很容易，成为职业选手却非常难。这种项目的回报太容易，所以有些人一辈子都在回忆中学时代的成就。想要从对数增长的诅咒里突破出来，你必须学会主动脱离自己的舒适区。

指数增长最大的风险则是中途退出。有个笑话说，有一个人他现在有一个鸡蛋，可以等它孵出小鸡，然后鸡生蛋蛋生鸡，最后他就有了一个养鸡场，打开通往财富之路，结果话还没说完鸡蛋打碎了。当然，这只是一个笑话，在现实中，绝大多数人都退出了，而且在绝大多数情况下，退出是正确的选择。如果你非要选择这个指数增长的项目不可，你一定要有耐心和恒心，做好面对困难的准备。

所以在选择任何技能之前，应该先考虑好它的增长模式，以及你能否承受这个模式。

这个增长曲线的规律未必精确，但是非常有科学精神。最重要的一点，曲线是客观的！当你进展慢或者进展快的时候，你应该知道这与你个人其实没有太大的关系，跟外部环境也没有太大的关系，纯粹是由这个事业的自身规律所决定的！

如果不理会这些规律，就很容易犯两种错误。

一种错误是，一旦遇到进展迅速或者进展缓慢的情况，总想从个人或者环境上找原因，希望能找到功臣或替罪羊。前一阶段很辉煌，怎么现在就没有新的进步呢？是不是骄傲自满不努力了？为什么中国足球投入这么多钱还是不见起色？是不是中国人不适合踢足球？

其实也许前者恰好是一个对数曲线，巅峰已经不可避免地过去了；后者恰好是一个指数曲线，希望就在眼前。

另一种错误是，个人对成败的反应过分情绪化。遇到对数曲线初期的成功就忘乎所以，遇到指数曲线初期的寂寞就心生悲壮；要么就自恋，要么就自怜。什么"人情冷暖"，什么"十年寒窗无人问，一举成名天下闻"，其实都是胡扯！你既然选择了这一行，就得按照这个技能增长曲线的规律走，所有的情绪根本没意义。

哪种增长模式好呢？如果让我选的话，特别是对于家里条件还可以的人来说，我认为指数增长是最好的。初期不计回报地投入，坚持，坚持，再坚持，掌握一项门槛高的技能，坚持下来突破以后就自由了。其实搞学问，学习高级技能，就算早期无人喝彩又有什么要紧的呢？胡适有句话说得好：怕什么真理无穷，进一寸有一寸的欢喜。

PART 6
智识的尺度

破除成功学的迷信

为什么优等生不能改变世界

2017年5月16日刚刚出版的英文新书，中文书名我暂时翻译成《破除成功学的迷信：为什么你所知道的关于成功的大多数事情都是错的，以及其背后令人惊奇的科学》[*Barking Up the Wrong Tree: The Surprising Science Behind Why Everything You Know About Success Is (Mostly) Wrong*]，作者是博主兼专栏作家埃里克·巴克尔（Eric Barker）。

这本书的英文标题，也是巴克尔博客的名字，直译过来就是"吠错了树"。这是一个很有画面感的标题，说一只狗追一个人，人跑进树林上树了，狗找着一棵树就站在前面叫，但是它不知道那个人并不在那棵树上。对应到中文，差不多就是"缘木求鱼"的意思。

也就是说，现在人们追求的所谓的"成功"、各种鸡汤段子里的"成功学"，可能都是缘木求鱼。关于"成功"的迷信说法太多了，巴克尔这本书就是要用科学研究的结果破除迷信、拨乱反正。

其实这也是咱们一直都在做的事情。比如，鸡汤的理念都是"不管是什么人，只要自己努力、方法正确，就一定能成功"；而我们就多次强调，成功里面其实有很大的运气成分。这就是两种完全不同的世界观——

我们尊重客观世界，反对不切实际的幻想。

这本书，也不能确保你成功——我甚至不敢肯定，这本书对你的成功到底能不能有所帮助，但是这本书可以让你更了解"成功"到底是怎么回事。甚至有可能，你了解这些以后，理性地决定放弃追求"成功"。

你注意到没有，媒体经常讨论一个问题——为什么高考状元们后来都没成为特别厉害的人物呢？为什么有些特别厉害的企业家之类的人物当年的学习成绩并不特别突出？

是因为读书无用吗？是因为中国的应试教育把学生都教傻了吗？还是仅仅是统计学上的偶然？

真正的原因是，"好学生"和"厉害人物"之间有一个很深的矛盾。

1. 好学生和极端学生

美国的高中教育比较注重全面发展，没有这么郑重其事的"高考"——但美国高中也有优等生。有一项研究，考察了81个在高中表现特别优异、能被邀请在毕业典礼上做报告的好学生，长期跟踪他们的发展。

这些人基本上就相当于中国的高考状元。而且跟高考状元一样，他们上了好大学，也找到了好工作。90%的人后来都成了医生、律师之类的专业人士，40%的人在自己的职业领域中算是一流人才。

但是，人才归人才，这些人中并没有改变世界的人物，也没有负责运转世界的，更没有真正影响世界的。说白了，他们都是高级的打工者。他们跟中国的一些高考状元差不多，也许高中毕业那一刻，就是人生的巅峰时刻。

所以"好学生没有大出息"，这个现象并不限于中国，美国也一样。事实上，有人统计，美国百万富翁高中时的GPA，平均只有2.9分（满分4.0），也就是中等生的水平。

如果说中国的教育不能培养超一流人物，那么美国的也是如此。这个规律就是，在学校里表现特别好的，后来通常并不是真正的牛人；牛人当年在学校的表现，通常都不是最好的。这是什么原理呢？巴克尔分析，这里有两个原因。

第一，在学校的表现不能反映真实能力。在决定一个人学习成绩的因素中，智商只占一小部分——更多的是自律、勤奋和遵守规则。老师让干啥就干啥，规定的任务全部完成，考试的项目全部达标，这就是标准的好学生。但是你想想，牛人，会是这样的学生吗？

第二，学校喜欢的是全面发展，而牛人是靠热情，也就是我们常说的"passion"驱动的。你不可能对所有的东西都充满热情！如果你特别喜欢数学，你肯定不想花时间去背什么历史的考试要点。

所以真正厉害的人物，特别聪明、充满热情的人，在上学时其实都是比较难受的。有时候，你得对抗体制，简直每天都在斗争。

"人才"其实有两种：一种是"好学生"，乐于遵守各项规则，善于取悦老师，是体制的受益者；还有一种是"极端学生"，特别反感规则。

而学校奖励的，是遵守规则的人。巴克尔说，什么是规则？规则就是"去极端化"。

在绝大多数情况下，随大流挺好，极端的人不容易混好。可是特别厉害的人，恰恰也是极端的人。

2. 是一个什么样的领导

有句话叫"不想当将军的士兵不是好士兵"，那么咱们今天能不能大胆地想象一下，如果让你当某大国的领导人，你会干什么呢？

你可能想搞一些大刀阔斧的改革，做几件大事，改变历史进程，青史留名。我也是这么想的——而这就是你和我都当不了国家领导人的原因。

这样的人不但没有把国家搞好，还给搞乱了。更关键的是，根本轮不到你上台早就被淘汰了。任何一个国家的官僚系统都不太可能让这样的人上台。甚至在公司，这样的人也不太可能当上领导。

领导都是什么人呢？

长期以来，管理学家一直困扰于一个问题：领导者对一个单位的作用究竟有多大。一方面，很多证据显示，一个团队的成功与领导者的关系并不大。有些领导的主要工作就是每天早上请大家吃个早饭，有他没他都一样。另一方面，确实有些诸如乔布斯这样的人，做到了力挽狂澜。

那么领导者到底是有用还是没用呢？哈佛商学院的一个教授塔姆·穆昆达（Gautam Mukunda）提出了一个理论。穆昆达说，领导者其实有两种。

一种是"被过滤过"的领导者。如果你不遵守规则、不能给其他人带来安全感，你就会被过滤掉。那么经过层层过滤，最后能当上领导的人，必然是现行规则的受益者，他们会尽可能地维护现有的规则——他们也就是平庸的领导者。团队靠规则运行，有他没他都一样。

还有一种则是"没有被过滤过"的领导者。这些人不是层层选拔上来的，而是因为一些特别偶然的原因上位的。比如总统出事了，副总统突然当上了总统；或者是临危受命，体制已经不行了，让他做做看。他不是体制的既得利益者，他很愿意打破规则，干一些极端的事情。

穆昆达用这个理论，把历届美国总统分类，结果能以99%的准确度"预言"每个总统对国家的影响。当然是没有被过滤过的领导人，能够真正影响世界，乃至于改变世界。

请注意，"改变世界"不见得都是好事儿，打破规则的后果经常是灾难性的。一个爱走极端的领导往往不是好领导。

但是，也有少数人，在特定的历史时刻担任要职，而他的个性又恰好符合这个职务此时此刻的要求，那么他走极端，反而成功了。

比如，丘吉尔就是一个非常极端的人物。别人都爱国，丘吉尔不光是爱国，是极端爱国——只要他觉得什么东西对英国有威胁，他就要不顾一切地消灭它们。甘地在印度搞非暴力不合作运动，丘吉尔也不干，差点要除掉甘地。像这样的领导人，放在平时可能就是国家的灾难，但是赶上第二次世界大战，也只有这样极端的人才能领导英国对抗希特勒。

所以你看出来没有？正所谓"非常之功必待非常之人"，"牛人"的成功，就是要走极端。

那么极端的人都在哪儿呢？是你想极端就能极端吗？不是。你恐怕得有极端的基因才行。

3. 蒲公英和兰花

有个基因叫DRD4，一般人都有，但有些人的DRD4基因变异了，变成了DRD4-7R。带有这个"7R"变异的人，小时候会表现为儿童多动症。

你可能认为这是一个不好的变异，因为它会让人难以集中注意力、不听话、不遵守规则。但是，现在的科学家不是这么看问题的，科学家认为基因没有好坏，像7R变异，只是一个"增强器"。

带有DRD4-7R基因的孩子的确有多动症，但他们也有别的孩子不具备的优点：才3岁，他们就能主动和其他孩子分享好东西，这显然是社交能力更强的表现。

所以基因好不好，还得看环境怎么配合。7R变异者如果在一个冷漠甚至被虐待的环境中长大，他就会表现出多动、对抗的特征。可如果他成长在一个温暖的家庭环境中，他就会成为很好的连接者和组织者。

基因变异通常是非常温和的，不会带来什么显著的变化，人和人之间的差别不太大。巴克尔打了个比方，大多数人就好像是蒲公英，对环境的要求不高，在哪里都能生存。

可是有些基因变异——像这个DRD4-7R，就是比较显著的。有这种变异的人会表现出跟别人非常不一样。他们就好像是兰花，对环境的要求很高。若环境不行的话，他们的生存能力远远不如蒲公英。但是，如果环境正好合适，他们能取得极端的成功。

你想当兰花吗？那你先想想电影《X战警》里面那些人吧。

他们身上有特殊的基因变异，的确有超能力，但是他们从小就异于常人，收获更多的恐怕不是羡慕，而是歧视！

咱们再举个例子。比如，有一个人的身子特别长，腿特别短，胳膊特别细，手和脚都特别大，跑步跑不快，整个人都不协调，你想当这样的人吗？

在普通人的眼里，这是生理缺陷；在游泳教练的眼里，这是世界冠军的体型——菲尔普斯就是这种体型。

他很不适合在陆地行动，但是他非常适合游泳。

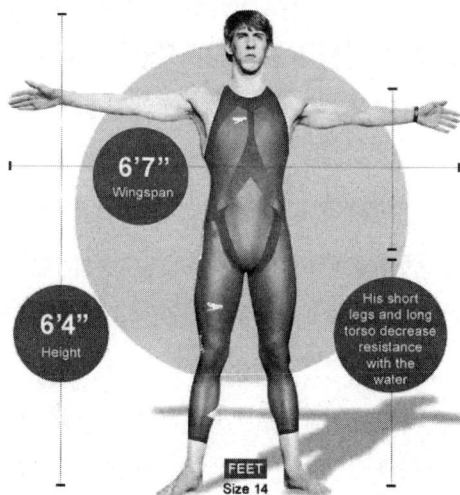

看到菲尔普斯，我们就忍不住想，如果因为偶然的原因，他小时候没有机会接触游泳训练，他现在会是一个什么人呢？事实上，就连菲尔普斯在奥运会狂拿金牌的时候，也不是所有人都喜欢他。有人就在网上说，我不爱看怪物游泳！

本书前面有一篇文章叫《天才和疯子的一线之隔》。天才和怪人之间，也是只有一线之隔。他们都是极端的人。有的是长得极端，有的是行为极端。不极端，就不可能取得极端的成功。极端，更可能连正常的生活都过不好。

有了这个对成功的正确认识，我们再来想一想自己的成功策略。首先，你要知道你是哪种人。你是容易通过过滤机制的人，还是容易被过滤掉的人？是遵守规则的人，还是反抗规则的人？是蒲公英，还是兰花？是正常人，还是极端的人？

第一种人，只要环境有明确的规则，做事有明确的路径，他们都会表现得很好。他们是好学生、好员工。但是，他们应对不了急剧变化的场面，如果有一天突然失业，他们的痛苦程度会比第二种人高得多。而第二种人在正常环境中往往会很难过，非得找到特别适合自己的特殊环境，才能表现出色。

成功策略的第二步是发现自己的特长，寻找适合自己的环境。你不一定能找到，也许那样的环境根本不存在。就像罗伯特·弗兰克在《成功与运气》中说的——成功在很大程度上，的确就是运气。

了解了这些，你还羡慕那些特别成功的人吗？也许还不如老老实实当个优等生，抓住自己的小确幸呢。成功学说只要你这么做，你就能像乔布斯、比尔·盖茨和扎克伯格一样——怎么可能呢？他们都在大学退学了，你敢退学吗？

成功学想把人变成算法，但人生从来都不是算法——人生是矛盾。

人生中充满艰难的选择。你是想按规则行事，还是想打破规则？每一个选择都有代价。你想当个好学生和好员工，让家长和上级都满意，那你就是一个平庸的人。你想当个革命者，那你就要得罪很多人。世界上没有万全之策，这才是真实的世界。

我第一次在炒股论坛看到"富贵险中求"这句话的时候，笑了——"富贵险中求"不是贬义词吗？在电影里，一般说完这句话的人很快就死了。但是你想想，成功在某种意义上，恰恰就是"富贵险中求"。

敢不敢走极端，很大程度上是由基因决定的，但人总有一点儿自由意志。不过我觉得有个问题更有意思——如果你要生一个孩子，请问你想给他多大的基因变异？你是想生个"X战警"，还是想生个"蒲公英"呢？

极端的成功并不适合所有人，需要基因和环境的配合。成功的反义词不是失败，而是平庸。失败其实是成功的近义词，两者都意味着要走极端。

坚持，坚持，再坚持

通过上面所述，你看出来没有，所谓的"成功"，并不是一个谋定而后动、理性计算、坚定执行的过程，其中可能会有无奈的选择，有偶然的运气成分。成功者可能不是最理性和最现实的人，反而可能是特别极端的人。下面我们要说的，也有点儿这个意思——成功者可能是不太理性的，甚至是自己欺骗了自己的人。

中国有句话叫"坚持就是胜利"，咱们今天就说说"坚持"。"坚持就是胜利"这句话没毛病，很多成功者恰恰就是在关键时刻没有放弃，坚持下来了。

比如，我们刚刚说过，美国百万富翁的平均GPA只有2.9分，学习成绩不怎么样。但是统计也发现，百万富翁们还有一个共同点，就是都自诩特别能坚持，做事有始有终，别人都夸他们可靠。还有人发现，即使你干的是艺术这种创造性工作，也需要坚持，遇到挫折不放弃，把失败当成学习的机会，一路坚持干下来，才能取得成功。

2016年有一本畅销书叫《恒毅力》（*Grit: The Power of Passion and Perseverance*）。"Grit"这个词对应的中文差不多是"坚忍"的意思，那本书的作者、心理学家安吉拉·达克沃思（Angela Duckworth）把 Grit 定义为"热情 + 坚持"，说能坚持也是人的一种素质，需要好好培养。

再比如说，我们知道"刻意练习"需要很长时间，一般的说法是至少需要一万个小时才能达到顶尖水平。如果你上来就说"只要你练习一万个小时……"那就有点儿站着说话不腰疼了，谁能坚持一万个小时？一点儿都不容易。

这本书只说了坚持的重要性，但是到底什么人能坚持呢？牛人都是怎么坚持下来的呢？我看还是巴克尔列举的这些研究，更能说明问题。

1. 特种部队与保险推销员

美国海军海豹突击队（SEALs）是一支非常厉害的部队，它在训练和作战中经常搞一些创新，它在训练中对"人"的研究，经常被商界学习。

海豹突击队的训练非常残酷，喜欢用艰难的训练淘汰人。比如有一项考核，在长达110个小时内，不能休息、不能睡觉，要一直不停地长途行军和游泳。坚持不住的可以马上退出，但是退出就意味着被海豹突击队淘汰了；一直坚持到最后的，才能留下来。

海豹突击队就想，能不能在最先选拔士兵的时候，就把那些不能坚持的人给排除掉，这样不就节省时间了吗？所以他们就做了调研，想看看到底具备什么素质的人能坚持下来。结果很有意思，最后坚持下来的不是身体最强壮的人，而是精神最乐观、自己给自己鼓劲儿的人。

他们的这个特点，跟保险推销员有点儿像。

保险推销员是一个有点儿悲惨的职业。你要挨家挨户推销，人们一见你就烦，你刚一开口别人就声明自己不买保险，每天面对的就是冷眼和拒绝。能干好保险推销员的，肯定都是特别乐观的人。他们有一个自我激励的方法，每时每刻都在大脑里自己跟自己说话，说这个拒绝了不要紧，我再试试下一家。

在这种长期的挑战中，真正区别能坚持和不能坚持的，不是体力和意志力，而是你是乐观的还是悲观的。

心理学家马丁·塞利格曼（Martin Seligman）提出，面对生活的打击，人会产生"三个P"的情绪：自责（Personalization）、永久化（Permanence）和普遍化（Pervasiveness），认为自己就是不行，这个困难实在太大，根本过不去，这件事只能就此罢了。

但是，乐观的人并不是这样的。不管遭受多大挫折，乐观的人总是在告诉自己：

- 困难都是暂时的，只不过偶尔发生，没关系，不影响大局。
- 这次的失败只不过是因为某个特殊的原因。

• 这不是我的错误——不是我不行，只不过今天我的运气不好而已。

咱们想想这三条。这种所谓乐观的态度，也不科学啊！说得好听点儿，这叫乐观；说得不好听，这不就是自欺欺人吗？人很难从自己的失败中吸取教训，而现在这些乐观者的态度，的确根本就不是吸取教训、提高自我的态度。

但正是这样的态度，才能让他们坚持下来。而且对于卖保险来说，有"乐观"这一个素质就够了——什么外向、会说话这些都不重要。统计发现，能在乐观素质上排到前10%的人，总共卖出了88%的销售额。

乐观的人能坚持下来，靠的不是对自己和世界的理性认识，而是靠自欺欺人，哄着自己留下来。如果一个人真的能够理性地看待自己和世界，那么他会怎么样呢？

2. 律师与抑郁症

如果一个人看什么都看得特别准，对局面有精确的判断，他可能是一个抑郁症患者。

罗伯特·弗兰克在《成功与运气》这本书里讲过一个实验：让一群人玩一个游戏，然后每个人评估自己的表现。该实验发现，正常人都是高估自己，说凡是我表现好的都是因为我能力强，凡是我表现不好的都是因为游戏本身有问题。可是有一种人却能够准确评估自己，他们的自我评估和实验人员给他们的打分是一致的——这些人是抑郁症患者。

也许真实世界就是不太好的——你要真看清了，你就抑郁了。乐观是一种自我保护！不然这日子怎么过下去呢？

巴克尔说——我也不知道这个结论是否也适用于中国——在美国的律师中，得抑郁症的人数比其他职业要高3.6倍。这是因为律师这个职业不允许你盲目乐观。作为律师，你必须在打官司之前考虑到各种最坏的结果，什么事情都要往坏处想。这是一个谁悲观谁赢的职业。

这大概就是为什么尽管律师的收入高、社会地位很好，可是52%的律师对职业并不满意，很多人干一段时间就不想干了。

看来自我欺骗还是一种福利。其实，我们每时每刻都在自我欺骗，我们用的方法，就是讲故事。

3. 故事的力量

有些事你真是没法乐观，你需要讲一个更好的故事才行。比如，在纳粹集中营里，所有人对生活都没有最基本的掌控，每天就是等死，有的人受不了直接就自杀了。那些最后能活下来的人，都是什么人呢？

他们找到了一个力量支撑自己活下去，他们给自己讲了一个故事。有的人是为了家人而活——他们连家人在哪儿、现在是否还活着都不知道，但是他们说服自己不能放弃对家人的责任，将来还要跟妻子见面，他们还要照顾孩子，现在不能死！

人的大脑里面有一个叙事自我，时刻都在给自己讲一个故事，我们都生活在自己给自己编的故事里。如果当前的生活状态跟这个故事一致，哪怕再苦再累，我们也能感到很幸福；如果生活不是我们期待的故事，人们就会很难受。

难受怎么办呢？你可以换个故事。比如一个人在工地搬砖挣钱，非常辛苦，收入也很少。但是如果他告诉自己，这么做不仅仅是为了生存，而且是为了接受生活的磨砺，他每搬一块砖都是在把自己变得更强！他就能积极乐观地坚持下去。

当然你可以说，这些故事都是虚构的，是自己在骗自己。但这恰恰是故事的作用——你明明经历了很多失败，犯过各种错误，还干了一些坏事，但是你给自己讲故事的时候，专门挑好的说。这其实是人的一种非常健康的心理机制。故事的价值不在于真实准确，而在于提供人生的意义。

有研究发现，你要考察一对夫妇的关系是不是足够牢靠，有没有可能离婚，最好的指标不是看他们的经济状况，也不是看他们相处时间的长短、性生活的频率之类。最有效的办法，是让这对夫妇讲讲他们这段关系的故事。研究者判断，这个故事讲得好不好，能在94%的程度上预测这二人是否会离婚。

还有一个研究说，一个小孩的心理健康状况，跟他在哪个学校上学、有多少玩具、看多少电影等关系都不大。最重要的指标是看这个小孩是不是理解家族的历史。如果小孩深刻了解家族历史，明白自己这个家族是怎么走到今天这一步的，理解父母的不易，他的心理就非常健康。

故事能给工作带来意义。一个医院里的清洁工，如果他把干活纯粹当成是为了挣钱糊口，他工作得会很不愉快。但是如果他认为自己的工作也是为了帮助病人，是治疗的一部分，他的工作状态就会很好。

调查显示，工作的意义比工作的收入更重要。这也是我们常说的"something bigger than yourself"。

给自己讲个好故事，找到工作和生活的意义，保持乐观的精神，这是能坚持下来的前提条件。然后，你再把大目标分解为各种小任务，把每个任务都游戏化，随时奖励自己，获得掌控感，用一个个小胜利慢慢积累进步，这就是通往成功之路。

今天我们再次看到，真正让人成功的往往不是机械化的理性和算法，而是某些情绪化、非理性的东西。

以前我看过一个报道，讲的是奇瑞汽车是如何起家的。当事人后来感慨说，我们那时候就是安徽的一个小厂，哪知道现代汽车工业是怎么回事，造汽车有这么困难。我们纯粹是无知者无畏，想造汽车就干起来了，结果一步一步坚持下来，现在居然成了一个举足轻重的大公司。

大事业往往就是这么干出来的。如果开始的时候你清醒地知道这件事有多难，你根本就不会开始。

现在一提孙中山都说他是革命伟人，可是如果让你重返革命现场，看孙中山早期的反清运动就像笑话一样。现在一提黄兴，说他是个革命军事家，可是黄兴当年十次起义十次失败，哪里像是一个懂军事的人？

但是这帮人屡败屡战，也是因为赶上了历史时机，最后居然干成了。

大的成功往往不是理性计算的结果，而是这么无知无畏地拼命硬干出来的。

这种做法非常有可能遭受失败，谁要是问我要不要走这条路，我大概会劝他别走。还是那句话，成功的反义词不是失败，而是平庸。失败，是成功的近义词。

可是话说回来，不管什么事业，不问可行性，一味地坚持，真的好吗？有时候放弃也是对的。

面对各种挫折和困难永不放弃，能长期坚持下来，是成功者必备的素质。长期的坚持不是来自体能和意志力，而是来自乐观的精神，来自我们给自己讲的故事。故事都是虚构的，但是它提供了工作和人生的意义。

企业家精神和包办婚姻

之前咱们说要"坚持，坚持，再坚持"，但是这里面是有问题的。怎么找到值得坚持的事情呢？你总不能说只要肯坚持，干什么事都能成功——我想当美国总统，那肯定再怎么坚持都没用。那么我该如何判断哪些目标根本不切实际，应该放弃呢？下面我们就来解决这两个问题。

1. 找到兴趣所在

咱们还是先来做道题。给你20根意大利面条——是没煮过的，长长的，比较粗、比较硬的那种，一根绳子，一条一米长的胶带，一块棉花糖。20分钟之内，看你有什么办法能用这些材料，把棉花糖放置在一个尽可能高的位置。

有位研究者拿着这个问题（叫"spaghetti problem"）测试了很多人，他想考察不同人群的创造性。他测试过工程师、商界人物、MBA 的学生，等等。据说，表现最好的人群是6岁的幼儿园小孩儿。

　　这个结果非常符合民间传说，说小孩儿的创造性比成年人要高。但小孩儿可能只不过是解决问题的方法更先进。他们没有想太多，直接上手尝试，一个方法不行就换一个，结果大人还没想好，小孩儿已经做出来了。

　　这个风格很符合企业家精神。实干家不需要精确调研，不用考虑太多，而是要多尝试新事物，在行动中获得想法。所谓"保金斯基三原则"，就是要在可控和低成本的状态下尽可能多地尝试新事物，不怕失败，取得反馈。硅谷有句格言叫"要快失败，多失败"（fail fast, fail often），说的也是这个意思。

　　这就是我们寻找那个值得坚持的事业的方法。

　　成功有很大的运气因素。找到适合自己的环境和事业就需要运气，但运气其实是可以"调整"的。还真有人专门研究过运气，有的人认为自己运气好，有的人抱怨自己运气不好，那么研究者就比较了这两种人，看看他们的行为方式有什么区别。

　　结果是，区别运气好与运气不好的关键，是你是否经常尝试新东西。你尝试的东西越多，你遇到好东西的可能性就越大，你当然就会有好运气。当然，从另一方面说，你尝试的东西多，遇到的不好的东西也会更多，但只要你遵循"可控"和"低成本"的原则，你就不怕那些小失败。

　　愿意多尝试的人运气好，这一点还有直接证据。有经济学家统计过，那些刚刚参加工作的时候频繁跳槽的人，等到他们稳定下来以后，收入会高于那些在一家公司一直干到老的人。这些人一开始通过频繁跳槽找到了自己的兴趣所在，然后再坚持下去。

　　CEO这样的高级职位通常是由"通才"担任的，他们的履历具有多样性。巴克尔也提到了一个研究，说如果一个人在职场上只扮演过两种不同角色，那么他将来升为高管的可能性只有2%；如果他至少干过五种不同的工作，那么他成为高管的可能性会超过18%。

　　科学家也应该多尝试。有研究称，普通科学家业余爱好的数目，跟一般人是差不多的。高水平科学家经常有两倍于一般人的业余爱好，而诺贝尔奖级别的科学家的业余爱好则是一般人的三倍。兴趣广泛真的是一个优点，它能带来好运气。

所以这个道理就是要多尝试，要接触不同的领域，这样你就更容易遇到自己真正感兴趣的东西。

可是，感兴趣不等于真可行。我对当职业足球运动员很感兴趣，可根本没有可行性。那么如何确保自己选择的事业没有脱离实际、值得坚持呢？

为了说明白这个问题，咱们先考察一下包办婚姻。

2. 包办婚姻和自由恋爱

现代社会一般都是自由恋爱，我们都希望找到各方面都适合自己的"灵魂伴侣"。可是，爱情驱动的"自由恋爱"模式，真的比父母安排的"包办婚姻"模式好吗？

也有人做过这个研究，不过其结论有点反常识。研究者考察两种模式的婚姻满意度，在满分是91分的情况下，刚结婚不久的夫妇，自由恋爱的满意度是70分，包办婚姻的满意度只有58分。这个没问题，自己选的肯定是满意的。

但是再考察那些已经结婚10年以上的夫妇，情况就逆转了。当初自由恋爱的夫妇的满意度，现在只有40分；而当初包办婚姻的夫妇的满意度反而增加了，达到68分，接近自由恋爱者刚结婚的状态。这是怎么回事呢？

我之前有篇文章叫《三种浪漫体制》，说最好的婚姻是"契约体制"，最重要的不是如何精心挑选另一半，而是选定以后如何维护两人的关系。包办婚姻的秘密就在这里。按研究者的说法，包办婚姻好就好在，从刚结婚的第一天开始，双方就没有抱太大的期望，就知道自己必须努力维持才能把日子过好。

而自由恋爱结婚的人，更可能认为婚姻最重要的是一开始的挑选，一旦结婚就不再努力维护关系，那么剩下的可能就只有失望了。

咱们想想，这个道理和考大学、找工作是一样的。是考上最理想的大学更重要，还是上了大学以后如何读书更重要？是找个好工作更重要，还是做好工作更重要？

真正的区别，就是你从什么时候开始面对现实。巴克尔介绍了一套方法，能把梦想和现实联系起来。

3. WOOP方法

这个方法叫"WOOP"，是几个英文单词的缩写。从梦想到现实，一共分四步。

（1）Wish。你想要干什么，比如你想要一个好工作，想到Google工作。

（2）Outcome。把结果具体化，比如去Google，最理想的职位是资深工程师。

（3）Obstacle。这是面对现实的一步，看看现在距离这个结果有什么障碍。如果你现在的技术水平已经很厉害了，那么你的障碍是如何让Google的人知道你。但是如果你现在什么技术都没有，那么你的障碍就会很大。

（4）Plan。制订计划，解决各种障碍。

这四步没什么稀奇的，都是寻常的招式，但很多人恰恰就没有经过这个WOOP过程。过去的人都是以"有功劳"，或者最起码是以"有能力"为荣，而现在有的人是以"有梦想"为荣，认为只要有那么一个梦想就很了不起，这岂不是很荒唐吗？

WOOP方法在我看来，最大的作用并不是帮助你实现梦想，而是帮助你放弃不切实际的梦想。如果你的梦想是不可行的，使用这个方法分析之后，你会强烈感觉到这个梦想确实不可行。

如果可行，剩下的事就是坚持了。这就回到了我们上面所说的内容。

"坚持"和"多尝试"是矛盾的。注意，这里有一个时机问题。职业生涯的早期要多尝试，可以多跳槽，但确定了事业之后就应该坚持。最理想的状态是把无关的事情都推掉，每天只干最重要的这一件事。

但坚持的同时，也要多尝试。前面不管投入多少都是沉没成本，有新的好机会还是要抓住。总之，不坚持就干不成大事，不尝试就找不到"对"的事。这个矛盾永远存在。大部分时间集中力量干大事，同时确保一小部分时间尝试新事物，可能是个好办法。

这几乎就是一个算法：如果怎么样，你就怎么样。这个路线图，仿佛就是一条通往成功之路。

但我想说的是，这个路线图里充满了矛盾和自由意志。

比如，书里面巴克尔举的一个例子，说有一个出身于上层中产家庭的19岁的美国青年，已经被哈佛录取了，突然对中国功夫产生兴趣，就跑到中国少林寺学了两年武术。他吃了很多苦，也没有成为武林高手，两年之后放弃了。

像这样的"尝试"，是值得的吗？他后来不坚持了，选择放弃，是正确的吗？如果高中毕业的时候北大录取了你，你会放着北大不上，去少林寺"尝试"吗？

这个青年很幸运，少林寺没白去。他后来把在少林寺的这段经历写出来在美国发表，引发轰动，从此决定当一个作家。他还是去了名校读书，但正是少林寺这段经历，而不是什么名校，决定了这个青年的一生，可以说这段经历是他最宝贵的财富。

但这样的结果你事先能想到吗？

这个美国青年的故事不是特例。凯文·凯利年轻的时候像个苦行僧，又像个乞丐一样游历了世界。乔布斯曾经只身去遥远的印度学习佛法。这样的"尝试"，你敢干吗？

所以人生还是矛盾的。尝试和坚持是一种矛盾，故事和现实是一种矛盾，风险和稳定也是一种矛盾。

但是，你也不能说读这些书没用。你现在至少知道有这样的规律，有这么一个路线图。在每一个十字路口你可能不知道怎么选，但你至少知道有这些选项存在，所以这书就没白读。

如果你不知道自己该干什么，就多尝试不同的领域。

等你有了梦想，就用 WOOP 方法分析一下可行性。

如果确实可行，你就要投入进去，坚持，坚持，再坚持。

在可行的情况下，有时候"坚持"比"选对"还重要，就像包办婚姻一样。

在坚持的过程中，你需要给自己讲个好故事，要保持乐观的精神。

你要排除干扰，专心做好这一件事。

你可以使用游戏化、小目标的办法慢慢进步。

但是一方面坚持，一方面也要继续尝试新的可能性。

外向好，还是内向好

从前面这些研究结果中，我们总结了一个成功的"算法"。但我们也说了，算法背后其实是各种矛盾的选择。现在咱们再说一对矛盾：性格的内向和外向。

托德·罗斯的《平均的终结》那本书里提到过，所谓内向、外向不能一概而论，很多人在一定场合中表现出外向，在另一些场合中就表现出内向。直接给人贴一个内向或外向的标签，就过于简单粗暴了。

而按照巴克尔这本书的说法，现在心理学家的统计基本是这样的：大概有1/3的人，是强烈的内向或者强烈的外向；剩下2/3的人，是处在中间地带的，有时候内向，有时候外向。

那什么叫内向，什么叫外向呢？一个简单的判断标准是你需要外部环境给你多大的刺激。让你在一个嘈杂的环境里，比如酒吧之类的地方，很多人在一起，你是感到很舒服还是感到不舒服呢？内向的人更喜欢独处，而外向的人喜欢人多的环境，喜欢跟人交流。独处会让外向的人感到很无聊。

如果我们的目标是"成功"，到底是外向点儿好，还是内向点儿好？

我先说结论。结论是，在这个世界上外向的人更占便宜。

1. 外向的好处

巴克尔的调研能力很强，他在书里列举了很多研究证据，说明外向的人如何，内向的人又如何。咱们一个一个来说。

首先从收入水平来看，外向的人收入更高。比如，你把一所高中的所有学生按从外向到内向排序。等他们工作以后，你会发现当初最外向的1/5的人，比最内向的1/5的人，平均收入水平高出10%。

10%的差距似乎不算太大，但这比的是一般人。如果比较高收入者，外向的优势就更大了。斯坦福大学商学院对其20年以来的 MBA 学生做了一个统计，发现绝大部分人都是外向的。

还有一个有意思的研究，喝酒的人比滴酒不沾的人平均收入要高出10%，而如果这个人每个月都去酒吧喝一次酒的话，他的收入还能再增加7%——但是抽烟就没有这样的效果。当然，这只是一个相关性，也许是钱多的人才爱喝酒。但也有一种解释，说这是因为喝酒自带社交属性，表示更外向。因为喝酒经常是跟别人一起喝，这大概可以增加你的社会资本。我猜，如果这个研究是在中国做，可能效果会更明显。

外向的人还会被认为更适合当领导。"特别外向的人"在普通人中的比例大概是16%，但是在领导中的比例则高达60%。当然，这有两种可能。一种是外向的人的确更适合当领导；另一种则是外向的人因为外向而获得了更多当领导的机会。

斯坦福大学管理学教授杰里弗·普费弗（Jeffrey Pfeffer）的《权力：为什么有的人有——而别人没有》（*Power: Why Some People Have It-and Others Don't*）一书中说，你要想当领导，就得多自我表现。有一个研究，让一群人坐一起讨论问题，然后大家投票从中选一个人当领导。你猜最后是什么样的人当选？是发言水平最高的人吗？

不是，是第一个发言的人。只要你争取到第一个发言，或者你发言的次数特别多，那么别人就会感觉你像个领导。如果你在讨论中默默不语，别人不会认为你有深度，大家只会觉得你可能并不怎么聪明。这么一来，最后当上领导的显然更多的是外向的人。

外向的人有更大的关系网。有人拿 IBM 公司所有员工做了一项研究。研究统计了每个员工的电子邮件地址簿上有多少个联络人，再看看这个人给公司带来的效益怎么样。结果发现，联络人越多的人，工作效益就越高，而且还算出来，平均而言，你每多一个联络人，能给公司多带来948美元的收入。

所以，社会关系就是生产力！就连毒贩子都特别需要关系网。现在什么研究都有人搞，有一个研究就发现，一个毒贩子的关系网越大，他的生意就越好，而且与此同时，他也越不容易被抓住。

关于这一点，你想想似乎也有点儿不合理，毒品生意做得越大，不是越容易引起警方的注意吗？我们知道关系网里有"强联系"和"弱联系"。强联系就是我们的亲朋好友，弱联系是不常见面的认识的人。有种社会学理论说，最有价值的信息，往往是弱联系提供的。所以毒贩子想要纵横江湖，两种联系都很重要——弱联系可以给他带来新的生意机会，而强联系则可以在警方有什么风吹草动的时候给他通风报信。

而最重要的一点是，外向的人生活得更幸福。这是一个被重复验证很多次、可以说是心理学中最可靠的结论之一——外向的人对自己生活的满意度更高。甚至还有研究发现，如果你是一个内向的人，哪怕你偶尔假装一次外向，那么在你假装的这个时刻，你都能感到更幸福！

那么我们为什么不都去做外向的人呢？或者话说回来，既然外向这么好，为什么世界上还有那么多人内向呢？

2. 内向者的价值

外向者的职务可能更高，获得的奖励也可能更多，但是如果你考察人的真实水平，水平最高的反而是内向者。

牛顿非常内向，几乎不怎么跟人来往。有调查显示，成名的科学家和艺术家在青年时代常常生活在社交网络的边缘——没有多少朋友，大部分时间都是独处的。甚至像程序员和投资银行经理这样的职业，高手也大多都是内向者。

这可能是因为刻意练习。刻意练习要求单独训练。有人调查了小提琴音乐家是如何提高水平的，90%以上的人都说，提高水平的关键在于自己单独练琴。你必须在无数个日子里，离开众人，自己找个地方练。就连高水平的运动员，包括那些集体项目的运动员，也是如此。89%的高水平运动员说自己是内向性格，只有6%的运动员说自己是外向性格。

还有研究说，看一个大学生的真实学习水平怎么样，"内向还是外向"是比智商还好的预测指标。一个人毕业以后的工作能力怎么样，和他在大学里花多少时间单独自习密切相关。MBA 学生中大部分都是外向者，但一般的硕士生、博士生中，学力越高的内向的人就越多。

所以如果你想拥有真本事，大概就需要耐得住寂寞，做个内向的人。

而且内向的人不见得就不是好领导。心理学家亚当·格兰特，也是畅销书《沃顿商学院最受欢迎的成功课》（*Give and Take*）的作者，对领导人应该是外向性格还是内向性格有自己的研究。

格兰特说，不同的团队需要不同类型的领导人。如果这个团队的人都比较被动，给他们安排活儿，他们就好好干，不管他们，他们就不干，那这个团队就需要外向的领导领着他们往前走。可是，如果团队里面每一个人都非常能干，都能积极主动工作的话，团队反而需要一个内向的领导人。为什么呢？因为这样的团队里的人都太积极，每个人都希望领导能听听自己的意见——而外向的领导不爱听别人说，只爱自己说。

如此说来，这个世界对内向者有点不公平。内向者被低估了。

3. 内向学习外向

巴克尔说，在我们的印象中一般外向者表现得更好，这很可能是因为外向的人本来就善于推广自己。这是市场营销！可是话说回来，内向的人，以及大多数处在中间地带的人，为什么不能学着外向一点儿呢？

现在已经不是牛顿的时代了，我们也不是牛顿那么厉害的人物。你想要进入一个高水平的领域，你就需要导师，而且可能还不止一位。你想在任何一个领域干出名堂，都需要跟人合作。换句话说，你需要关系网。

"关系网"这个词有点自带贬义，一般都是政客和汽车销售员爱说关系网。我们印象中的关系网就是互相利用。还有人把关系网分类，说跟这个人是私下的朋友关系，跟这个人是工作中的同事关系，跟这个人是客户关系，等等。

可是巴克尔这本书说，关系网哪有这么复杂。人的大脑并不善于区分什么"不同类别的关系"，对大脑来说，一切"好关系"都是亲朋关系。所谓外向者的关系网厉害，无非就是多交朋友——最好是真诚的，不是那种斤斤计较的朋友。

巴克尔给内向者讲了一些交朋友和找到好导师的办法：你可以先从自己以前的老朋友出发，重新跟他们联络；你可以去找那些看上去跟你比较相似的人，人总是喜欢与跟自己很像的人交往；你可以发挥特长，做一个倾听者；你可以主动给别人提供帮助；你可以专门向帮过你的人表达真诚的谢意。对导师，前面说过的"画布策略"，差不多都是这个意思。

关键是，你得把社交当成一个正事来做，甚至专门拿出固定的时间去跟人交往。

我看这个"外向"和"内向"，其实对应的就是我们之前说的"尝试"和"坚持"。坚持、刻意练习、专注，这不就是内向者的行为模式吗？多尝试新鲜事物，这不就是外向者的爱好吗？外向的人运气好，不就是尝试出来的吗？

所以，我们都是在矛盾中寻找一个动态平衡。有时候你要多尝试，有时候你要多坚持，有时候你要外向一点儿，有时候你要老老实实做个内向的人。但总体来说，一味地内向就太吃亏了。

既然这个时代奖励外向，那我们就干脆都假装是外向的人吧。

从"迷之自信"到"自我关怀"

埃里克·巴克尔的《破除成功学的迷信》这本书的主题是"成功"，但其中很多道理可以说是生活和工作的一般规律。我们一直在强调一个道理，就是想要把一件事做好，你常常要在互相矛盾的两个选项之中寻找一个微妙的平衡点，什么东西都是过犹不及。

我们再说一个比较矛盾的东西：自信。

1. 迷之自信

1997年，《美国新闻和世界报道》杂志搞了一个调查：在当世的名人之中，你认为谁配得上死后进天堂？结果，名人们的支持率都很一般。

人们对当时的美国总统克林顿进天堂的支持率只有52%；迈克尔·乔丹的支持率是65%；特蕾莎修女（Mother Teresa）是被世界公认的好人，而且还是个宗教人士，她的支持率也只有79%。进天堂不是上大学，没有名额限制，可是世人对这些名人的要求就这么严格。

但是有一个人，进天堂的平均支持率高达87%，这个人就是"我"，也就是每个参加调查的人自己。绝大多数人认为自己比克林顿、乔丹和特蕾莎修女更应该进天堂。

这就叫"过度自信"。有一个著名的说法说，90%的人都认为自己开车的水平在平均水平之上——而"平均水平"的定义是50%！

巴克尔这本书里列举了一个更细致的研究。有人搞商务培训，他让陆续参加培训的5万多个人进行自我评价，看看自己在培训中的表现跟其他学员相比，处在什么位置。

结果，80%~85%的人认为自己的水平在 Top 20%，70%的人认为自己的水平在 Top 10%——这还是普通的职场人士。那些社会地位比较高的专业人士，比如医生、飞行员、投资银行家，对自己的评价就更高了。

既然过度自信是如此普遍的一个偏见，而且越成功的人越是过度自信，那么其中必然有一个进化论意义上的好处。好处其实很明显。以往的成功会给你带来自信，自信带来乐观，而我们前面刚刚讲过，乐观是能让人坚持干一件事的最重要的心理素质。乐观会带来更多的成功，这是个良性循环。

同样一件事情，自信的人会把它当作机会，不自信的人则把它视为威胁。这两种心态非常不同，会直接引导不同的行动。

2. 卡斯帕罗夫的教训

关心围棋的人在2017年都被刷新了世界观。AlphaGo 先赢了李世石，又赢了世界排名第一的柯洁。当然，AlphaGo 的确厉害，据说能让人类棋手三个子。但我读完这本书之后认为，人类棋手在面对人工智能时，可能没有发挥个人的最佳水平——因为他已经有点儿不自信了。

在国际象棋中，人类世界冠军20年前就输给人工智能了，这就是1997年卡斯帕罗夫输给深蓝。复盘当时的历史，巴克尔认为卡斯帕罗夫不是输在智能上，而是输在了自信上。

这是一个关于控制感、自信和胜负的故事。

当时，卡斯帕罗夫打遍人类无敌手，自信心非常强；而人工智能技术刚刚开始，就像对阵李世石之前的 AlphaGo 一样没被高手放在眼里。卡斯帕罗夫对深蓝的第一局，他一上来就凌厉进攻，而且优势确实很大。

对局中间，深蓝走了一步棋，卡斯帕罗夫一愣，卡斯帕罗夫没看懂这步棋。

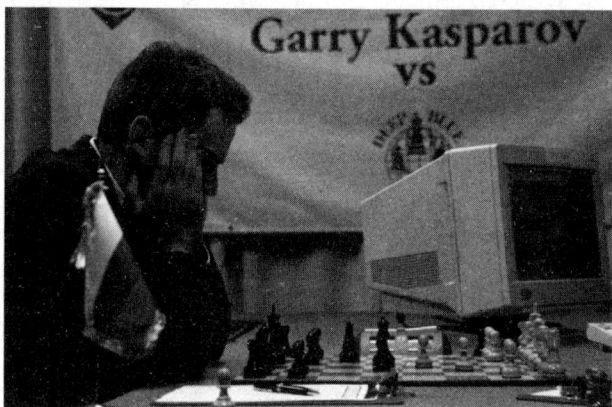

对高手来说，这是不可接受的，他失去了掌控感。是不是对手水平实在太高，自己没跟上它的思路？卡斯帕罗夫有点慌乱，但好在他的领先优势实在太大，最后还是赢了。

事后 IBM 的工程师说，深蓝那步棋其实是软件系统的一个 bug。但是卡斯帕罗夫当时并不知道。

第二局，深蓝又走了一步卡斯帕罗夫看不懂的棋。这次卡斯帕罗夫就真的凌乱了。怎么回事，难道现在的电脑真的比我的水平高那么多？当时的局面也确实不太理想，在场的专家和观众都判断这一盘可能是和局。但是卡斯帕罗夫被这一步他看不懂的棋给刺激了，应对失措，结果这盘棋他输了。

两步看不懂的棋，加上输了这一局，卡斯帕罗夫的自信心没了。从第三盘开始，卡斯帕罗夫的风格就变了，不再猛烈进攻，而是越走越保守，竟然是以守为主，结果第三、四、五盘棋都是和局。到最后第六盘棋，卡斯帕罗夫的自信心越来越少，竟然犯了一个低级错误，导致输棋。最终，他输掉了整个比赛。

国际象棋是最理性的游戏，但棋手也讲究心理比拼。如果对手走出不太合理的棋，卡斯帕罗夫通常会观察他的表情——你到底是虚张声势，还是真有什么了不起的手段？对手的眼神会出卖他。

可是电脑没有表情。看不懂对手的棋，你就可能失去控制感。失去控制感，你就可能失去自信心。失去自信心，你就可能输掉比赛。

那么我们再想想 AlphaGo。棋手们一致反映，AlphaGo 经常走出一些匪夷所思的招数。这边来一下，突然又到那边来一下，事后再想想，好像都有道理，但当时感觉这超出了自己的认知范围。那么棋手会不会有一种失控感，会不会遭受自信心的打击呢？

下棋特别讲究主动和被动。没有主动权，被对手牵着走，这棋就肯定赢不了。如果没了自信心，又何谈争夺主动权？

也许 AlphaGo 真能让人类三个子，但是自信心也很重要。高手对决，气势上首先不能输给对方，双方先比拼一番气场。

如果没有那么大的气场，自信心就是不足，那怎么办呢？答案是……装吗？

3. 你一个练太极神功的，怎么就真敢跟人打架呢

有些场合不自信是不行的，比如演讲，装也得装出自信的样子，可能装的次数多了就真的自信了。

但演讲本来就是一种表演。那么如果一个 CEO，明明没有多大本事，还故意在员工面前装得很厉害的样子，那就是骗人了。最大的危险在于，装来装去容易把自己也给骗了。

《怪诞行为学》的作者丹·艾瑞里做过一个实验：让受试者在一个单独的房间里做测验，答对若干题有奖。实验故意设计成让受试者有作弊的机会，而受试者不知道的是，所有作弊的行为都没逃过研究者的眼睛。研究者关心的不是有多少人作弊，而是作弊的人对自己有什么评价。做完题，每位受试者都要填写一张自我调查表，评估自己的水平到底怎么样。

结果发现，那些作弊的人，对自己的评估还都很好，他们真的以为自己很厉害！难道你不记得自己刚刚作弊了吗？！

这是因为人的大脑处理不好"假装"。就好像演员一旦入了戏，自己都会被剧情感动一样，人在一定程度上会以为自己假装的是真的。作弊者

假装厉害，结果他们就真的以为自己很厉害。

这就非常危险了，但还是一个普遍现象。

前段时间的一个热门话题是，一位所谓的"太极高手"挑战一位综合格斗（MMA）选手，结果被轻易打败。这个道理我们之前说过，只有竞争不充分的领域里才有英雄。太极拳没有正规的格斗比赛，哪有什么实战经验跟专业格斗选手对抗？类似的事情以前在国外就发生过，而且更离奇。

有一位日本功夫大师叫柳龙拳（Yanagi Ryuken），有一手"隔山打牛"的功夫，也就是咱们在电视剧里常见的，不经接触，直接用"气"把对手击倒。他每次发功时徒弟都应声而倒，相关视频在网上可见，非常厉害。当然，这样的大师和视频中国也有。

但是跟中国那些大师不同，柳龙拳是真的相信自己的功夫。他在2006年，也就是自己65岁这一年，主动悬赏5000美元，跟一位36岁的 MMA 选手打了一场公开赛。

这场比赛的视频流传很广，你可以在网上轻易找到。整个比赛历时不到一分钟。柳龙拳被人三拳两脚打倒，基本上就是一个年轻人欺负老年人的局面。

柳龙拳就此从江湖上隐退，但是他给世人留下了一个大大的疑问：你当初为啥非得哭着喊着要跟人打这场比赛呢？你难道不知道自己那招"隔山打牛"是假的吗？

合理的解释是，柳龙拳可能真不知道。平时他随便一推，学生就倒，一下可以打倒好几个——学生们一直都这么配合他。他曾经打过200多场，从来没输过。这么几十年下来，他把自己也骗了，真的以为自己就是这么厉害。

这就是假装自信的最大危害——最后真的自信了，但这个自信是自己骗自己的结果。所以费曼有句名言：第一原则是你不要骗自己，因为你是最容易被骗的人。

哈佛商学院有一个资深教授，研究商业已经40年了，他感慨说，最让他吃惊的事实，就是很多 CEO 会犯非常低级的错误——当时明眼人一看就知道这个决策是错的，可是 CEO 还是要一意孤行。这就是因为 CEO 过度自信。

过度自信的人很难面对现实，你无法接受反馈，拒绝做出改变。别人给你提什么建议你都听不进去，时间长了，人们也就不跟你说了。

如果假装自信不行，那么我们缺少自信的时候，到底应该怎么办呢？

4. 自我关怀

美国曾经流行过"自尊"（self-esteem）教育，让人自己看得起自己，差不多就是不自信的时候假装自信。但是后来很多研究发现，人为的自尊有很多弊端，正如前面所说的自己骗自己。

现在得克萨斯州州立大学的克里斯汀·奈弗（Kristin Neff）教授提出一个理论，说我们应该用"self-compassion"取代"假装式的自尊"。这个"self-compassion"，学术界标准的译法似乎应该是"自我关怀"。

所谓"自我关怀"，就是你看自己，应该跟看自己的一位好朋友一样。我们看朋友总是比看自己更客观，你不会觉得朋友是神，也不会觉得朋友一无是处。如果朋友犯了一个错误，你不会把他骂得一无是处，你会鼓励他。你会跟他说，人都会犯错误，下次改正就好。那么对自己而言，也应该这样。

所以"自我关怀"就是要从一个友善的外人的角度看自己。奈弗说，自我关怀能给你自信的所有好处，但是又不会有过度自信的任何坏处。所以这是一个特别值得掌握的心理技能。

那么该怎么掌握这个技能呢？巴克尔说，分三步：

（1）鼓励自己。还记得海豹突击队的经验吗？能坚持下来的人都善于给自己鼓励。

（2）接受自己。你并非无所不能，你只是一个普通人，普通人都会犯错。

（3）面对错误。你要承认这是一个错误，但这个错误不是世界末日，只要吸取教训就行。

和奖励外向者一样，这个世界偏好奖励自信的人。然而，和"内向应该假装外向"不同，没有真本事不要假装自信，因为你可能会把自己也给骗了！如果不自信，最好的办法是使用心理学家最新发明的技术——自我关怀。

其实咱们之前多次说过这个道理——能从旁观者的角度看自己，这个能力对高手而言实在太重要了。

谁愿意嫁给爱因斯坦

工作和生活，这是人生两难的选择。

这也是一个非常普遍的问题。你工作稍微忙一点儿，父母和朋友就会劝你不要太忙了，要好好生活。你听这个话的时候，有没有一种感觉，这些围观群众是不是有点站着说话不腰疼？

比如一个高水平的医生，他每天不但要做几台手术，还要搞科研，还要做一些行政管理工作，肯定非常忙。像这样的人，你劝他休息、多陪陪家人，有意义吗？这么简单的道理，难道他不懂吗？问题就在于，这个道理并不简单。

1. 工作狂的道理

泰德·威廉姆斯（Ted Williams）是美国历史上最伟大的棒球运动员之一，他成功的秘诀是从小就用超长的时间猛练。什么娱乐、休息、社交，他全都不要，在职业队成名以后才有了第一个女朋友。

威廉姆斯的了不起之处还不只是棒球。第二次世界大战期间，他去服兵役，在海军陆战队当战斗机领航员，那时他是最好的士兵。回来继续打棒球，还是最好的运动员。他的职业生涯特别长，一直打到41岁。他退役之后当球队经理，管理得也特别出色，又成了最好的管理者。他的业余爱好是钓鱼，玩得特别专业，结果入选钓鱼名人堂。

威廉姆斯干每一件事都力求完美，不但投入很多时间，而且都是高质量的刻意练习时间。

像这样的人，你拿什么跟他竞争呢？

这是一个普遍现象：最厉害的人同时也是工作量最大的人。有人做过调查，每个领域里，基本都是10%最强的人干了80%的工作。比如学术界，大部分最重要的成果都是少数科学家做出来的。

有些围观群众以为，高水平工作要使"巧劲儿"，只要你干活聪明，就不用花那么长时间，对吗？错了。真正的高手没有不聪明的。有什么工作诀窍要是好使，肯定所有人都会这么用。现在的共识是，要想成为高手，你的智商必须要达到120——且只需达到120，再高的智商意义就不大了，剩下的就是比谁的身体好，谁能投入更多的能量，谁有足够的耐力坚持下来。

我上大学的时候到数学系听过一位名师的课。那位老师很实在，有一次他在课堂上说，想当数学家，你得有连续作战的能力。如果熬夜打了一宿麻将，第二天早上就不能精神抖擞地工作的话，那你就别干了。

古代的人以空闲时间多为荣，现在这个时代的人以忙碌为荣。底层员工每周的工作标准时间是40个小时，高管人员常常要工作60个小时以上，还都是主动的。特别能挣钱的人，往往没什么时间花钱。

那么这帮人图啥呢？高强度的工作难道不累吗？工作累不累，取决于你干的是什么工作。

沉迷于电子游戏的人没有抱怨苦和累的，而好工作就像游戏一样有意思。很多研究表明，如果你干的工作对你特别有意义，那么长时间的高强度工作不但不痛苦，反而是幸福感最强的活动。所谓"有意义"，心理学家发明了一个概念叫"个人特征强项"（signature strength），也就是特别适合你的工作领域——两个标准：你必须觉得这个工作很重要；你必须非常擅长这个工作。长期跟踪研究表明，做这样工作的人，就连寿命都延长了。

事实上，真正打击人的不是"工作"，而是"失去工作"。有研究表明，失业对人的打击是巨大的，而且是永久的。一旦失业，人过早死亡的概率就会提高67%。精神很痛苦，哪怕后来又找到新的工作，一想起来当初失业还是受不了。退休也是一大杀手，工作的时候本来状态很好，一旦退休，各种病都来了。

我之前在专栏中讲过埃隆·马斯克的事迹。据他的前妻说，睡眠不足、飞行时差倒不过来、精神疲劳，这些症状在马斯克身上都司空见惯，但是他乐此不疲。

因为马斯克是干大事儿的人。那么问题来了——你是干大事儿去了，那你的家人怎么办呢？

2. 爱因斯坦的家规

马斯克的前妻是位作家，也是一个厉害人物……这大概就是两人离婚的原因吧。那么作为牛人的妻子，如果主动承担家务，甘愿无私奉献，行不行呢？我们可以考察一下爱因斯坦的事迹。

爱因斯坦需要长时间地专注思考，你可以想象，他大概没有多少时间陪家人。实际上，爱因斯坦做得更极端，他基本上把自己的妻子当成佣人——他的原话是"我的妻子就是我的雇员，只是我不能解雇她而已"。

爱因斯坦给妻子制定了若干条"家规"——爱因斯坦的家规。

作为一个男人和一个曾经的物理学家，爱因斯坦的物理成就我做梦都想拥有，但是他搞的这些家规，我连做梦都不敢想。其中有几条是这样的：

你不要要求我陪你待在家里、要求我陪你外出旅行；

如果我让你别跟我说话，你必须马上停止说话；

如果我让你离开我的卧室或书房，你必须马上离开。

爱因斯坦的妻子接受了这些规定。但后来，爱因斯坦还是跟她离婚了，因为爱因斯坦要和另一位女子在一起。两个儿子小的时候，爱因斯坦曾经帮忙照顾过，长大后就完全不管了。爱因斯坦的大儿子得了精神病，在精神病院住了30年，直到死在那里。这30年间，爱因斯坦一次都没去看过他。爱因斯坦的小儿子曾经跟记者说："我爸爸对所有的科学项目都能坚持，而我，可能是他唯一放弃了的项目。"

有人做过调查研究，特别厉害的高手或者天才式的人物，大多对家人不管不顾。莫扎特的妻子生孩子的时候，莫扎特在另外一个房间里继续作曲。

如果这些人良心发现，选择多陪陪家人，又会怎么样呢？答案是他们的工作生产力将会下降。

有一项针对男性的研究发现，科学家、作家、音乐家、画家，甚至犯罪分子，都是一结婚就不行了。比如科学家，从结婚那年开始，出论文的数量和质量就会下降。而他那个不结婚的同事，哪怕年龄再大，只要不结婚，就可以一直维持很高的产出。

我物理生涯中最佩服的一位物理学家，他就没有结婚。他是一个意大利人，有时他把妈妈从意大利接到美国来照顾他的生活。我在洛斯阿拉莫斯——就是美国最初搞原子弹的地方——给他当过两年多的博士后，那是我工作效率最高的两年。他手下有很多学生和博士后，但他对科研总是亲力亲为，新想法层出不穷，产量极高。我们白天工作，晚上还经常几个人一起吃饭，继续讨论物理学和"国家大事"。后来，我离开了边远的洛斯阿拉莫斯，回到"文明世界"结婚生子，就很少有机会跟物理学家吃晚饭了。

极端的成功需要极端的做法，这就意味着很大的牺牲——而且牺牲的都不是自己，而是亲人。

但是，如果我不想成就什么伟大的事业，我也不是爱因斯坦，我就想老老实实做个普通人，那我能不能实现工作和生活的平衡呢？当然可以。

3. 平衡

如果你放弃追求极端的成功，去保持工作和生活的平衡，反而会对你的工作有好处。比如研究发现，给小孩儿充分的时间玩，他的学习效率会提高。学习成绩特别好的孩子可以同时也是爱玩的孩子。

我们之前讲过创造性思维，有创造性思维的人常常就是在特别放松的情况下获得灵感的。很多人都是在洗澡的时候获得灵感的，就是因为洗澡的时候人非常放松。

睡眠很重要。睡眠充足的人，记忆力、反应速度、学习和工作效率都会更好。超长的工作时间其实并不好。有研究发现，如果你每周工作时间超过55个小时的话，那么从第55小时以后的那些时间，其实是没有什么产出的。

所以你需要玩闹、有点幽默感、充分地休息、多留出点时间跟家人在一起、时不时出去度个假，这样才可以获得最佳工作状态。

而且使巧劲儿也是可以的。《怪诞行为学》的作者丹·艾瑞里跟巴克尔说了一个经验。对于大多数人来说，早上起来过一个小时之后开始工作，连续工作两个半小时，是最佳的工作时间。如果你7点起床，那么从8点到10点半，就是你精力最充沛、效率最高的时间段。最简单的办法就是，把最重要的工作放到这个时间段干，然后剩余的时间完全可以放松。

而这一切的前提是，你想要一个更完整的人生，而不是一个极端的成就。像马斯克这样的人，根本不可能过了上午10点半就放松。

想要极端的成功，你就要排除其他一切干扰，集中力量干这一件事。这意味着你要牺牲家庭生活，甚至最好不要结婚。只要你干的这件事是你真正想干而且是你真正能干好的事，超长和高强度的工作就是你的乐趣。

如果你想要一个完整的人生，那么平衡工作和生活反而能提高工作效率，但是对于特别极端的成功，你就别指望了。

那么到底什么叫"成功"？到底什么样的人生才是值得追求的呢？这

个问题是可以讨论的。

蜘蛛侠套装

有人做过调查，从1976年到2000年，美国高中生的野心和期望越来越大，现在已经到了不可理喻的程度——每个人都认为自己将来应该成为亿万富翁和大明星之类了不起的人物。而等到他们大学毕业走向社会后，就会慢慢失望，乃至非常愤怒。

曾经人们认为的所谓的"成功"是少数人的事，后来人们认为只要努力就能成功，而现在有的人看明星的事迹看多了，认为不努力也能成功。

成功不是天赋人权，成功不是"有天赋"就有权，成功也不是埋头苦干、拼命硬干就有回报的事。成功，是在一系列矛盾中做出艰难的选择。

你是做个好学生，与人为善呢，还是做个极端学生，与体制为敌？

你是现实一点儿，正确评估自己的能力呢，还是乐观一点儿，用讲故事的方法哄着自己坚持下去？

你是科学评估各种方案再动手呢，还是无知无畏先动手再说？

你是做个内向的人，专心做好一件事呢，还是做个外向的人，积极寻找新机会？

你是个收入高又顾家的新好男人呢，还是沉迷工作只顾自己？

如果你拿这些问题去问专门贩卖心理鸡汤的"人生导师"，他大概会建议你在中间选一个平衡点——这样你就是个平庸的人。不选中间，你就面临风险。这就像打游戏加天赋点一样，怎么选是个人的事儿，但我们可以讨论一下选择的原则。

最关键的原则是掌握主动权。

1. 共生体套装

咱们先讲一个蜘蛛侠的故事。我们知道蜘蛛侠的力量来自他的一套红蓝色套装。

但在某一集漫画里，他获得了一套黑白色套装。这套衣服比旧的那套厉害多了。它能提供更高强度的蜘蛛丝和更强大的战斗力，而且还能随时变成任何正常的服装，这样蜘蛛侠就再也不用手忙脚乱地换衣服了。

蜘蛛侠得到黑白套装之后，战斗力飙升。但是，他很快发现了一个问题，自己每天会变得非常疲累。有时候脱下套装，好好睡了一晚上，第二天早上起来反而感觉更累了。这到底是怎么回事儿呢？

原来这个黑白套装是有生命的东西，这种东西叫"共生体"（symbiote，这是一个由漫画作者发明的词）。当蜘蛛侠脱下衣服睡觉的时候，衣服自己又爬回到蜘蛛侠身上，而且带着他出门做了很多事！这就是为什么他总是这么累。

等蜘蛛侠知道套装是个共生体，已经有点晚了。共生体越来越强大，以前是共生体寄生在蜘蛛侠身上，为蜘蛛侠服务，现在是它要蜘蛛侠寄生在它身上，让蜘蛛侠为它服务。蜘蛛侠以为自己获得了强大的力量，但是他其实变成了这个力量的奴隶。

巴克尔说，共生体套装，就是你的工作。

2. 成功人生的四个维度

有的人拼命工作是出于一种使命感，他感受到了使命的召唤，认为这件事非干不可，宁可牺牲一点儿个人生活。也有的人拼命工作，是深陷于某个工作"游戏"之中不能自拔。一开始你没想太多，可是一旦开启游戏模式，前面总有一个更高的目标等着，就停不下来了。

这两种情况的区别是前者主动，后者被动。想要把握主动，你就得先问自己到底想要什么，而不能让别人影响你去干什么。比如，日本公司的企业文化就是人人加班加点，下班后很晚了也不回家，都在公司耗着。公司也知道超长的工作时间并不能带来更多的生产力，可是公司就算劝员工回家，员工也在互相影响之下，谁都不愿意先走。

最怕的就是你超长时间工作，结果还是碌碌无为。

人到底想要什么呢？有研究者专门访问了一些在某一方面特别成功的人，问他们是否感到自己的生活在某一方面有缺陷。研究者把他们说的总结起来，发现有四个方面，是所有成功者都想拥有但是感到在某一方面是有所欠缺的。我们大概可以认为，这就是成功人生的四个维度。

（1）幸福（happiness）：这里说的幸福就是生活中的乐趣和满足，幸福 = 享受。

（2）成就（achievement）：跟那些有相同奋斗目标的人相比，你取得了什么了不起的成就，成就 = 取胜。

（3）意义（significance）：你对自己关心的那些人，有没有一个正面的影响，意义 = 可依靠。

（4）遗产（legacy）：若你去世了，你的价值观和成就能不能给别人未来的成功铺平道路，遗产 = 延伸。

这"四个维度"的说法非常流行，你最好能记下来。

我觉得这个说法有点像中国人爱说的"立德、立功、立言"。"立德"就是"意义"，给周围的人提供帮助；"立功"就是成就，你的论文比别人多，或者钱比别人多；"立言"就是"遗产"，影响后人。当然，中国圣人不太好意思说自己也要幸福。

那么现在的问题就是，这四个维度你不能都拿满分，你得做出选择。

3. 选择者和挑选者

现代人都有选择困难症。没有什么选项，我们该干啥干啥，似乎活得也不错；有了很多选项，我们反而不知道该怎么办了。宝洁公司曾经提供过26种不同类型的海飞丝洗发水，结果消费者无所适从。后来，宝洁把种类削减到15种，消费者反而更愿意买了，销售利润上升了10%。

我们喜欢"有选择"，但是我们不喜欢"做选择"。有选择就还有可能性，一旦做了选择，就失去了可能性。

但是你总要选。有意识地选一下总比无意识地被局面牵引着走好。具体怎么选，心理学家巴里·施瓦茨（Barry Schwartz）有一个理论，把人分为"选择者"（choosers）和"挑选者"（pickers）。

所谓"挑选者"，就是比较被动地选择：看看都有哪些选项，评估一番优劣，从中选一个最好的。而"选择者"则是积极主动地选择：他先问问自己到底想要什么，然后看当前这些选项是否适合自己。如果都不适合，他可以改变选项，甚至创造新选项。这正是我讲决策科学的时候提到过的——主动增加新选项。

而面对人生的选项，诺贝尔经济学奖得主赫伯特·西蒙（Herbert A. Simon，他有个中文名叫"司马贺"）还有个理论，说你的原则可以是"最大化"，也可以是"满足"。

刚入职场的时候频繁跳槽的人，后来的收入高于那些找个公司就一直干下去的人。前一种人的原则就是"最大化"，所有选项都尝试一遍，看看哪个最好就选择哪个。但还有一个坏消息。前一种人的收入的确比后一种人平均高了20%，但是幸福度却下降了——因为他们永远这山望着那山高，总觉得自己当前拥有的不是最好的。而后一种人则比较容易满足。

现在我们对做选择有了两个考虑：你是做"选择者"还是"挑选者"？你是要"最大化"，还是"满足"？

那么具体到成功的四个维度，最好的办法是做一个积极主动的"选择者"，以我为主调整选项，对某些选项采取"满足"策略。

比如，如果你要追求极端的成功，那么你可以对"幸福"和"意义"采取满足策略。这就意味着你对物质享受没有太多的要求，偶尔度个假、一年看两场电影就可以了。你对亲友也不能承担太多责任，有时间就陪陪，没时间就不陪了。你没有什么丰富的业余生活，也不是个好家长，但是你对此满意。然后你集中精力，追求"成就"和"遗产"。

"满足"提供了一个自我限制，有了限制，决策就容易了。

所以说来说去，成功不是算法，而是选择。是你自己想做个什么样的人。当然，你的选择可以随时调整，不过一定得是"你的"选择。

经常有人问，说我的条件是这样的，我还能成功吗？这种问题没意义。成功不在于你手里"有"什么，而在于你愿意"付出"什么——或者更准确地说，是你愿意"放弃"什么。人生的成功有四个维度，每个人可以自由选择自己想要什么样的成功，而选择的关键在于要主动。

* * *

最后我想再来一段励志的故事。我想介绍一位著名计算机科学家理查德·汉明（Richard Hamming）的经验，看看他是怎么选择的。

汉明是1998年去世的。他在1986年，也就是他71岁的时候，曾经做过一个演讲，题目是《你和你的研究》（*You and Your Research*）。这篇演讲流传极广，没有什么场面话，全是真知灼见。演讲中有一段，跟咱们说的内容很有关系。

汉明说，他年轻的时候非常仰慕一位同事，叫约翰·图基（John Tukey）。汉明认为，图基的水平比自己高很多。有一天，汉明偶然发现，图基的年龄居然比自己小！他有点受不了了，就去问另一个同事，说我到底怎么做，才能变成他那样？

这位同事说，你要是也能像图基那样连续多年那么努力地工作，你根本想象不到自己能做出多少成就来。

汉明言下顿悟。这个道理是"知识和生产力是一种复利"。

如果你干一般的活，你每天比别人多搬10%的砖，一年下来你还是比别人多搬了10%的砖。但是钻研知识可不是这样的。

汉明说，你知道得越多，学得就越多；学得越多，能做的事就越多；做得越多，机会就越多。这是一个正反馈过程，就像投资一样，是利滚利。

如果你每天比别人多钻研10%，那么日积月累，你的成就会远远超过他。

如果存钱的利息很高，你还愿意随便花钱吗？所以汉明说："我不会当着妻子的面说这个，但我有时候的确忽略她了。我得钻研。"

汉明从不掩饰自己对青史留名的渴望。他说科学家成功的唯一标准就是，你的名字能不能被以小写的形式命名某个概念。事实上他做到了，计算机科学里就有个"汉明码"。

那么，这个道理就是，如果你想学汉明从妻子那里克扣时间，记住别用这宝贵的时间打《王者荣耀》，最好用在"得到"APP……用在能产生复利的事情上。

◎ 一个大尺度的话题

　　这个标题可能有点儿误导……我们要说的不是审美上的大尺度，而是数学和物理上的大尺度。这可以算是一个基本知识，很多书都讲过，但是还没有成为常识。

　　其实在我们一般的观念中，对于"尺度"也是有一定概念的。比如，有个众所周知的笑话是这么讲的：古代有个人想象皇帝过什么样的生活，他想到自己每天用铁锄头种地干活，而皇帝的条件肯定好很多，那么皇帝大概是用金锄头来干活的。这个人不知道当财富增加的时候，人的生活方式也会发生变化，不能单纯地按比例放大。大了，就不一样了。

　　然而在很多问题上，我们恰恰就是在使用这个错误的"按比例放大"思维。

　　咱们设想这么一个问题：把一个普通人的身体按比例放大5倍，会发生什么事情？答案是他将会被自己的体重压垮。

　　如果每个部分都按比例放大5倍，这个人的重量将会是原来的 5^3 倍，也就是125倍。这个人的身体仍然依靠肌肉和骨骼支撑，这些物质能承担的压强不变，腿的支撑力和腿的横截面积成正比，那么支撑力就是原来的 5^2 倍，也就是25倍。

　　支撑力只放大了25倍，重量却放大了125倍，肯定就撑不住了。所以如果真的有什么巨人国，那么那些巨人的身材比例就不可能跟我们一样，他们的腿必须非常非常粗才行。

大了，就不一样了。这就是为什么在自然界中大、中型动物和小型动物的生活方式完全不同。一只老鼠从悬崖上掉下去，可能没什么大事儿；同样的悬崖，如果一只猫掉下去，可能会受伤；如果一匹马掉下去，它很可能会摔死。根本原因就在于不同大小的动物在摔向地面的时候，它们承受的冲击力与自身的重量成正比，而它们承受冲击的能力与自身的表面积成正比——一个是尺度的立方，一个是尺度的平方。动物的尺度越大，它所承受的压强也就越大，所以小动物不怕摔，大动物很怕摔。它们的着陆速度一样，但承受的冲击力很不一样。

我再举个例子你就更明白了。你可以用塑料搭建一个玩具桥，然后用钢铁制作一个玩具小汽车，那么这个玩具小汽车可以很好地在塑料桥上行驶。事实上，如果尺寸足够小，一辆钢铁玩具车甚至可以通过一座用纸做的桥。可是如果你按相同比例放大，用同样的塑料材质搭建一个真实的大桥，用同样的钢铁去造一辆真正的汽车，你再想让这辆车通过塑料桥就肯定不行了，桥一定会被压垮。

好了，物理学就说这么多，现在还是说人的事儿。人多了，也很不一样。

比如，你有一家创业公司，全公司上下几十个人，有人管人事，有人管后勤，绝大部分人干具体的活，一切都挺好。可是如果你们公司的规模扩大100倍，变成几千甚至上万人，各个部门的人员比例结构，就一定会与之前完全不同！这是因为当一群人聚集在一起的时候，人与人之间的交流复杂程度并不是和人数成正比，而是和人数的平方成正比。最简单地分析，如果人和人之间都互相写信，那么需要的邮递员人数就必须和总人数的平方成正比。公司人数越多，负责协调管理的人员将会不成比例地增加。这就是为什么机构越大，就越臃肿。

以此类推，一个国家的人口总数越多，这个国家需要的公务员人数也会不成比例地增加。我们经常听到类似"中国的公务员人数太多了"这样的抱怨。公务员都是纳税人的钱供养的，自身并不生产财富，这样的人岂不是越少越好？

有人说，汉朝的时候，是8000个人养1个公务员；唐朝，3000个人养1个公务员；明朝2000个人养1个；到了清朝，是1000个人养1个公务员；而今天的中国，则是18个人养1个公务员！这不是国将不国吗？

如果你明白"不能按比例计算"这个道理，拿古代公务员人数跟今天对比就毫无意义。更何况现代社会的生产方式和生活方式都与古代完全不同。也许现在中国公务员人数的确多了，但也绝对不应该降低到清朝时的比例。

用小尺度的事推测大尺度的情况，就特别容易犯"皇帝拿个金锄头"的错误。有人说过，宏观经济学如果只留下一句话，那就应该是"国家不是家庭"。可是我们总喜欢用家庭的事去类比国家，其实家庭内部都是熟人关系，而国家中主要是陌生人关系，这两种结构适用的规律完全不同。治大国，怎么能如烹小鲜呢？

大了，就不一样了。这不仅是个认识问题，而且有非常紧迫的现实意义。如果一个系统已经变得很大了，可是它还在使用过去小尺度的游戏规则，那就会出大问题。比如，美国的政治制度。

为什么现在美国的政客不干实事儿整天忙竞选，像娱乐明星一样搞煽情演讲，靠演技争取民意支持？这个现象背后，其实也是一个尺度问题。

美国的政治制度是200多年以前设计的。1789年成立第一届国会的时候，众议院中总共只有65名议员，是按人口比例从全国各个州中选拔而来的，而当时美国的总人口只有400万人。65名议员代表400万人口，平均每个议员只须代表6万人。

6万人是个什么规模呢？在今天的中国，也许一个公安分局，甚至一个派出所的辖区就有6万人。从这6万人中选拔一个人，让他代表父老乡亲去首都开个全国性的大会，一点儿问题没有。议员能够听到选民的呼声，选民也对议员比较了解，没准儿都跟自己的议员握过手、说过话。

后来美国人口越来越多，众议院人数也逐渐增加。到了100多年前，众议院达到435个人的时候，人们意识到不能再继续增加议员了。400多人开会吵来吵去已经很难达成决议，如果再增加到七八百人，那就没法开会了。于是当时立法规定，众议员人数从此就设定为435人。

议员人数封顶，可是美国的人口总数还在不断增加。今天的美国，每个议员需要代表超过70万人。

面对6万人，那都是父老乡亲；面对70万人，那可能都是粉丝。议员们倾听民众的呼声以及与民众交流的方法变得和过去完全不同了。美国人现在有必要反思，200多年前制定的这套体制，是否还适合今日的美国。

最后再讲个笑话。这是真事儿，来自《数盲》这本书的作者保罗士。保罗士自己做了个小实验。他给福布斯富豪榜排行前400的超级大富豪们写了一封信，信中说他要搞一项重要研究，缺乏经费，希望每位富豪赞助2.5万美元。超级富豪的个人资产都在4亿美元以上，这2.5万美元仅仅相当于其中的1/16 000。

保罗士说，如果谁有好的研究项目让我去赞助25美元，我肯定乐意，而且这25美元已经超过了我所有财富的1/16 000。既然我可以接受这个赞助比例，富豪们能不能也按相同比例出钱呢？

有的富豪真给他回信了，说得很客气；但最后的结局是，保罗士一分钱也没收到。

⦿ 那时候和这时候的亚当·斯密

一

这篇文章要说一个大人物和一番大道理——亚当·斯密和他的《道德情操论》，从一个现代人的视角去理解亚当·斯密的这番理论。

当然，很惭愧的是，我并没有读过《道德情操论》的原文——我下不了那么大的功夫去读200多年前的英文，我就做了一点儿微小的工作，读了一本2015年出版的英文书《亚当·斯密如何改变你的人生：一个对人类木性和幸福的非常指南》（*How Adam Smith Can Change Your Life: An Unexpected Guide to Human Nature and Happiness*），作者拉斯·罗伯茨（Russ Roberts），是斯坦福大学胡佛研究所的研究员。

亚当·斯密的《国富论》人人都知道，其中的一个关键思想是"看不见的手"，它奠定了现代市场经济理论的基础；而《道德情操论》这本书虽然听说过的人很多，但真了解其思想的人很少。有些反对市场经济的人还说，你们不要以为有只"看不见的手"，人就应该自私，别忘了亚当·斯密还写过《道德情操论》，强调人要有道德呢!

这番话并非完全没有道理。经济学家熊比特还特意将之称为"亚当·斯密问题"——人到底是应该响应"看不见的手"的号召，一心一意谋私利呢，还是应该响应《道德情操论》的号召，追求道德呢？

罗伯茨的这本书就把这个问题给解决了。罗伯茨说，亚当·斯密那个年代，人能接触到的范围小，主要都是跟熟人交往，《道德情操论》其实就是一本讲怎么跟熟人相处的书；而市场和看不见的手，那是陌生人之间的事情。面对具体的熟人就多谈谈道德，面对抽象的陌生人就多谈谈利益，这哪里矛盾了？

其实以我之见，《道德情操论》说的也是个人利益，只不过不是金钱利益。在中国文化关于道德的论述中，孟子说要"舍生取义"，孔子说要"仁者爱人"，亚当·斯密的要求可比他们低得多！斯密绝对是个接地气的实在人，他没有追求超凡入圣，他就是你我这些普通人之中的一个智者。

斯密承认人都是self-interested，也就是自利的。注意，这跟selfish（自私）是两个概念。自私是根本不考虑别人的利益；自利是优先考虑自己的利益，但是在力所能及的情况下也愿意帮助别人。比如说，如果我做出一点儿小牺牲就能对别人有很大的帮助，那么尽管我是个自利的人，我仍然愿意做这样的牺牲。

事实上，"做个好人"，本来就是我个人利益的一部分。

有人认为做好事是出于同情心。所谓"恻隐之心人皆有之"，我们都有同情心，有时候同情心战胜了自利心，为了满足自己的情感诉求，我们就去做些好事；但亚当·斯密并不这么看。斯密认为，同情心根本战胜不了自利心，自利永远都是第一位的。那么我为什么还想做个好人呢？

斯密说，因为我知道世界很大，而我自己很渺小。认识到这一点，我就会有一种想要获得荣誉的愿望——如果我毫无荣誉感，只顾自己，别人就会看不起我，这样的人生就没啥意思了。

所以这其实就是个人利益，只不过我们的个人利益不仅仅是物质上的，还包括别人对自己的"观感"这一项精神追求。更进一步，这个利益还可以包括"自己对自己的观感"，哪怕没有别人在场，我们也可以想象一个虚拟的人在看着我们做决定，而我们不想让这个虚拟的人——其实就是我们自己——看不起自己。

我们直接引用一句斯密的原话来总结，斯密这一套道德教导的出发点就是：Man naturally desires, not only to be loved, but to be lovely. 最后这个lovely，不是今天常用来形容小孩子的很可爱的意思，在斯密那个时代的英语中，lovely的意思是"值得爱"。

整句话的意思是说，人天生不但希望被爱，而且希望自己是个值得爱的人。

作为中国人我想再次强调一下这跟孔孟之道的重大区别。孔孟之道要求我们"爱人"，而亚当·斯密则研究我们怎么才能"被人爱"。这哪里是什么道学家，这不就是一个经济学家在帮我们分析得失吗？

而事实上，我们就从这个自利的目的出发，也能做出非常好的个人道德选择。

先来说说这个"值得爱"。比如，如果你靠服用兴奋剂（没被发现）拿了个奥运金牌，观众爱你，但你心里明白自己并不值得爱。观众爱的是那个不用兴奋剂就能拿金牌的你，那个并不存在的你，那不是你。你本来可以做得更好，可是你没有做。同样道理，别人对你拍马屁，夸张地恭维，你也不值得。那么作为一个聪明人就应该明白，这样的爱不要也罢。

对聪明人来说，想要被爱，最好的办法就是把自己变成一个值得爱的人。罗伯茨举了个现代人容易理解的例子：我们为什么要帮老婆做家务？是为了追求老婆爱的回报吗？不是。我们是想当一个 lovely husband（值得爱的丈夫）。

但是话说回来，不管聪不聪明，所有人都追求被爱，那么为什么有人要去做坏事呢？其实没人故意做坏事，做坏事是出于愚蠢——他们自己欺骗自己，给自己找个什么理由，说我这么做其实是在做好事。

"被爱"的一个方法是获得财富和名望。每个人都喜欢名人和富人，如果既有钱又有名，我们更喜欢！哪怕这人品行不怎么样，只要他有名有钱，我们还是喜欢他，哪天他死了我们还能感到难过。谁收获的爱最多？当然是明星啊。

亚当·斯密当然认为追逐名利是不对的，但他的理由仍然是"自利"。

对明星们来说，获得名望和粉丝的爱戴是他们的唯一乐趣。这就是为什么有些摇滚明星已经很老了，粉丝越来越少了，自己也没什么新作品，但是仍然在各地不停地演出，因为他们忘不了过去有名的生活。国内有些过气老明星，年年春晚都出来，平时还要去选秀节目当评委，也是一样的。

而且名利就像毒品一样，每次的剂量必须比上一次更大，人的野心才能获得新的满足。追逐名利其实是一个恶性循环，并不能让人快乐。

斯密的建议是：因为对名利的追求永无止境，干脆就不要加入这个游戏。

关键在于，亚当·斯密那个年代，工作都是非常辛苦的。一个充满名利野心的人如果拼命工作，其实很痛苦，没有多大乐趣。所以斯密对工作的态度的确有点儿矛盾——如果一个人有野心，加入名利的争夺，那么对他自己其实没啥好处。可是根据"看不见的手"原则，财富积累又确实需要野心。

而罗伯茨则说，这个矛盾在今天就不存在了。因为今天我们有大量的自动化工具，工作本身并不痛苦，甚至充满乐趣！那么你为了名利而努力工作就没啥不好。所以罗伯茨的建议是，只要你不把名利作为唯一目的去追求，也是可以的。亚当·斯密本人就很有名望，名望作为一个副产品是避免不了的，但我们不能专门追求名望。

但亚当·斯密说，除了热闹的富贵之外，还有另外一条路可以"被爱"。

那就是去追求智慧和美德。选择这条路，只有少数人能欣赏你，而且这种欣赏也不像明星粉丝那么狂热，但是这样难道不是更好吗？拥有智慧和美德，这才是真正的lovely。

注意，亚当·斯密这套道德说法有相当严密的逻辑结构：

（1）人要追求自利。

（2）自利，就要被爱。

（3）被爱，还得值得爱。

（4）能够被爱，名利不是个好方法。

（5）好方法是智慧和美德。

一步一步推导出来，就像数学理论一样，从一个最简单的公理出发，推出各个结论。

他不对你说教，他不跟你玩什么"动之以情"，他跟你讲理。

这就是一个理性人的道德，它自成体系！我们不应该拿200年前的东西跟2000年前的东西比，但是亚当·斯密的这套理论，比语录体的《论语》和《孟子》，是不是高级一些呢？这个特点难道不值得我们好好思索和学习吗？

道德不是圣人强加给我们的教条。道德不是满足自己情感诉求的方法。道德，可以是一个理性人的自利选择。

二

借助拉斯·罗伯茨的书，继续说亚当·斯密的《道德情操论》。

亚当·斯密的这套理论，并非像传统的道学家那样"劝善"，或者占领一个道德制高点对人说教。斯密首先承认人是自利的，然后从个人利益出发，去推导这么一套道德选择，帮我们找到一个处世之道。

我们的目标是既要"被爱"，又要做一个"值得爱"的人。

要让自己值得爱，一个最基本的功夫是你做事得符合一般的社交规范——用亚当·斯密的话说是propriety，用现代英语说是appropriate，翻译成中文就是"得体"。

1. 得体

这个"得体"，值得好好说说，它其实就是一个绅士跟身边熟人融洽相处的方法。尤其在今天，很多宅男一天到晚待在自己的小天地里不爱社交，非跟人接触不可时，种种言行又不得体，既得罪人，又把自己搞得很被动。

什么叫得体呢？就是你做事最好能符合别人的社交预期。比如，身边发生一件什么事情，一般人的反应是大笑，你最好也是大笑；一般人如果是微笑，你最好也是微笑。如果身边人都在微笑而你却在大笑，这就叫不得体。当时社会没有那么多元化，人也没有那么宽容，人们希望大家反应一致。其实现代人也有这样的心理需求，只不过有时候我们心知别人不得体，但是懒得理他罢了。

所以绅士社交的基本要求是大家同步，同步了才能和谐。亚当·斯密说，我们对不同的东西，有不同的同步要求。比如说，艺术欣赏方面对同步要求就没那么强——我喜欢赵本山，你喜欢周立波，没问题，咱俩不至于因为这个吵架。我们对同步要求比较高的是感情方面——发生在我身上的悲剧，我希望你同情我；发生在我身上的好事儿，我希望你也跟我一起高兴。

但人的特点是跟别人一起高兴很容易，一起悲伤就比较困难了。朋友参加比赛赢球了，我们就像自己赢了球一样高兴；但朋友如果失业了或者考试没过，我们肯定不会像他一样难受，否则一听说坏消息就特别难受，日子就没法过了。

据此，亚当·斯密提出，合理的社交方式，是与人分享发生在自己身上大的坏事和小的好事。你失业了自己很难受，跟朋友分享，朋友肯定不会像你一样难受，那么你为了跟他的感情同步，就会表现得得体一些，把自己的难受也降低一点——这对我们改善情绪就很有好处。自己有个什么小喜事分享一下，让别人也高兴一下，也很得体。

但是如果是得到一大笔奖金之类的大喜事，最好就别发朋友圈显摆了，因为这可能会引起别人的嫉妒。另一方面，小的坏事，如修车花了几千块钱之类，也不适合发朋友圈，因为你这点事儿别人根本不在乎！

做事得体，是我们值得爱和被人爱的第一步。

2. 美德

更高的要求是"美德"。亚当·斯密说，美德有三个方面。

第一是谨慎（prudent）。这意味着我们应该诚恳、老实、少说多做，千万不能高调张扬、夸夸其谈，这样才能赢得别人的信任。不过，亚当·斯密说的是熟人社会。在现代社会要跟很多陌生人打交道，你不搞点自我推销也不行，所以罗伯茨说偶尔自夸几句也未尝不可，但是你不能言过其实，而且也不要抓住一切机会吹嘘自己，那样只会引起别人的反感，偶尔说几句，甚至有时候明明有机会自夸也不说，是最好的。

第二是正义（justice）。这是一个非黑即白的严格要求，非常简单，就是你不能伤害别人。

第三是仁慈（beneficence）。仁慈要求我们主动做些好事去帮助别人。跟正义相比，仁慈不是非黑即白的，什么事该做什么事不该做，没有严格的理论，它其实是一种艺术。比如，我们是否应该给穷人捐款？捐，当然是好事儿；不捐，也有道理——首先，你已经交过税了，穷人的福利就是来自税收；其次，直接给人钱未必是解决他的问题的最好办法。

在这三个美德之外，如果你对自己还有更高的要求，那么你可以追求改变世界。

这就涉及智慧了。

3. 改变世界

并不是非得变成乔布斯才能改变世界。说到这里，我实在是太佩服亚当·斯密了，他200年以前就提出了一个特别有现代味道的概念：emergence（中文叫"涌现"现象）。

如果你对这个概念不熟悉，没必要自责，这可是非线性科学的范畴，说的是复杂系统的自组织。我来举个例子你就明白了。比如说Google这个词，我们都知道是一个搜索引擎的名字，是个名词，对吧？但是现在有一种约定俗成的用法，就是把Google当动词用，如"知之为知之，不知Google之"。那么请问，是谁第一个把Google当动词用的？是哪个英语国家的委员会宣布这种用法在语法上是合法的？

答案是没有人有这个权力单方面改变一个词的用法。你也用，我也用，大家一起用，慢慢地就把这个新用法给习惯化了，这就叫"涌现"。是我们一起改变了世界！

再比如说，一两百年前男人出门都会戴个帽子，尤其正式场合必须戴帽子，可是现在几乎没人戴帽子了。这个社会习俗的改变，是谁决定的？这也是一个涌现现象。

这就引出了一场天大的争论。

亚当·斯密和后来的哈耶克认为，真正的社会进步，必须是这种民间自组织出来的、涌现的结果。

但后世有很多学者及政治强人，认为改变世界不能光靠涌现，也需要"看得见的手"去强力干预。这场争论实在太大，并非本文所能说清楚的，暂且放下不提。

再把话说回来，亚当·斯密认为我们应该怎样改变世界呢？你不用干什么大事，只要从一言一行做起，见到别人做好事就给他鼓掌，见到坏事敢于站出来说话，这样无数个你一起通过涌现的办法，就能改变世界。

亚当·斯密特别反感"系统人"——用他自己发明的说法，就是man of system。这个"系统人"跟我们今天说的"体制内的人"有点儿关系，但斯密主要说的是那种把社会视为一个系统，自己有个宏大计划，想要对这个系统进行单方面改造的人。斯密认为这种人犯了两个错误。

第一个错误是他会被自己的大主意所迷惑，凡是不符合他的理论模型的信息，他一律忽略！他根本不知道自己的模型可能是错的，而且任何政策都可能产生意想不到的结果。

第二个错误是他把所有人都视为执行自己计划的棋子。他认为自己只要是为了一个美好的目标，就可以随便摆弄别人。但人都是有自由意志的！每个人都有自己的欲望和梦想，你让别人老老实实当棋子按你的计划走，这本质上就是不可能的。

所以我们要说的这个改变世界的智慧，不是什么"做大事"的智慧，而恰恰是"不做大事"的智慧。

我们仔细想想，其实"涌现"这个理念，跟"自由市场""看不见的手"是一致的——市场上商品的价格就是所有人共同决定的，根本不需要什么强人来指挥或者计划。

所以我们甚至可以说，"涌现""道德情操论""看不见的手""理性人"这些概念一脉相承，其实就是资本主义市场经济的核心理念！

说到涌现，我马上就能想到一个好例子。有部2009年拍摄的国产电影《嫁给大山的女人》，说有个女青年被拐卖到山区，她"多次自杀未遂后，被公婆的善良感动，决心以善报善，支撑起这个风雨飘摇的家"，最后还当上了代课老师。这部影片的本意是赞美这种行为，当年在电影频道也没有引起什么反响。

可是到了2015年，微博上突然掀起一番巨浪，无数的人痛批这部电影。你们拐卖妇女还"善良"了？逆来顺受还值得赞美了？这是赤裸裸的野蛮行为，明白吗？！

这就是中国的进步。每一个参与批评那部电影的人，都在潜移默化地改变中国，他们共同完成了一次涌现。从此之后，恐怕再也没人敢要求被拐卖妇女"以善报善"了，整个社会都会用更严厉的反应去对待拐卖。

亚当·斯密肯定会赞赏这些网民。

在本文最开始我说要讲一番大道理，其实亚当·斯密说的都是做人做事的小道理。

我们许多人受到的教育，总是指望强人来救国家，要么就干脆希望自己去当个强人。可是强人又太容易犯大错，所以我们只好要求强人都是圣贤。

亚当·斯密说，你没必要当什么圣贤。圣贤是靠不住的！他提出了一套对自己、对别人都有"好处"——完全是从利益推理出来的——的道德选择。

你只要从自身利益出发，做好自己的小事儿，潜移默化之功，就能让社会真正地进步。

老王的体能和老张的灵感

咱们先讲个故事。从前有个数学家，我们姑且叫他老王。老王年轻的时候发表过许多重要的论文，在中国数学界算是一号人物，很早就获得教授职位，事业可谓是一帆风顺。

如今的老王年近六十，兼任了学校和社会上的几个领导职务，搞科研已经不用自己动手，平时指导一下研究生和博士后们就行了。学校方面正在多方公关，想把老王运作成中科院院士，作为大学的一面旗帜。

可是外人不知道，老王近年来一直有一个心病——他40岁以后就再也没做出过重要的数学发现。他的工作非常忙碌，可他知道自己忙的并不是一线的数学研究。他感觉似乎正在远离数学的前沿，有时候课题组里讨论个什么问题，他甚至有点跟不上思路。老王经常想起年轻时的干劲和激情，解决了一个问题的那种快乐，不禁怅然若失。

"不服老不行啊，"这天晚上，老王又在家里暗自叹气，"科研毕竟是年轻人的天下，就像足球运动员一样，该退役就得退役。而我现在的工作，就相当于球队的教练和经理。"老王拿起手机，想看看组里的年轻人又发了什么朋友圈。

老王目瞪口呆。

朋友圈和同学群，都被他的大学同学老张刷屏了。老张刚刚做出一项重大的数学发现，一夜之间成了全球新闻人物！

老张当年在大学表现优异，与老王可谓是一时瑜亮。可惜后来在国外留学，与导师相处不融洽，拿到博士学位以后并没有找到合适的学术职位，几经辗转，甚至担任过餐馆的会计。老王和老张已经几十年没联系了，他只是从朋友口中得知老张混得不好。

可现在老张居然解决了这么牛的问题！老王百感交集。

老王夫人回到卧室，看到老王拿着手机的手居然在发抖。"你这是怎么了？"夫人问。

"将来的数学史上肯定有老张的位置……可是又有谁会记得我老王呢？"

你可能已经猜到，故事里说的老张就是张益唐，他58岁这年在孪生素数猜想上取得了重大突破。当然，老王这个人物是我虚构的。

我讲这个故事并不是为了赞美老张，更不是讽刺老王，其实我认为老王对数学也做出了重要贡献，而且培养出了许多学生。我讲这个故事，是为了讨论一个纯技术问题：年龄对科学家来说，到底有多大意义？

《华盛顿邮报》2016年12月10日发表了一篇文章《不要放弃：老人也能取得创造性突破》（*Don't give up: Older people can have creative breakthroughs*），作者阿尔伯特–拉斯洛·巴拉巴西（Albert-László Barabás）是美国东北大学（Northeastern University）的网络科学教授。这篇文章并不是什么心灵鸡汤，讲的是巴拉巴西本人严肃的学术研究。咱们中国读者可能对巴拉巴西这个人有所耳闻，他的两本书《链接》《爆发》都有中文版，而且都是值得一看的好书。

巴拉巴西先介绍了两位前人的研究。

20世纪80年代，有人考察了从古代到现代的2026位不同领域的著名科学家，研究他们是在什么年龄上做出了突破性的贡献，结果发现大部分人取得突破的年龄都在39岁左右。

后来，又有人专门考察了1900—2008年间的525位诺贝尔奖得主，统计他们做出获奖发现的年龄。结果发现，大部分人是在40多岁做出关键发现的，这个年龄比前面那个研究的结果要大一点，这显然是因为近代的人受教育的时间延长了。

那么，我们是否就应该说一个学者学术生涯的巅峰年龄是40岁呢？搞科研真的跟踢足球一样吗？那老张为什么就能在五六十岁的时候，打进世界杯关键的一球呢？

难道说，老王年轻时候厉害是正常的，因为他那时候体能充沛；老张六十来岁了还能进球是不正常的，他只不过是偶然激发了灵感？

巴拉巴西的研究与前人不同。他觉得只看最牛的科学家的话，样本太少，他干脆考察了几万个科研工作者，分析大数据。

他发现科研工作者生产力最强的时候，是他们职业生涯的前20年，也就是从研究生到40多岁这段时间。这是学者们论文产量最高的"黄金20年"；而在职业生涯的30年以后，也就是等到了50多岁，产量就会急剧下降，每年能发表的论文数量降到了年青时代的1/6。

所以，科研似乎的确是年轻人的项目。

但巴拉巴西这个研究的特别之处还在于，他不仅考察了总产量，还考察了质量。他问了一个非常简单的问题：你是在什么时候发表了整个学术生涯中最有影响力的那篇论文的？

结果非常意外。一个学者取得他最重大的成就，既不一定是在年轻的时候，也不一定是在年老的时候——而是完全随机的！

如果你说这个重大成就靠的是灵感，那巴拉巴西的结果就是，灵感与年龄无关。

比如说，2004年诺贝尔物理学奖的一位得主就是凭借研究生时期的一篇论文获奖的，那是他平生发表的第一篇论文。而另一位诺贝尔化学奖的得主，则是在70多岁做出的获奖工作。他本是耶鲁大学的教授，当时耶鲁大学规定70岁强制退休并且关闭实验室，他在退休之后坚持做实验，竟因此得了诺贝尔奖。

所以那些50多岁就没有重大发现的人，并不是他们太老，脑子不够用，没有灵感了，而是因为他们不做了。

搞科研不是踢足球。巴拉巴西说，人的灵感和创造力并不会随着时间的流逝而下降。你无法取得成就的真正原因并不是你失去了创造力，而是你没有坚持下去。如果持之以恒，你的创造力不会辜负你。

老王未必没有体能了，但真正表现了体能的是老张。

"平均人"这个概念没什么意义，你不应该用整体的平均表现来代替个人。按照科学家整体的平均表现，50岁以后的确就不行了，那你就解释不了张益唐。巴拉巴西把统计方法做了改进，才得出不同的结论。统计不是不行，但是非常容易误导。

不过我更想说的一点是，所谓科研灵感，到底是什么东西？

巴拉巴西只是强调了随着年龄的增长，一个人的创造力并没有减退。我想强调的一点，则是随着年龄的增长，一个人的创造力似乎也没有增加！这个研究说的是做出最大贡献的年龄完全是随机的。

这说明，灵感其实有很大的运气成分。

我们可以把科研工作比作挖金矿。你到处挖矿，运气好的时候，一下子就发现了一个大金矿；运气不好的时候，在很长一段时间内你都没啥收获。当然，你可以慢慢对金矿的走势有个感觉，就如同高手的确善于选准科研选题，可是你永远也否定不了运气。

而对科研这个项目来说，运气怕勤奋。只要你挖的地方比别人多出许多，你挖出金矿的可能性也会比别人高很多。老张年轻时运气不好，可是他一直都在挖，最后终有收获。老王50岁以后不挖了，大概不是因为他体能下降，而是因为他的行政工作太多了吧？

你认为你是老王，你就是老王；你认为你是老张，你就是老张。

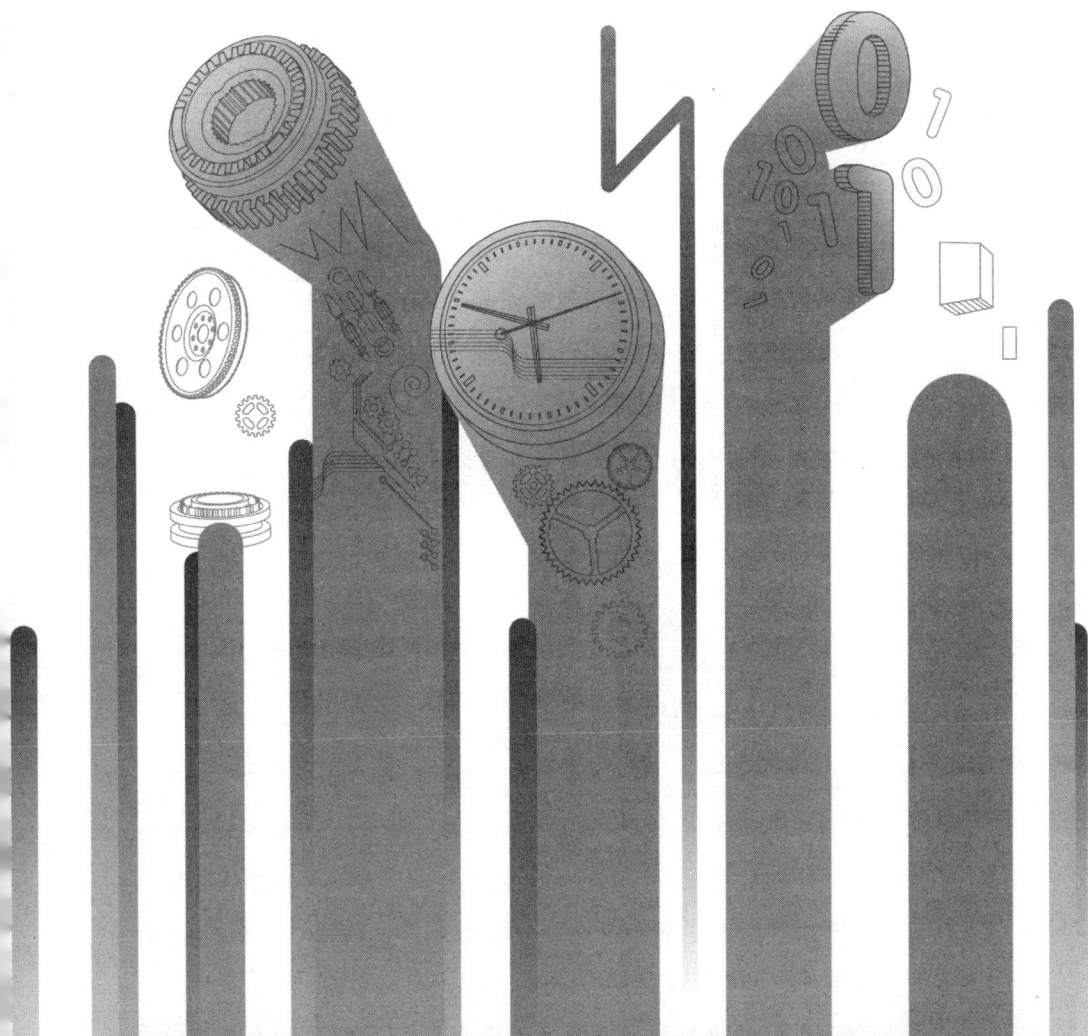

PART 7
洞见未来

◎ 给忙碌者的天体物理学

幸运是这个宇宙的通行证

英文版《给忙碌者的天体物理学》（*Astrophysics for People in a Hurry*）2017年5月刚刚出版，作者是一位天体物理学家，但他更著名的身份则是科普达人，有个拍得特别漂亮的系列纪录片叫《宇宙》就是他主持的，他就是尼尔·德格拉斯·泰森（Neil deGrasse Tyson）。

"天体物理学"似乎是一个有点不明觉厉的词，但是这本书目前在《纽约时报》畅销书排行榜排名第二！它是一本写给普通读者看的天体物理学书籍。你整天忙着要成功，还要平衡工作和家庭！但是忙归忙，每个人内心深处，都想知道我们生活的这个宇宙到底是怎么回事。

宇宙是完全不可知的吗？我们可能是生活在一个电子游戏之中吗？物理学家对这个宇宙到底知道多少呢？

答案是很多很多。我们今天对宇宙的了解，跟100年之前，甚至几十年之前都非常不一样。我们已经有很大的把握知道这个宇宙是怎么回事，而你也有权知道。

偶尔仰望天空的时候，你会想到什么呢？你可能觉得理科生没有什么情趣，看见天空无非就是想想"光谱"之类的物理学知识。文艺青年却可能想到宇宙之博大和个人之渺小，想到真理，想到公平和正义……

但事实上，现代天体物理学比文艺青年想象的东西要丰富很多很多倍，也精彩很多很多倍。读了这本书，下次仰望天空的时候，你会是一个更有内涵的人。

比如说，当你看太阳的时候，你应该想什么呢?

你首先应该想……光谱 。

1. 哪里都好使

牛顿之前的人一般认为天上有天上的法则，跟地球上是完全不同的。牛顿的万有引力定律是历史上第一个宣称不仅仅适用于地球，而且适用于整个宇宙的理论。他的理论还真的解释了天体运行! 天和地在这个定律眼中是平等的! 你可以想象，对当时的人来说，这是一个多么震撼的知识。

这个震撼一直持续到19世纪。那时候物理学家发现，每个化学元素的光谱都有自己唯一的特征。随便给一堆气体，物理学家拿光一照，看看吸收光谱，就能准确判断这里面都有些什么元素。

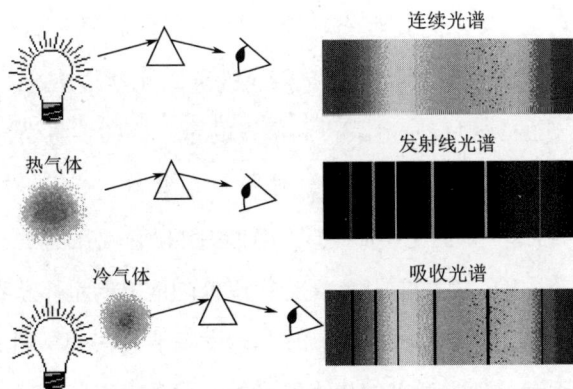

这个工具太厉害了，物理学家马上就分析出了太阳的光谱。

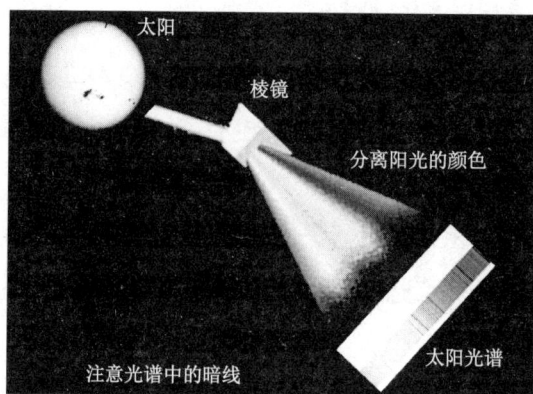

到这时候物理学家才知道，原来太阳里的各种元素基本都是地球上也有的，无非是氢、碳、氧、氮、钙，等等。只有一个元素地球上没有，那就是"氦"（He）——不过元素周期表里已经给它留了位置，而且现在我们可以在地球上制造氦。

这是人类第一次得知，原来构成太阳的物质不是什么神秘的东西，就是我们地球上也能找到的普通元素！你再分析远处那些星星发光的光谱，结果也都是平常的元素。

这是一个非常了不起的发现。我们并未离开地球，但是我们知道了，别处的物质跟我们这儿的并没有什么不同。那么如果真有外星人造访地球，他们乘坐的那个飞碟，也应该是用"普通"元素建造的。

而且，别处的物理定律也跟我们这里的是一样的。你考察太空深处的一个双星系统，它们的轨道在引力作用下互相影响——你一算，轨道正好能用牛顿力学解释。而且过去的物理定律也跟我们现在的是一样的。我们知道，光是有速度的，我们看几十亿光年以外的地方的星体，看到的其实是那些星体几十亿年以前的样子。这就让物理学家能观察到早期的宇宙。物理学家测量很远很远的地方发来的星光的光谱，发现它们跟地球上元素的谱线完全一样，丝毫不差。这就意味着早期宇宙的原子物理学跟我们现在的完全一样！更进一步，考察太阳发光的情况，物理学家知道引力常数（G）也从来都没变过。

昨天、今天和明天，东方、南方和北方，这里、那里和所有地方，构成这个宇宙的物质和物理定律都是一样的！

对想要殖民太空的人来说这可能不是个好消息，这意味着你走到哪儿也开采不到我们认知范围以外的元素。

可是对物理学家来说这是个好消息——物理定律到处都管用。

既然如此，我们就可以用同样的物理定律计算……宇宙的起源。

2. 宇宙的起源

物理学家的观测和计算结果是我们这个宇宙起源于137亿年以前的一次"大爆炸"。

我们已知的物理定律只能从宇宙起源10^{-43}秒之后开始起作用——这就是"普朗克时间"。物理学一共有四种基本的相互作用：引力、强相互作用、弱相互作用、电磁相互作用。在普朗克时间之前，四种相互作用是统一在一起的，描述那样的状态需要把广义相对论和量子力学统一在一起，而这个工作现在还没做好。

从10^{-43}秒开始，引力就脱离出来，单独起作用了。那时候宇宙还是个直径为10^{-35}米的一个小点，但温度无比的高。

到10^{-35}秒的时候，强相互作用和"弱相互作用"分开了。到稍微更晚的时候，弱相互作用和电磁相互作用分开了。

到万亿分之一秒的时候，宇宙里有了粒子——夸克和轻子已经出现了。电子就是我们最熟悉的"轻子"。这时，宇宙里不仅有夸克和电子，还有反夸克和反电子。到2012年的时候，物理学家知道，在当时那个高温条件下，夸克和电子都可以自由行动，宇宙就像是一锅"夸克轻子粥"。

这锅粥里的主要活动是正反物质的产生和湮灭。夸克和反夸克，电子和反电子一旦相遇就会湮灭，并且释放出两个极高能量的光子，而在这个时候，在宇宙的高温之下，光子又会再产生正反夸克和电子。一个正电子刚刚产生之后，又马上跟另外一个电子相遇，又湮灭成光。

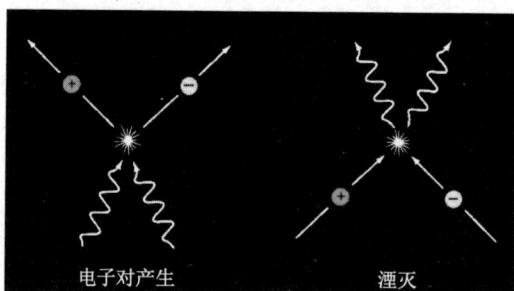

电子对产生   涅灭

这是一个非常有意思的机制。如果正反物质总是成对产生、成对消失，那为什么我们现在的宇宙里都是正物质，没有反物质呢？出于某种还不为物理学家完全理解的原因，每10亿对夸克和反夸克涅灭，会留下一个正夸克作为幸存者——我们今天的世界，都是由这样的幸存者组成的。这些幸存者实在太幸运了，如果每个人都是早期宇宙中的一个正夸克，等于说今天活着的全体中国人中，只有一个人能幸存！

到百万分之一秒的时候，整个宇宙已经膨胀到像太阳系这么大了，温度进一步下降，夸克们会被三个一组束缚在一起，形成"重子"，也就是质子和中子。

但与此同时，质子和反质子，中子和反中子之间也要不停地发生碰撞、涅灭变成光子，光子再生成正和反的质子和中子。正物质的质子和中子的幸存率，也是十亿分之一。

到一秒的时候，宇宙已经膨胀到几光年这么大了。更低的温度使得质子和中子被结合在一起形成原子核，其中90%是氢原子核，剩下的10%是氦原子核，其他元素极少，都可以忽略不计。

这个时候，光子温度只够它产生电子和反电子的，但是电子和反电子之间也在不停地发生涅灭——同样的道理，因为十亿分之一的幸存率，最后剩下的全是电子。

等到宇宙年龄是38万岁的时候，温度低到让所有电子都被原子核捕获，变成氢原子和氦原子。

到10亿年的时候，这些原子在引力的作用下结合在一起，就会变成恒星，然后这些恒星又会组成星系。那个时候，我们已经有了1000亿个星系，每个星系里面会有几千亿个恒星。

其中，有些比太阳大10倍的恒星，在高温、高压之下，可以生产一些更重的元素，如氧和碳之类。这些恒星最后会爆炸，重元素被传播出来，散布在整个宇宙之中。正因为这样，今天我们才会有这些重元素，否则宇宙中几乎全是氢和氦了。

又过了90亿年，在宇宙中某个不起眼的地方产生了一个不起眼的恒星，这个恒星就是太阳。太阳所处的位置正好有很多重元素构成的气体，这些气体在引力作用下慢慢凝聚在一起，形成了行星。

其中某一颗行星，距离太阳不远不近，正好允许液态水的存在，这个行星就是地球。此后又经过无数机缘巧合，地球上有了生命，生命演化，最后终于有了人类。

有个著名的说法是，我们每一个人都是一亿分之一的幸运者。这是因为当初精子和卵子结合，一亿个精子中只有一个最终能进入卵子形成受精卵，在这场竞争中，我们每个人都打败了99 999 999个精子。

但是你想想宇宙的起源！我们的幸运度其实比这要高得多——构成你身体的、你周围环境的每一个原子，都是这么幸运。每一个原子身上的每一个质子、中子、电子，都是正反物质湮灭中十亿分之一的幸存者！

我们能有今天，难道不是奇迹吗？

不过，如果你是天体物理学家的话，你会觉得更幸运。

3. 给天体物理学家的礼物

比"存在"更幸运的是，我们不但存在，而且还可以回过头去"理解"这个宇宙。大爆炸不但创造了宇宙，而且还给天体物理学家留下一个礼物。

这个礼物就是"微波背景辐射"。

前面说了，原子是在宇宙年龄是38万岁的时候形成的。在此之前的宇宙就算去了也看不远，因为温度太高，光子随时都会被电子碰撞，走不远。

从那个时候开始，光子终于自由了。它们在宇宙中飞翔，一直存在到今天。随着宇宙膨胀，这些光子的能量变得越来越低，到今天它们的能量已经降低了1000倍，变成了微波，遍布于整个宇宙。这就是"宇宙微波背景辐射"。

1948年，几个美国物理学家使用三个理论，预言了微波背景辐射的存在。这三个理论是：

- 1916年爱因斯坦提出的广义相对论。
- 1929年哈勃发现宇宙正在膨胀。
- 第二次世界大战前后，美国曼哈顿计划中的一系列原子物理实验结果。

他们仅仅利用这三个理论，就推算出来，"宇宙微波背景辐射"的温度应该是5K。

到1964年，两个贝尔实验室的工程师偶然测量到了"宇宙微波背景辐射"——现在最精确的结果，这个温度应该是2.72K。

这是物理学的伟大胜利！你想想，当初我们用了三个在地球上发现的物理知识，只是用一个模型去推测宇宙应该起源于大爆炸，然后算出这个大爆炸有个温度是5K的遗迹……居然还找到了这个遗迹，而且数值相差不到两倍！

有个天文学家形容，这就好比你坐在房间里算卦，说某月某日将会有个直径50英尺的飞碟降落在白宫草坪，而到了那一天，居然真有个飞碟降落在了白宫草坪，只不过飞碟的直径不是50英尺，而是27.2英尺。飞碟能来就已经是奇迹了！

更庆幸的是，宇宙中遍布一种叫作"氰"（符号是CN，cyanogen）的气体分子，这个分子受到微波辐射会被激发。物理学家从它被激发的情况，就可以判断宇宙微波背景辐射在各处的温度有什么细微的差异。

现在借助卫星观测，天文学家可以精确绘制整个宇宙的微波背景辐射地图。

　　我们看到，这张图并不是完全均匀的。"宇宙微波背景辐射"带来的是，宇宙刚刚38万岁时候的信息。我们可以据此推测当时的物质在宇宙的分布情况。根据这一点，我们就可以推测宇宙现在的物质是怎么分布的，宇宙的未来将会怎么演变。

　　泰森说，正因为有了"宇宙微波背景辐射"这个东西，天文学才变成了真正的科学！现在，你有任何理论模型，都可以计算一番去跟微波背景辐射信息做个比对，验证不了就只能淘汰。宇宙学成了精确科学！

　　过去这100多年间，物理学家做了非常了不起的事情。我们通过地球上得到的物理学，居然能精确了解这个宇宙的早期是怎么回事。以人类的生存偏见眼光去看，这个大历史的主题应该是幸运——我们经历的是动不动就十亿分之一的中奖机会。

　　本文我们讲了宇宙这么动人的故事，我想学学和菜头，来个"禅定时刻"。

　　因为微波背景辐射的存在，宇宙中哪怕最空旷的地方，也不是完全冷的绝对零度，至少有2.72K的温度。你知道宇宙中最冷的地方在哪儿吗？就在我家附近。

　　从我家开车25分钟，就是科罗拉多大学物理系。其中有个实验为了研究玻色-爱因斯坦凝聚，物理学家在里面制造了比宇宙微波背景辐射还低的温度。

　　现代物理学就这么厉害，但这个厉害的背后是庆幸。

如果正反物质湮灭没有十亿分之一的幸存率，那么上帝创造宇宙的时候说完"要有光"……也就只能有光；如果没有大恒星生产重型元素，那么宇宙中就只能有氢和氦；如果没有后来的一系列"如果"，我们就不会站在这里仰望天空。

如果微波背景辐射在今天测不到，如果物理定律和物质在别处跟在我们这里不一样，如果元素光谱没有那么简洁漂亮的性质，我们就不可能理解这个宇宙。

所以泰森有句名言："这个宇宙根本没有义务让你理解。"

所幸的是，宇宙还是给物理学家提供了"知识服务"。我们今天居然能在这么大程度上理解这个宇宙，而且还理解得如此精确，你说这生活是多么美好啊。

当然，物理学家还有很多不知道的事儿。

暗物质的陪伴

前面我们讲了关于这个宇宙，物理学家知道的很多事儿。本篇我要说的是一个物理学家还不完全知道，但是做梦都想知道的事儿。

我在《伽利略的反应速度》那篇文章中讲过望远镜的起源。在望远镜刚刚出来的时候，它的放大倍数很低，既没有军事用途也没有科学用途。最早的望远镜被称为"偷窥镜"，因为人们买望远镜主要是为了偷窥邻居。

当然，偷窥这种行为是很猥琐的，但是这也取决于你观察邻居的时候，到底看了什么、看了多长时间，以及你看的时候有多用心。我就听说过有人通过偷窥洞察了人性，还出了书，更新了世人的"三观"。

从某种意义上说，天文学家干的事儿和偷窥者差不多，他们都是充满好奇心地观察一些东西。也许最大的区别是，天文学家看的东西更多、看的时间更长，而且看得非常非常用心。所以天文学家发现的结果，比偷窥邻居可刺激多了。

而本篇文章的内容就好比是，你发现有些邻居的行为，实在太怪异了。

1. 少了很多东西

满天星斗并非是杂乱无章的。古人的思路是把星星划分成"星座"，而今天的天文学家对星星之间的关系看得更清楚，他们的划分思路是"星系"和"星系团"。

我们这个太阳，就处在"银河系"这个星系之中。从地球上看，银河是带状的；但是，如果你能换个远方太空中居高临下的视角，银河系其实是盘状的。它有若干条螺旋臂，太阳就位于银河系的某个不起眼的螺旋臂的某个不起眼的位置。

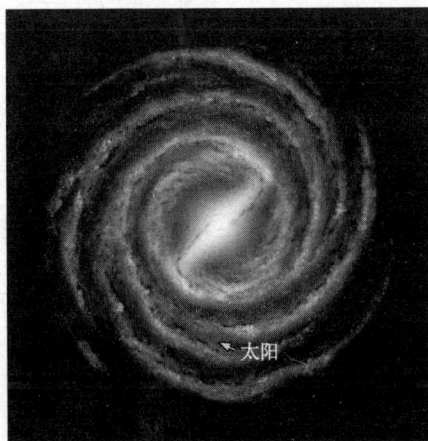

（从俯视的视角看太阳在银河系的位置……当然这个图是想象图）

每个星系中可能有千亿，甚至万亿颗恒星。就像行星围绕恒星转一样，星系中的恒星也绕着星系的中心转——这当然是因为星系内部这一大堆恒星集合在一起，给外面的恒星提供了一个向内的引力。

像银河系这样的星系，宇宙中至少有千亿个。星系们又组成星系团，然后每个星系都绕着它所在星系团的中心转。

（一个星系团）

在星系中间那广阔的空旷地带，其实也有很多物质，包括矮星系、不属于任何星系的孤单恒星、星系间的气体，等等；但是总体来说，结构就是这样的。如果你把宇宙想象成一个国家，星系团就好像是城市，这些城市就好像一个一个的岛屿散布在宇宙之中。

天文学家看着这些星系和星系团，实在着迷。

1937年，天文学家弗里茨·兹威基（Fritz Zwicky）仔细观察了一个星系团，叫"后发座星系团"。兹威基选择了后发座星系团里的几个星系，测量了这些星系绕着星系团旋转的移动速度。兹威基发现，这些星系的移动速度都太快了。

咱们可以做个实验体会一下。你拿一根比较长的绳子，如耳机线，抓住一端快速甩动，让绳子绕着你的手指旋转。很明显，转动速度越快，你的手指就要越用力。如果转动速度特别快，以至于你的手抓不住了，这根绳子就会飞出去。地球绕着太阳转也是这个道理，中心提供的引力越大，能支持的旋转速度就越大。

星系绕着星系团的中心转，也是这个道理。兹威基估算了后发座星系团内部大概有多少星系，这些星系总共有多大的质量，能提供多大的引力。他发现，这个引力根本支撑不了外面星系旋转的速度！那么高的速度，那几个星系都应该被甩出去才对！

兹威基非常相信自己的计算，他据此判断，星系团内部必定还有一些我们看不到的物质，提供了多余的引力。

此后，天文学家们陆续考察了其他星系团，结果每个星系团都有这个现象。

到了1976年，一个叫薇拉·鲁宾（Vera Rubin）的女天文学家又把目光对准了恒星围绕星系的转动。首先她注意到，在一个星系的可见部分之中，越往外的恒星，旋转速度就越快。这是可以理解的，越往外的恒星，它里面的恒星就越多，能提供的引力也就越大。

然后，鲁宾在星系的最边缘找了几个恒星，结果发现这几个恒星也是越往外速度越快。这就不对了，因为从这里再往外，就没有多少恒星给它们提供更多的引力了。

无论星系绕着星系团转，还是恒星绕着星系转，转速都比天文学家计算的快得多。

咱们打个比方。这就像你密切观察你的邻居，你详细记录了每一个人的出行情况，发现他们平时都不出门，只在周末出去买点食物回来吃。你仔细测量了他们每周末买回来的食物都有什么，总共能提供多少热量，结果你发现这些买回来的东西根本不够一家人吃一周的。那这一家人是怎么生存的呢？

2. 黑暗的物质

最合理的解释，就是邻居吃了一些你看不到的东西。物理学家把提供多余引力的东西称为"暗物质"。计算表明，想要维持那么高的速度，暗物质不但要提供多余的引力，而且必须提供很多很多多余的引力才行——暗物质的总质量，必须是已知物质总质量的6倍。

考虑到暗物质，我们银河系的图像应该是这样的。

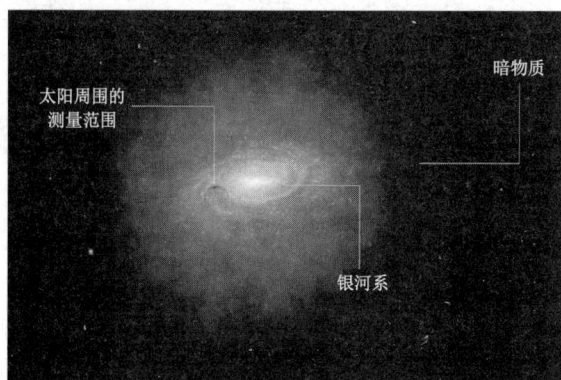

整个星系被一层厚厚的暗物质包围。暗物质在星系中间比较浓，远离星系的地方慢慢变淡。因为我们的太阳系只是整个星系中间的一小块区域，行星和卫星都太小，运动不会受到暗物质的影响，我们感觉不到；但是如果你考察星系边缘那些恒星的运动，影响就非常明显了。

暗物质到底是什么东西呢？我们的第一反应，也许暗物质就是一些比较"暗"的正常物质，因为太暗了我们看不到而已；而物理学家已经排除了这种可能性。咱们先一个一个地说。

暗物质是黑洞吗？黑洞其实是可以探测到的。黑洞在很小的区域内产生很大的引力，周围星体会绕着黑洞转，我们一看那些星体的轨道，就知道中间有个黑洞。

暗物质是星际间的气体云吗？ 也不是。遥远的星光穿过气体云，会受到影响，但我们没有发现这种影响。

暗物质有没有可能是一些散布在空间没有恒星"主人"的流浪行星呢？这也不太可能。你要知道，我们太阳系总重量的4/5在太阳上，而不是在行星上——宇宙中不太可能是行星集中那么大比例的质量。

就像中学生解数学题要用两种不同方法求解一样，物理学家还可以从另一个方面证明暗物质不是寻常物质。物理学家计算表明，大爆炸产生的氢原子和氦原子核的比例是 10：1，这个比例还可以与宇宙微波背景辐射的观测结果对上号——宇宙创生中所有的核反应都在这里了。也就是说，暗物质根本就没参与核反应！

目前所有的仪器都测不到暗物质。物理学家知道的四种相互作用，暗物质很可能除引力外，其他都不参与。

咱们想想这个东西。除了引力，我们在生活中，在原子核之外，所能感受到的所有"力"——我们能看到光、我们被什么东西打一下会疼——都是电磁力；可是暗物质不参与电磁力。

这就是说，你的房间里遍布着一种特殊粒子构成的气体。这种粒子可能比质子、中子都大很多，也很重。可是你摸不着、看不到它，就算用上各种先进仪器，也完全感受不到它的存在。你任凭它在你的身体中穿过。

3. 各种可能性

物理学告诉我们，所有东西都有引力。但是不是"有引力"就一定"有东西"呢？这个现在很难回答，也许我们需要在牛顿、爱因斯坦之后，再出一位神人，给我们一个新的引力理论。

连民间科学家都可能会想到，是不是爱因斯坦的广义相对论，在星系这么大的尺度上出错了。有人在做这个工作，但大多数物理学家对广义相对论非常有信心。广义相对论是一个相当精确的理论。

事实上，物理学家把民间科学家想不到的离奇可能性也想到了。比如说，有没有可能暗物质是我们感受到的来自"高维空间"的引力？也许存在多重宇宙，有一个"平行宇宙"跟我们的空间重叠在了一起，以至于这个平行宇宙中的物质的引力穿越了时空的维度，让我们感受到了。这些可能性似乎都不大。

如果暗物质根本不参与引力之外的其他相互作用，那么它到底是怎么从宇宙大爆炸中产生的呢？物理学家的一个猜想是，也许暗物质也参与了强相互作用或者弱相互作用，只不过实在太微弱了，不容易测到。

所以，现在物理学家正在上天入地去探测暗物质。他们把专门的卫星送上太空，在地底下挖了很深很深的坑，在实验室里用最高能级的粒子加速器搞碰撞，希望能找到一两个"暗物质粒子"。

但是从1937年兹威基的发现至今，80年过去了，物理学家对暗物质的了解，仍然没有突破。

***

但是物理学家回头又算了一下。我们知道，大爆炸以来，宇宙一直都在膨胀。在这个过程中有两种力量在对抗———一种力量是引力，引力把东西聚集到一起；另一种力量是膨胀，要把东西分散开。

这两种力量如果平衡得不好，就不会有今天的日月星辰。引力太强，宇宙中的原子们刚刚出生就会都挤在一起；引力太弱，它们就不会有机会凝聚成恒星。

物理学家计算发现，我们已知的这些寻常物质的引力，原来根本对抗不了大爆炸的膨胀。原来非得依靠暗物质的陪伴，才有我们这个宇宙的今天。那么到底需要多少暗物质，才能让宇宙膨胀成今天这个样子呢？

正好也是已知物质总质量的6倍。

暗物质，完全是物理学家因为算数对不上，而认为必须存在的一种东西；但是我们至今对暗物质还没有任何直接的观测。

在物理学史上，这其实是司空见惯的局面。比如，在19世纪的时候，有人测量太阳光到达地球的能量，就发现太阳每时每刻产生的能量是非常巨大的。那么太阳的能量来自哪里呢？太阳上到底要燃烧什么东西，才能产生这么大的能量呢？

当时的人还不知道核反应，甚至有人提出非常可笑的猜测，说太阳上燃烧的是煤！

但这个精神是一样的：我这里数字对不上，你那里必定有别的东西。

最后我想请你看一张照片。这张照片的分辨率不高，但是非常厉害。

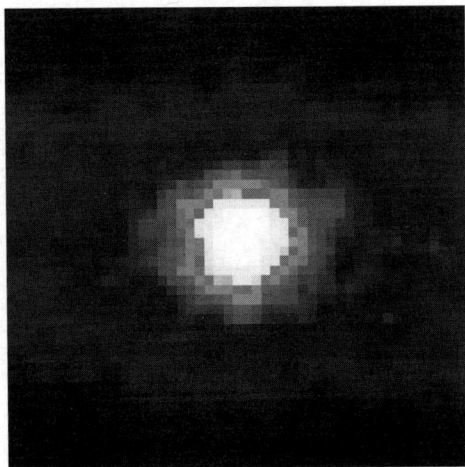

这是一张在地球上的晚上拍摄的太阳照片。注意，晚上，太阳可是在地球的另一面。物理学家把照相机镜头向下，透过地球，拍到了太阳！

那是因为这张照片拍的不是太阳光，而是太阳发射的中微子。中微子是最难跟任何仪器发生相互作用的东西，它们横穿整个地球都畅通无阻……但最终还是被物理学家捕捉到了。

所以我敢说，只要暗物质存在，物理学家就一定有办法"看到"它。

暗能量的惆怅

前面我们讲了暗物质，本篇我们来讲讲天体物理学的另一个谜团——暗能量。

你注意到没有，即使到了今天，宇宙大爆炸理论早已被物理学家广泛接受了，可是有些民间哲学家一说起宇宙，还是"空间上无边无际，时间上无始无终"这句话。我们想象中的宇宙是无限大的，曾经存在过无穷长的时间，并且将永久地存在下去。

然而现在所有证据都表明，宇宙绝对不是这个永恒不变的样子。宇宙有个开始，而且还会有个终结。

这有点违反直觉。一个人、一个房子、一个国家有开始有结束，我们都能理解——但是宇宙是一切事物的总和啊！不管人在不在，组成人的原子总是在的；不管国家有没有，国土总是有的。那么宇宙的开始和结束，又从何说起呢？

如果你觉得这不好接受，你不是一个人。当年，连爱因斯坦都认为宇宙应该是静态的。

1. "一生最大的错误"

牛顿的万有引力定律是一种相当精确的理论，但是它有一个本质的缺陷。牛顿引力是一种"超距作用"。这里有个质量很大的物体，你立即就能感受到它的引力。可是这个力是怎么传播的呢？连光速都有限，引力信息难道能瞬间到达吗？牛顿自己也意识到了这个问题，但是他没办法。

直到1916年，爱因斯坦提出广义相对论。爱因斯坦说，你可以把引力当成是空间的弯曲。用一句话概括他的思想，就是"物质告诉空间怎么弯曲，空间告诉物质怎么运动"。大质量物体改变它周围空间的弯曲程度，其他物体根据感受到的弯曲空间运动，引力不再是超距作用了，它可以通过空间传递。

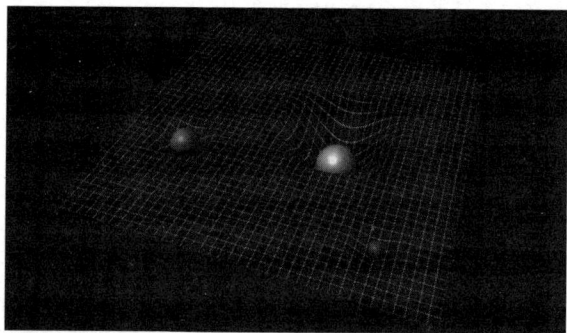

因为引力是一个可传递的东西，广义相对论马上就预言了"引力波"的存在。然后等到2016年，物理学家果然观测到了引力波。

咱们想想这件事吧。13亿年以前，在距离地球13亿光年远的地方，有两个黑洞发生了碰撞。这次碰撞带来的引力波，向全宇宙传播。碰撞发生的时候，地球上只有一些最原始的单细胞生物。引力波慢慢传递过来……在此期间，地球上演化出了智人，智人有了文化，爱因斯坦出生，写下了广义相对论的引力场方程……然后一直到2016年，也就是碰撞发生13亿年以后，我们截获了这个引力波！

广义相对论就这么厉害。所以我冒着吓跑一半读者的风险，想让你看一眼广义相对论的引力场方程。你不需要理解它，但你可以欣赏这个方程的简洁优美。

$$\left(R_\alpha^\beta - \frac{1}{2} g_\alpha^\beta R \right) + \Lambda g_\alpha^\beta = \frac{8\pi G}{c^4} T_\alpha^\beta$$

方程中那个希腊字母Λ，是一个常数，它所在的那一项本来是没有的。

最初，爱因斯坦用没有Λ的场方程对整个宇宙求解，发现这样得出的宇宙会膨胀。他觉得这肯定不对，宇宙应该是静态的，这才加入了Λ这一项。在数学上，有没有这一项，引力的性质都一样。Λ仅仅是为了让宇宙不膨胀而存在，所以被称为"宇宙常数"。

但这个人为的做法有两个缺陷。首先，Λ的物理意义是什么呢？它代表一种什么力量，又是怎么在宇宙中实现的呢？没人知道。它仅仅是为了得到一个静态的宇宙而存在的。

其次，更让物理学家不舒服的是，后来一位苏联数学家做了计算，说你加入一个Λ，的确能得到一个静态宇宙解，但是这个静态宇宙是一个不稳定的平衡。就像把一支铅笔用笔尖立在桌子上一样，只要有一点儿扰动，它马上就会倒下。那么这样的静态宇宙又有多大意义，宇宙到底应该是什么样的呢？

2. 哈勃改变了世界观

到了1929年，美国天文学家哈勃迎来一个改变世界观的时刻。当时哈勃对银河系以外那些广阔空间中的星系，做了一个系统性的观测。他发现，星系发出的光的光谱，有一个往红端的移动。

这就是所谓"红移"，也就是频率都变小了一些。这种现象我们在生活中也能遇到。波动都是这样的，当这个物体向你跑过来的时候，它的频率会增加；当这个物体离你而去的时候，它的频率会减少。比如，一列火车鸣笛，如果火车面向你开过来，你会觉得鸣笛声音更尖锐；如果火车离你而去，你会觉得鸣笛声音更低沉。

星系光谱的红移只能说明一个问题：所有这些远方的星系，都在离我们而去。通过精确测量各个星系光谱红移的程度，哈勃还发现，这些星系离我们而去的速度和它们到我们的距离成正比。

这就好比说，你站在一个大广场上，你发现周围所有人都在离你而去，而且距离你越远的人，跑得越快！

哈勃发现的，就是宇宙正在膨胀。

你可能马上就有一个问题：不同方向的星系都离我们而去，那地球岂不是成了宇宙的中心吗？不是。你可以想象空间是弯曲的。拿二维空间类比，这就像我们都站在一个气球的表面上，气球在不断膨胀的过程中，对气球上任何一点来说，其他的点都在离它而去，而且距离越远跑得越快。

既然宇宙正在膨胀，那我们马上就知道，以前的宇宙肯定没有这么大。那么逆推回去，宇宙就一定有一个开始。这就是大爆炸理论的起源。

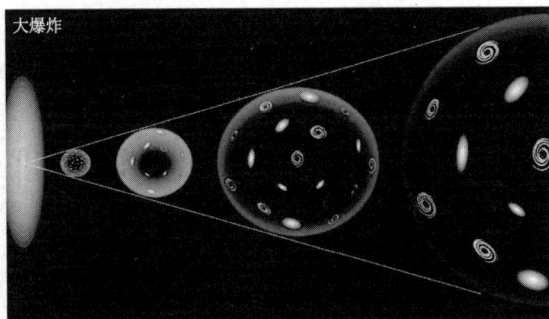

大爆炸

咱们可以想象爱因斯坦得知了哈勃的观测之后会是什么心情！他本来已经算出来宇宙应该膨胀了！是为了让宇宙不膨胀，才自作聪明地加了宇宙常数那一项，结果错过了对宇宙膨胀的理论预测。

爱因斯坦发了一条朋友圈，说这是我一生最大的错误。

好了，现在既然知道宇宙是膨胀的，爱因斯坦就放心地把宇宙常数 Λ 那一项去掉，引力场方程变得更简单了——

$$R_\alpha^\beta - \frac{1}{2} g_\alpha^\beta R = \frac{8\pi G}{c^4} T_\alpha^\beta$$

方程预言了宇宙膨胀，宇宙也的确在膨胀，一切都和谐了。

谁能想到，爱因斯坦死后43年，天文学家的世界观又改变了一次。

3. 空间的膨胀

我先来解释一下，"宇宙膨胀"到底是什么意思。宇宙大爆炸和寻常一颗炸弹的爆炸可不一样，大爆炸带来的膨胀，是空间本身的膨胀。广义相对论认为，"空间"并不是一片虚空，而是一个可以传播引力、可以变形、可以弯曲的实实在在的东西。

在宇宙起源之前，时空根本不存在。大爆炸以后空间膨胀了，日月星辰才有了在其中玩耍的场所。我们可以把空间想象成一张实实在在的网，所有东西都是放在这张网上的，而网本身可以变大。

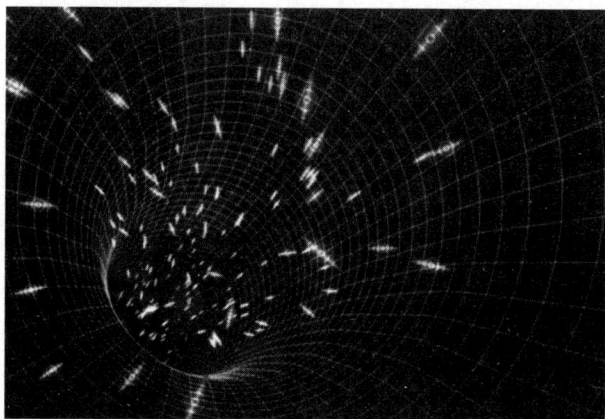

我们知道，物理定律要求任何东西的移动速度不能超过光速，但是请注意，这说的是物体在空间中的移动，可不是空间本身的移动。

事实上，宇宙膨胀的速度可以超过光速。在大爆炸刚开始的时候，早期宇宙的膨胀速度都超过了光速。而现在，那些距离我们特别特别遥远的星系，离我们而去的速度也是超光速的。

这就意味着，宇宙存在着很多星系，因为它们距离我们太远，膨胀的速度超过光速，我们不可能看到它们。它们那里不管发生什么，我们都无法知道。女朋友坐飞机走了，飞机上总还能打个卫星电话。可是如果女朋友跑得比光速还快，你就再也没办法跟她取得联络了。

难道说，我们将孤独地跟这些可见的星系生活在这里？

也不一定。别忘了在引力作用下，星系之间还有个互相吸引的作用，这也是一个把空间往回拉的力量。那么在引力作用下，我们设想，宇宙膨胀的速度应该是越来越慢的——就像你往天上扔一个球，球上升的速度肯定是越来越慢，而且可能还会回来。对吧？

4. 黑暗的能量

爱因斯坦死后43年，也就是1998年的时候，有两组天文学家想测量一下现在宇宙的膨胀速度已经减慢到了什么程度。

他们有一些特别好的观测目标叫 "Ia型超新星"。这种超新星也是宇宙送给天文学家的礼物。最初这是一种双星系统，其中一颗星是白矮星。白矮星不断吸收临近这颗星的质量，等到自己的质量增长到相当于我们的太阳质量的1.44倍的时候，它就会突然爆发，变成超新星。

这种超新星的引爆质量永远一样，它的亮度也永远一样。这样天文学家一看 Ia 型超新星到达地球的亮度，就能精确知道它们距离地球有多远。

与此同时，根据光谱的分析，看看红移情况，天文学家还可以用另外一个方法计算超新星的距离，这个计算中就包括了理论模型中宇宙膨胀的历史。对比一下两个距离的差距，就知道现在宇宙的膨胀速度减慢了多少。

结果，天文学家惊掉了下巴。

用超新星亮度算出的实际距离，比用宇宙膨胀历史算出的距离长了15%。这就意味着，宇宙膨胀不但没有减速，而且还加速了！

这个发现实在毁三观，但是经过检验确认无疑，最后这三个科学家因此获得了2011年诺贝尔奖。

物理学家就只好把宇宙常数放回爱因斯坦场方程中去，只不过这回Λ的数值得改，变成让宇宙加速膨胀。

那么问题就又回来了，Λ到底有什么物理意义呢？物理学家现在解释不了，只好沿袭"暗物质"的命名传统，称之为"暗能量"。

现在更进一步地估算，我们这个宇宙现在的全部能量之中，寻常的物质只占大约4%，暗物质占26%，暗能量占70%。

暗能量提供了一种真空中的斥力，但是它到底是什么样的底层物理机制，我们完全不知道。有人猜测这是不是量子力学的真空能，结果一计算发现，结果差了10^{120}倍，太荒诞了。如同寻找暗物质一样，物理学家正在想方设法地寻找暗能量。

过去30年中，物理学最惊人的一个发现就是宇宙正在加速膨胀。把宇宙常数放回爱因斯坦场方程中，可以让宇宙加速膨胀，但是这个宇宙常数到底有什么物理意义，物理学家一无所知。暗能量和暗物质到底是什么，是两个谜。

暗能量是真空中的能量。宇宙越膨胀，真空越大，暗能量就越大。现在物理学家知道，在50亿年以前，暗能量的比例达到一定数值，宇宙就已经开始加速膨胀了。

而随着空间越来越大，暗能量越来越多，宇宙膨胀的加速度也会越来越大。这就意味着远方的星系是以越来越快的速度离我们而去的，不可能再回头。

物理学家计算，再过一万亿年，除银河系外，我们的天空中将会再也看不到其他的星星。

如果我们这个文明不能把现在关于宇宙的知识流传到那个时候，如果那时候还有智慧生命的话，那时的天文学家将会认为宇宙里就只有一个银河系。他们的宇宙观会跟我们很不一样，他们将无从知道宇宙里其实有那么多星系！

因为缺少关键信息，他们永远都想不到宇宙曾经有过这样的历史。

但是还有更可怕的。泰森说他做了一个噩梦。如果说一万亿年以后的人缺少关键信息，那么我们这一代人，是不是也缺少了某些关键信息，以至于对于这个宇宙，有些东西是我们永远都不能理解的呢？

要知道，这个宇宙根本没有义务让你理解。

宇宙的视角

前面我们讲了很多知识，本篇咱们说点儿"意义"——知道点儿天体物理学，了解宇宙是怎么回事，对我们普通人的生活有什么用处。

泰森说，天体物理学给我们的是一个"宇宙学视角"。

所谓视角，就是看问题的角度和方法。比如一群人出去旅游，要研究一下旅游线路。艺术家视角，就是一定要去最美的地方；教育的视角，是去哪几个地方能学到最多东西；工程师的视角是怎么合理规划线路。我们多一个视角，就多一个自由度，就不容易把自己限制在一个情境之中。

那么宇宙学视角意味着什么呢？最根本的一点，就是这个世界不是因你而存在的。

1. 类地行星

地球在太阳系中占据了一个绝佳的位置，这让我们深感庆幸。

一个行星要想适合生命的存在，就必须得有液态水。这就意味着它的温度不能太冷也不能太热，这就要求它的轨道距离恒星不能太近也不能太远，而地球正好处在这样一个轨道上。更幸运的是，地球轨道几乎是一个圆形，一年四季的日地距离都是一样的，温度变化仅仅因为阳光的倾角不同——如果轨道是个椭圆形，冷热变化就会大得多。地球的大小和密度也正好合适。如果太大，过大的重力就不允许大型动物出现；如果太小，什么东西都太轻了也不行。

像这样难得的行星，天文学家称之为"类地行星"。宇宙中能有多少类地行星呢？有很多。

观测太阳系以外的行星非常困难。你几乎没有办法直接观测，因为行星的亮度相对于恒星来说实在是太弱了。如果你站在离太阳系很远的位置看，地球的亮度只相当于太阳的十亿分之一！泰森打了个比方，这就好比在探照灯中找一个萤火虫一样困难。

但天文学家还是有办法的。我们可以想象，当一个行星绕着恒星转，正好转到正面的时候，它会把恒星的光遮挡一部分。那么如果你盯住一颗恒星看，你就会发现恒星的星光会周期性地变得黯淡。星光有了这一点点黯淡，我们就知道有颗行星转过来了，等到光亮恢复，我们就知道行星转到背面去了，对吧？

那么这一点点黯淡到底暗了多少呢？如果你站在远方遥望太阳系，地球转过来，大概让太阳的星光黯淡了一万分之一。

就这么一点点，天文学家也能捕捉到。美国国家航空航天局（NASA）2009年发射了"开普勒"太空望远镜，它的使命就是寻找太阳系以外的行星。开普勒望远镜能分辨出一颗恒星被几颗行星遮挡的情况。天文学家甚至还有办法通过恒星星光穿过行星表面时发生的折射情况，判断这颗行星大气的主要化学成分。

开普勒现在已经找到了几千颗太阳系以外的行星。其中有几颗，看上去跟地球有点相似。我们这几年经常听说发现类地行星的报道。

我们知道，仅仅一个银河系里就有千亿颗，甚至可能万亿颗恒星。天文学家估计，仅在银河系中，类地行星就至少有400亿颗。这就等于说给古往今来每个曾经活过的地球人都发一颗类地行星，还绰绰有余。

当然，生命的产生可能是一系列机缘巧合的结果，这400亿颗类地行星上不可能都有生命。但要点是宇宙中应该有很多很多行星上有生命——只不过距离我们太远了，动不动就几十光年甚至几十亿光年，互相之间没法交流。

在太阳系里，地球的确是非常特殊的，人类这种高等生物的出现的确是难能可贵的。可是放眼宇宙，甚至仅仅是放眼银河系，我们似乎一点儿都不特殊。这个宇宙不可能是专门为了我们而存在的。

这种感觉，就像你是某个省的高考状元。在全省这么多考生中，你考了第一名，所有大学供你随便挑选，你肯定会感到自己非常了不起，仿佛整个高考制度都是为你而设的！可是等你上了大学之后，发现你们班上就有好几个状元，很多人比你厉害得多，你这才知道什么叫人外有人，以及——这里不带任何夸张比喻——天外有天。

宇宙中的星星比地球上的沙子都多，比地球上有史以来出现过的所有人说过的所有话，其中所有字的所有音节都多。

泰森说，当我思考宇宙膨胀的时候，有时我会忘记地球上还有饥寒交迫的人。

当我分析暗物质和暗能量数据的时候，有时我会忘记地球上有人正在因宗教信仰和政治理念的不同而互相杀戮。

当我跟踪行星和彗星运行轨道的时候，有时我会忘记地球上有的人不顾对子孙后代的责任，恶意破坏环境。

因为不管你怎么想象，宇宙都比你想的更大。

所以我们现在有个矛盾。考虑到生命，甚至组成生命的每个粒子出现的概率之小，我们应该觉得自己特别幸运；可是考虑到宇宙之大，我们又觉得自己特别渺小。

那么宇宙学视角，到底让人何以自处呢？

2. 和宇宙的连接

纽约市某个博物馆曾经放过一部关于宇宙的穹幕电影。观众沉浸其中，以一个假想的视角，从地球出发，飞出太阳系，再飞出银河系，镜头越拉越远，能直观感到宇宙非常非常大，地球非常非常小。

某常青藤大学的一位心理学教授，看了这部影片深受震撼，感觉自己实在太渺小了。他就给泰森写信，说他想用这部影片搞个现场观影调查，研究一下"渺小感"。

可是泰森说，我是专门研究天体物理学的，我整天面对宇宙，可是我并没有"渺小感"。我的感受是，我是跟宇宙连接在一起的，我感觉我更自由了。

如果你了解生物学，你大概不会认为人是地球的主宰者，你会认为人只是地球生物的一个成员。论数量，细菌比人多得多；论智力，人跟黑猩猩的基因只差了几个百分点而已。如果这么小的基因差异就能导致这么大的智力差距，那么如果真有一种什么外星人，在基因上比我们高级很多，那在他们眼里我们人类又算什么呢？

想想这一点，高考状元大概也可以释然了。事实是，你既不比本省没考上状元的人强很多，也不比外省的状元差很多。在宇宙学视角之下，每个人都是一个成员。

而且每个人都互相有联系。一杯水中包含的水分子的个数，比地球上所有水能装满的"杯数"还多得多，大约要多1500倍。这就意味着，你喝的每一杯水里面，都必然有很多分子是地球上其他人喝过的——也许它们曾经在苏格拉底、圣女贞德和成吉思汗的肾脏里经过。空气也是这样，我们吸入的每一口空气中分子的个数，比地球上所有空气的"口数"要多得多，这就意味着你可能刚刚吸入了曾经被拿破仑、贝多芬和林肯呼出的气体分子。

我们生命最关键的四个元素，氢、氧、碳和氮，遍布于整个宇宙。这些元素都不是本地生产的，它们来自早期的宇宙，产生于某个大质量的恒星，是恒星爆炸才使得它们在宇宙中传播。

距离我们几十亿光年远的地方可能有个外星人，你跟他永远都不可能见面，但是他身上的某个氧原子，和你身上的某个氧原子，是几十亿年以前在同一颗恒星上制造出来的。

再进一步，地球上的生命也不见得起源于地球，我们甚至可能都是外星生命的后代，比如火星。现在有一个学说认为，地球上的生命起源于火星。

在太阳系的早期，火星上很可能是有水的，而那个时候地球上还没有水，那么火星就可能先于地球产生生命。

物理学家现在知道，如果有一个巨大的小行星撞击某个行星，只要撞击的动能足够大，行星上的一些物质就会被飞溅到太空中。那么其中就可能携带一些微生物。

而有些微生物的生存能力非常强，即使在宇宙空间中也能生存很长时间。

那么就有一种可能，小行星撞击火星，把火星上的一些原始微生物泼溅到了地球上！那我们就可能都是火星人。

宇宙非常非常大，哪怕再遥远，我们每个人跟每个人都有联系。

3. 谦卑与探索

我以前一直有个想法，我们这个宇宙不太可能是一场计算机模拟游戏。因为如果你只是为了哄地球人玩，模拟这么一个世界的话，你完全没有必要把宇宙场景设定得这么大。如果宇宙的绝大部分是我们永远都不可能访问的，那么那些遥远星系的存在对我们到底有什么意义呢？

宇宙学视角的一个重要意义就是让我们谦卑一点。

泰森说，比如你观察小孩子，小孩子总是把身边一点小事儿当成天大的事儿。玩具坏了，他就哭闹；膝盖擦破一点儿皮，他就大喊大叫。他们以为自己是世界的中心，因为他们经验太少，不知道世界上有比这些大得多的事儿。

那我们作为大人，是不是也有同样幼稚的想法呢？我们是不是也会不自觉地认为世界应该围着自己转呢？别人跟你的信仰不同，你就要打击；别人跟你的政治观点不一样，你就想控制。如果你有点宇宙学视角，你可能会觉得人跟人的区别不但不是坏事，反而还值得珍视。

探索宇宙可能会给我们带来一些实际的物质好处，也可能纯粹是因为有趣；但是泰森说，探索宇宙还有一个好处，就是让我们保持把眼光放远的态度。

如果你只看自己这一亩三分地，你总会认为世界就应该绕着你转，那你一定会变得无知和自大。愿意向外探索，实在是事关谦卑的美德。

好在我们这个宇宙没有义务让我们理解。它现在还充满未知！

最后咱们再看一张照片。

　　这是一张著名的照片。1990年，旅行者1号探测器即将飞出太阳系的时候，在距离地球60亿公里的地方，美国国家航空航天局命令它回头再看一眼，拍摄了60张照片。照片上的光带是相机镜头反射的太阳光，其中这一张正好包括了地球——就是图中那个亮点。

　　泰森的老师，天体物理学家，也是著名的科学作家卡尔·萨根，看了这张照片非常感慨，他在1996年的一个颁发学位典礼上就此说过一段非常著名的话。咱们就把这段话作为本篇的结尾吧。

　　我们成功地（从外太空）拍到这张照片，细心再看，你会看见一个小点。就是这里，就是我们的家，就是我们。在这个小点上，每个你爱的人、每个你认识的人、每个你曾经听过的人，以及每个曾经存在的人，都在那里过完一生。这里集合了一切的欢喜与苦难，数千个自信的宗教、意识形态以及经济学说，每个猎人和搜寻者、每个英雄和懦夫、每个文明的创造者与毁灭者、每个国王与农夫、每对相恋中的年轻爱侣、每个充满希望的孩子、每对父母、每个发明家和探险家，每个教授道德的老师、每个贪污政客、每个超级巨星、每个至高无上的领袖、每个人类历史上的圣人与罪人，都住在这里——一粒悬浮在阳光下的微尘。

地球是这个浩瀚宇宙剧院里的一个小小舞台。想想从那些将领和帝王身上挥洒出的血汗，他们的光荣与胜利只为了让他们成为这一点上一小部分的短暂主宰。想想栖身在这点上一个角落的人正受着万般苦楚，而在几乎不能区分的同一点上的另外一个角落里亦同时栖身了另一批人。他们有多常发生误解？他们有多渴望杀死对方？他们的敌意有多强烈？

我们的装模作样，我们的自以为是，我们以为自己在宇宙里的位置有多优越的错觉，都被这暗淡的光点所挑战。我们的星球只是在这被漆黑包裹的宇宙里一颗孤单的微粒而已。我们是如此的不起眼——在这浩瀚之中，我们不会从任何地方得到提示去拯救我们自身。

……

一直有人说天文学是令人谦卑的，同时也是一种塑造性格的学问。对我来说，希望没有比这张从远处拍摄我们微小世界的照片更好的示范，去展示人类自大的愚蠢。对我来说，这强调了我们应该更加亲切和富有同情心地去对待身边的每一个人，同时更加保护和珍惜这暗淡蓝点，这个我们目前所知的唯一的家……

成熟度=对小概率事件的接受程度

我在监督儿子复习中文课时偶有所得：所谓成熟，就是能接受小概率事件。

他课文里有一句"冬天到，雪花飘"，但是他念错了，念成了"春天到，雪花飘"。我言下顿悟。

冬天下雪是标准模式，"冬天到，雪花飘"这一句不需要任何解释，放在小学一年级课文里非常合适。

可是来一句"春天到，雪花飘"，如果不是念错了，就可以肯定不是小学生课文，可能是某个给大人看的小说里的一句。因为春天虽然也可能下雪，但是这个事情在文学套路中有点不寻常。只有比较成熟的人才能接受不怎么寻常的事情而不需要特别说明。

一个单个的小概率事件发生的概率……很小；但是"任何小概率事件都不发生"的概率也很小。从数学上讲，就是尽管 p 是个小数，$(1-p)^N$ 在 N 足够大的情况下也是一个小数。也就是说，如果你活得足够长，经历足够多，就难免会遇到一些怪事。

所谓"见多识广""见怪不怪"，其实就是说这个人因为阅历丰富，不至于因为一些事情而大惊小怪，能够泰然处之。他看到那些事情在他眼前发生过，而天并没有塌下来，所以当他再次遇到类似的事情，就不会觉得特别不可接受。

他听说有人决定终生不婚，听说有人是同性恋，听说有人把好好的工作辞了，等等，都不会怀疑自己听错了，你不需要再给他解释一遍。

反过来说，如果有人遇到一点儿不寻常的事情就大惊小怪，那么他显然就是不成熟的。

所以，成熟度＝对小概率事件的接受程度。

从这个意义上讲，（严肃）文学作品总爱写一些不同寻常的人物和事情，这其实是帮着读者成熟。

我听说过一个研究，可以从另一个侧面定义人的"成熟"——因为经历得多，所以学会了从不同人的角度看问题。直接引用到这里。

研究发现阅读小说改善了移情能力

美国的一项研究发现，阅读小说能改善阅读者理解他人所思所感的能力。论文发表在上周出版的《科学》期刊上。研究人员将受试者分成几组，分别阅读不同的内容，分属通俗小说、严肃小说（Literary Fiction，指更趋向于严肃性的小说）和非虚构文学等类别。完成阅读之后，受试者参加了衡量理解他人思想和情感的能力的测试。研究人员发现，严肃小说和通俗小说对读者的影响存在显著差异。研究人员认为，阅读严肃小说能扩展我们对他人生活的了解，迫使我们同时从不同的角度感知世界，并帮助我们认识到我们与小说人物的相似性。所有这些特征都与心理学理论类似。

这个研究认为，阅读严肃小说可以让人学会从不同的角度感知世界。换句话说，就是你通过小说里的人物过了好几辈子，经历了你自己不可能经历的事情，现在你能设身处地地从别人的角度考虑问题了，你的认知能力当然提高了！

当然，这种成熟只是认知上的，不包括做事的手法熟练；但认知成熟是做事成熟的第一步。

那么，据此我们得到：

"经历让人成熟。"到底是个什么原理？有数学上的，也有心理学上的。

经历不够可以看小说，最好是既能反映真实世界又不按套路出牌的严肃小说。

◎ 科学家对诗人有失恭敬

在这篇文章里我要说一本讲西方古代科学史的书，这里面既没有近现代物理学明星们的龙争虎斗，也没有给我们中国人带来半点民族自豪感，无非是柏拉图有多厉害，亚里士多德在哪里又说错了之类的，谁想听这样的话题？所以，我不得不用了一个有点儿耸人听闻的标题。

但还是请给我几分钟时间。我要说的不是什么科学知识，而是思维方式。我们要对比一下古人——哪怕是古代那些名垂青史的伟人——跟现代科学家在思维方式上有什么不同，而且我们将会看到，可能绝大多数现代人仍然是古人那一套思维方式。

这本书是现在活着的物理学家中泰山北斗级别的人物斯蒂芬·温伯格（Steven Weinberg）几年前写的，叫作《给世界的答案：发现现代科学》（ *To Explain the World: The Discovery of Modern Science* ）。

温伯格是个物理学家，科学史只是他的一个业余爱好。别人写科学史，谈到古人搞出来的这些科学理论，一般都是赞叹的态度，或者至少也是尊敬的态度，把古人当成科学的祖师爷，其实就有点像哄小孩儿一样。可是温伯格这本书，一上来就把我看乐了。

温伯格说："我要用现代的标准评判过去。这是一部有失恭敬的历史……我会披露科学英雄未曾被历史学家提及的一些错误，甚至以此为乐。"

温伯格说，古希腊这些"科学"伟人跟今人相比，差的不仅仅是科学知识——他们根本不具备今天科学家的推理方式。

比如，古希腊有一位比柏拉图早200年的著名学者泰勒斯，他认为所有物质都由一个"单一物质本源"构成，这个物质本源就是水。

泰勒斯有个学生叫阿那克西曼德，他也同意存在一个单一物质本源，不过他认为这个本源不是水，而是一种跟任何普通材料都无关的东西，叫作"无限定"。

后来又有一个人，叫阿那克西米尼，认为物质的本源其实是空气。

后来又有一个人，叫色诺芬尼，认为物质的本源是土。

后来又有一个人，叫赫拉克利特，认为物质的本源是火。

最后又有一个人，叫恩培多克勒，把前人的理论给统一起来了，认为物质其实有四个本源，也就是我们今天都知道的，古希腊人认为物质是由四种元素——水、空气、土和火组成的。

所有这些人都把自己对物质本源的看法写在了自己的书里，供后人学习和发扬光大。这个传统非常好，很有学术味道……可是一个现代人阅读这些古人的著作的时候就不禁要问：

你有什么理由呢？

答案是没有理由。这些古代科学家的工作风格是想到什么东西就写什么东西，根本不在乎写得对不对，根本就不屑于跟你解释。

还有一个例子，就是我们现在熟知的"芝诺悖论"。芝诺说，一切运动都是不可能的。你想啊，一支箭在到达靶心之前必须得先通过全程的一半距离，然后它还必须通过剩下这段路程的一半，以此类推，既然任何距离都能被再分成一半，这个过程就可以无限继续下去，所以箭怎么可能到达靶心呢？

其实，今天我们学过极限知识的中学生都知道，芝诺说的其实就是无限级数求和，只不过他不知道，$1/2 + 1/4 + 1/8 + \cdots$ 并不等于无限大，而是等于1！

芝诺不懂这个数学知识，就敢说运动是不可能的。如果一个现代的中学生坐在芝诺的课堂上，一定会忍不住举手提问："芝诺老师，可是我们明明看见各种东西就在运动啊！"

芝诺老师根本就不会费神解释。对此，温伯格说，早期的希腊知识界存在一种"市侩主义"，不屑于理解表面现象。其实，芝诺老师还算好的，毕竟人家还给了几句推理说明，而泰勒斯等诸位老师，连最起码的说明都没给。

所以温伯格说，这些希腊先贤其实不是物理学家、不是科学家，甚至也不是哲学家——他们是诗人。他们根本就不是在思考客观真理，而是在写诗。

那么希腊人为什么要写这种诗歌呢？没事儿写写"关关雎鸠，在河之洲"不是更好？因为他们要追求美，而且还不是老百姓喜闻乐见的劳动妇女的青春美，而是一种特别高大上的美。

比如，我们知道古希腊有个毕达哥拉斯学派，证明了勾股定理。但很多人不知道的是，毕达哥拉斯学派其实是一个教派，而且戒律森严。这个学派对音乐很有研究，他们发现如果同时拨动两根琴弦，而这两根琴弦的长度之比正好是两个小整数之比的话，得到的声音特别好听。

这本来是个音乐或者数学规律，但毕达哥拉斯学派把这个知识给神圣化了。他们认为"整个天堂是一个音阶！"那么既然天堂跟整数有关，他们就开始崇拜整数。这直接导致当学派的一个成员发现$\sqrt{2}$不可能是两个整数之比的时候，他可能被学派给秘密处死了。

从泰勒斯写关于物质本源的诗句，到毕达哥拉斯学派崇拜整数，他们关心的根本不是我们生活的这个物质世界如何，而是精神世界如何。

他们想要证明的，是精神世界的美！即便到了后来的柏拉图和亚里士多德，他们对美的追求也远远胜过追求"真实"。他们往往想到一个什么漂亮理论信口就说，根本就没想过观察验证一下。

这就是古希腊学者与今天的科学家最本质的区别。

读这样的历史，有时候我们不免会对古人有一种巨大的心理优越感。重实验、讲证据，这是今天任何一个稍微受过一点科学训练的人必备的思维，可是古人没有！

但是我们可别盲目自大。我们今天的人也在犯两个类似的错误。第一，有些人跟毕达哥拉斯学派一样，对精神世界完美的追求，胜过重视事实。这个不必细说；第二，我们自己写个什么东西，也爱犯写诗的毛病。

我们的语文教育经常就是在潜移默化地告诉我们"美比真实重要"。哪怕是教你写说明文和议论文，有些老师告诉你的也是如何使用各种套路让你的文章"好看"，而很少涉及如何让文章"站得住脚"。

- 举三个例子。
- 来句名人名言。
- 大量使用比喻和类比。
- 用排比句加强气势。
- 动之以情。
- 结尾来个"正反合"，和和稀泥，不要让文章观点太偏激。

这些技巧，跟批判性思维一点儿关系都没有。学生根本不懂逻辑，老师不研究怎么让理论严谨，评卷者也不在乎你说的结论对不对。你有"文采"就行。

我们学《六国论》《过秦论》，专注于其中有什么文采佳句，可是又有多少人思考过，这两篇文章到底有多少道理？也许一个现代历史学家就有非常不一样的看法。

我们今天看各种讲辩论技巧的文章，不也是如此吗？没人在乎对错，人们在乎的是"怎么让我看上去是对的，并且说服别人"。

结果就是中文世界里有太多感情充沛、气势磅礴，而又言之无物的东西。

学写诗可以。你能打动别人、说服别人，的确是个本事。但是，我们周围的人写的文章中诗歌实在太多，看的时候必须得多个心眼儿：别被套路迷惑，至少得知道那是诗。

◎ 平庸公司的厚黑学

在这个时代，各种研究企业管理、商业模式、创新之道的书和文章实在是非常多，大概每个人都能说出几个思想和套路来；但我突然想到，我们平时大量阅读和谈论的这些东西其实有个系统偏见——我们过分关注了成功和高调创新的公司。

左手谷歌右手Facebook，内有马云外有马斯克，这些公司、书和理论当然都是极好的，但我们可能忽略了一点：这些都是在全世界范围内非常罕见、极其特殊的公司。有句俏皮话说，现代心理学理论应该都叫"大学生心理学"，因为研究人员用的受试者一般都是在校大学生。那么根据这句话的精神，我们是否应该把市场上大部分讲管理学的书称为"硅谷管理学"，因为它们研究的其实都是硅谷式的创新型公司。

世界上的绝大多数公司，并不是像谷歌和Facebook那样运营的。

那些普通的、平庸的，没有什么成功经验值得写，没有青年偶像式的CEO，甚至可能患有大企业病的公司是怎么运营的呢？在这样的公司或者组织里工作是一种怎样的体验？

*Aeon*杂志上有一篇新文章，作者是伦敦城市大学组织行为学教授安德烈·斯派塞（André Spicer），他研究的就是这个问题。这篇文章的标题是《愚蠢化：为什么组织会供奉愚蠢和奖励雇员不带脑子》（*Stupefied: How organisations enshrine collective stupidity and employees are rewarded for* *checking their brains at the office door*）。

他给的答案是，平庸的组织，是靠愚蠢运营的。

这句话听着挺极端，但他给了很好的解释，说明为什么你必须愚蠢——实际上是必须假装愚蠢——才能在平庸的组织里很好地生存下去。具体来说，组织的愚蠢化来自五个方面。

1. 流程和条例

比如，你是一个刚从名校毕业的大学生，踌躇满志地加入一家很有名气的咨询公司，你的第一个任务是深入到客户公司中去，帮客户找出问题，提出解决方案。

如果你真的发现了客户公司业务的三个重大缺陷，还兴冲冲地提出了一揽子解决方案，你根本就没上道。

你的公司为客户服务的商业模式早就有固定流程了。可能客户想要的只不过是一份漂亮的PPT而已。你要做的就是在自己公司内网上，找些现成的套路，把这份PPT给做出来，给人制造一个专业的印象。如果你真想在流程之外发挥自己的聪明才智，还提出人家"致命"的问题，客户可能反而非常不高兴——客户花钱购买咨询服务，不是为了听你一个新人指点江山。

大组织都是靠成熟的流程和条例运行的。一个医生做的大部分工作，就是在清单的一个个选项框上打钩而已！按条例走，能确保工作顺利完成，能确保谁来了都能提供同样质量的服务。

更有甚者，大组织的"动脑时刻"，就是着手制定新条例的时刻，而不是解决新问题的时刻。新条例定下来了，人们就假装问题已经解决了。

2. 领导力

"领导力"这个词现在已经泛滥了。领导们读各种书、上各种培训班去提高自己的领导力。据统计，美国企业每年要花费140亿美元来提升领导力，而结果是……几乎没有任何效果。

说句大实话：在知识密集型的组织里，雇员其实都是自我激励的，根本不需要上面给来个什么领导力！大部分所谓领导，每天干的事情其实就是开会、填表和传递信息。作者说，有个公司的领导张口闭口都是领导力，宣称自己是个开放型的领导。然后他就问这个公司的雇员，你们领导都干啥了？

雇员说，他每天早上请我们吃早餐，每年还给我们搞一次啤酒品尝会。

3. 换品牌

前几年中国大学有个改名潮，各种农机学院、纺织学院纷纷变身为"科技大学"，这个动作，就是改变品牌。对公司来说，这个做法也是屡见不鲜。换个品牌，同时再换一个更漂亮的logo，表示革新的态度……而实际上，真正更新了的也就是品牌和logo了。

很多企业家爱说，品牌就是自己公司的形象和生命！但是如果你私下问他，你们卖牙膏的，到底怎么卖才能卖得好呢？他如果老老实实告诉你，那就是"关键在于促销。没人对牙膏感兴趣，什么时候搞促销活动什么时候就卖得好"。

4. 模仿

企业家追起星来，跟女中学生追逐名牌没什么区别。昨天马云又说什么了？谷歌又搞了个什么新管理理念？甭管是大数据还是专注力，咱公司也上！

这种刻意的跟风，往往不起什么作用。比如，现在美国特别流行的一个企业理念叫作"多样性"，也就是说，公司的雇员绝对不能全是白人男性，最好各种族、各年龄段、各种宗教信仰、男女都有。这个理念背后的理论支持是"三个臭皮匠赛过诸葛亮"，人员越多样化，公司的决策就越科学，而且这在政治上还特别正确！

但是，有一项针对石油和天然气公司的研究表明，多样性根本没有带来什么正面效果，甚至都没有让这些公司的员工变得更宽容。

5. 企业文化

有个高科技公司的企业文化是"改变"，每隔几年就要搞一次大变革，结果什么有意义的效果都没有。人们根本不知道为什么要改变，别的公司变革的逻辑是什么，反正既然现在又有新的东西了，我们公司也得变。

有个公司的企业文化是"正能量"，公司上下牢记的口号是："我们不要问题，我们只要解决！"结果没人敢提问题，没人敢说实话，上上下下刻意维持一团和气。外人观察之后的评价：这不是一个公司，这是一个宗教。

那么，为什么这些组织和个人会愚蠢到容忍自己被"愚蠢化"呢？作者提出，这是因为从短期利益来讲，愚蠢是有好处的。按流程做了，就不会有人找我麻烦；大谈领导力口号，我就容易获得提拔；模仿谷歌，外界就会把我们当成世界级的创新型公司；推出新品牌，领导层不用痛苦地变革就能给公司一个新形象；强调企业文化，员工的忠诚度就能提升。

愚蠢化的真正问题在于长期。iPhone手机2006年就出来了，天大的威胁就在眼前，而诺基亚公司，2007—2013年整个高层强调的企业文化是什么呢？是正能量！高层听不得坏消息，底层就只汇报好消息，结果公司一步步走向深渊。

如果不幸身处一个平庸的、愚蠢化了的组织，我们应该怎么办呢？作者提出了6条建议，在我这个中国人看来，简直深得厚黑学的精髓。他的6条建议，我看可以重新排列一下，分为4个普通厚黑功夫和2个高级厚黑功夫。

普通厚黑功夫，可以保证你的生存：

（1）领导让干啥就干啥，出错也是领导的错。

（2）别人做什么你就做什么。竞争对手开始学谷歌了吗？咱也学谷歌！错了难道还能是我的责任？

（3）用各种专业术语把别人搞晕，这样你就不用真干事儿了。

（4）如果你要做一件没有把握的事儿，担心可能要出错，你要事先告诉所有同事，你这么做纯粹是为了多挣钱。这样万一事实证明这个做法是错的，你也可以说这是因为公司的激励制度有问题，而不是你的智商有问题。

高级厚黑功夫，可以给你带来升职的机会：

（1）见好就收。愚蠢的做法在短期往往是有好处的，这个项目的好处一出来，你就赶紧拿功劳走人，将来出了毛病也找不到你。

（2）少下功夫干活，多下功夫做PPT。表现得漂亮比把事儿做对更重要。也许你的PPT里有很多错误的东西，但这没关系，万一出了问题就说领导当时没有仔细看我的PPT——其实领导根本记不住你的PPT里有什么。

组织愚蠢化，可不是什么心理学问题或者行为经济学问题。不是因为领导愚蠢，才让组织愚蠢化。愚蠢化往往是有意为之的！因为愚蠢化能带来短期的好处。

你可能会问，为什么这些愚蠢化了的组织还能在市场中长期生存？我觉得答案是，市场竞争其实没有读书人想象得那么激烈——用经济学的话说，就是市场的效率没有那么高。

创立初期的公司，什么资源都要自己争取，品牌、商业模式和客户关系要慢慢建立，那是绝对不可能靠愚蠢运行的。一旦这些东西已经建立起来了，一套成熟的制度就是让公司持续赚钱的保障。这个工作方法已经被证明是好使的，客户已经接受了，为什么不把它变成流程呢？江山已经打下来了，不需要什么特别高明的领导就能让公司平稳运行，何必计较什么是真正的领导力？

如果不出事儿，大部分公司就能这么一直生存下去。刚招进来的年轻人如果不服这一套，非得按自己的想法做事，对公司的效率反而是个威胁。

打普通的仗根本不需要特别聪明的士兵，你保持队形就行了。愚蠢化，恰恰是效率的保障。

直到遇到危机为止。

这是对真实世界的一个认识。

◎ 跟《冰雪奇缘》学创造力魔法

　　《纽约时报》的记者查尔斯·都希格（Charles Duhigg）写了一本书，书名是《更聪明更快更好：在商业和生活中获得高生产率的秘密》（*Smarter Faster Better: The Secrets of Being Productive in Life and Business*）。

　　他写此书的初衷是想了解当今各行业的牛人是怎么拥有那么高的生产率的，他为此采访了很多人，这些人给了他各种说法，可以说非常混乱。

　　书中有一个内容价值极高。作者采访了前几年非常成功的一部动画片——迪士尼《冰雪奇缘》——的全体剧本创作人员，而且还与他们进行了特别深入的交流。从《冰雪奇缘》的剧本创作过程中，我们能学到很多很多。

　　影片最初设定的剧情是这样的：

　　童话王国中的一对公主姐妹，姐姐艾尔莎有制造冰雪的超能力，但是她无法控制，所以其实是个毛病，她因此失去了王位继承权。妹妹安娜是个典型的好姑娘，获得继承权的同时还即将跟英俊的王子结婚……

　　姐姐深感嫉妒，最终在妹妹婚礼的当天发动冰雪攻击……

　　妹妹被击中，心脏渐冻，只有王子的真爱之吻才能救她……

　　姐姐制造出来的雪怪失控了，姐妹俩必须联手……

　　你觉得这个剧情如何。好莱坞有个好习惯，大片正式推出之前要先拍个简单的样片，内部试映一下看看反响。结果反响都很差。而这时候，距离公布的正式上映日期还有18个月。

关键问题是没人喜欢这两个角色——妹妹太乖，姐姐太邪恶。嫉妒和报复，这样的情节很难讨好观众。而且姐姐一言不合就搞这么大的动作，似乎也不太真实。以两姐妹作为主角，以及无法控制的超能力，都是非常新颖的设定，应该有很好的发挥，可是现在这个剧情没有灵魂！

现在的影视剧通常都是由一个团队的编剧集体创作的，这样设计人物、剧情、对话可以发挥个人的特长，跟传统上一个人写剧本的做法很不一样。《冰雪奇缘》的编剧团队陷入了困境。

接下来的事情，就成了"怎么发挥创造力"的一个经典案例。都希格总结说，我们至少可以从中学到有关创造过程的三个教训。

1. 压力

可能有人觉得时间紧、压力大的局面会扼杀创造力，但有时候正因为这样，人们才能更清楚地看到最本质的东西。

编剧们自己对剧情也很不满意。有个编剧就说他非常不喜欢王子吻醒公主的这个老套剧情——现在都什么年代了，女孩应该自救！

还是制片人说了一句话。他说咱们能不能先别说你不喜欢的部分，咱们先把这个电影中你内心深处最喜欢的设定列出来，你最想在这部片子里看到什么？

这正是迪士尼电影能打动人的秘诀——它总是要求创作者深挖自己的内心，一直挖到最后，其实是创作者把自己心中某个真实的部分展现给了观众。

有一个叫李的女编剧说，我小时候经常跟我姐姐打架，长大以后我们就分开了。可是有一次我遇到不幸，我姐姐第一时间过来安慰我。想起姐姐，这就是我加入剧组的原因。编剧们最后认定，以姐妹俩为主人公，她们长大以后疏远了，然后又团聚，这个设定必须保留。

但是问题来了，剧情要想好看，姐妹俩之间必须要有张力。可是，如果有张力的话，似乎就得安排一个扮演好人一个扮演坏人，但那样一来，观众就不可能同时喜欢姐妹俩！这个矛盾怎么解决呢？

李说，我非常不喜欢姐妹俩一好一坏这个设定，根本不真实！真实的姐妹就算分开了也不是因为谁是坏人，而且最后她们总能发现自己其实是需要对方的。

好吧，必须是一对好姐妹。可是，剧情的张力从哪里来呢？

心理学家把这种重压之下进行的创造，叫作"绝望创造"（creative desperation）；而且心理学家发现，在绝望的时候，人们常常能从自身的经历中获得启发，把个人的素材和新的内容连接起来，产生一个特别有意思的创造。

2. 人生经历的价值

负责给这部电影写歌曲的是一对夫妻，鲍勃·洛佩斯和克里斯汀·安德森-洛佩斯。这两人已经被剧情折腾疯了，实在无法给一个坏的姐姐写首好歌。

有一次两人在公园散步，鲍勃突然对克里斯汀说，如果你是艾尔莎，你会是什么感受？

克里斯汀就想到了自己的经历。作为事业心很强的夫妻，两人在照顾孩子方面不太细心，有时候给孩子吃冰激凌——在美国的社会氛围内，这是不负责任的做法，因为冰激凌是不健康的食品。有一次他们在饭馆吃饭，还允许孩子一边吃饭一边玩iPad。周围别的家长都用异样的眼神看着克里斯汀，也就是所谓的被人给judge了。

克里斯汀心想，我既想当个好妈妈、好妻子，也想有自己的事业，写好的歌曲，这难道错了吗？我不管怎么努力，你们还是会judge我的，我没有必要为此道歉！

克里斯汀当即就说，也许艾尔莎根本就不是坏人！她一直都在努力做个好姐姐，可是没有用，别人还是会judge她！人们惩罚她，仅仅是因为她是她自己！她被逼到一定的程度，唯一的出路就是根本不在乎别人怎么看，随它去！Let it go！

鲍勃一听，你这个感觉太对了！两人马上想到，歌曲的开头应该是典型的女孩童话，中间是艾尔莎面对压力，一直想做一个符合别人预期的好女孩，后面是艾尔莎终于想通了，Let it go！这个心理转变使她从女孩变成了女人。

克里斯汀就在公园里把这首歌唱出来了，鲍勃用手机录下来，两人回到家里连夜编曲，发电子邮件给剧组。

全体编剧听了这首歌。迪士尼高层当场拍板：这首歌就是主题曲，这首歌就是整个电影的主题。

3. 扰动

所有编剧都喜欢这个主题，现在两姐妹都是好人，观众都喜欢，而且还产生了张力。一通百通！整个影片2/3的剧情很快就被确定下来了。

但是编辑团队又有了一个新的麻烦：他们不知道结尾怎么写。

事后分析，团队当时大概陷入了"当局者迷"的状态——用好莱坞的语言说，这叫作"spinning"（围绕一个东西旋转）。也就是说，编剧们对目前的剧情设定非常满意，他们都沉浸在这个设定之中，没有灵活性，也没有办法从新的角度去考虑问题。

这时，迪士尼高层使出了看似很不起眼的一招——他们把前面说的那个叫李的女编剧提拔为这个电影的副导演，并且给了她对剧本最后拍板的权力。

此书作者都希格说，这个办法其实就是对系统的一个外来扰动。生物学家很早就知道，如果一个生态系统长期没有外来扰动，其中一个物种就会一家独大，整个系统就会毫无生气。这时候如果突然来一个不大不小的外来扰动，打破原有的平衡，系统往往能爆发出很大的创造性，也就是说不同的物种都能够活跃起来。

人还是这个人，但扰动之后角色不同，李现在能从全局的角度考虑剧情了。

很快，李提出了一个非常有大局观的想法：这部电影的主题应该是"爱与恐惧"。妹妹代表爱，姐姐代表恐惧。姐姐在片中的心灵之旅是战胜对自己超能力的恐惧，妹妹的心灵之旅则是理解什么是真正的爱。

王子对妹妹不是真爱！因为真爱意味着牺牲，没有牺牲的爱纯属自恋。那么影片结局就必须是妹妹通过牺牲自己去救姐姐，才理解了真爱，而这个真爱也救了她自己！

这才有了我们最后看到的电影结局：王子用剑砍向姐姐，妹妹在自己即将完全冰冻的一刹那，替姐姐挡住了剑锋。

这是一部充满迪士尼元素，而又特别与众不同的电影。主人公是两个公主，但王子居然是坏人；公主不是王子救的，而是自救的；救下她们的不是一开始就有的真爱，而是因为救这个动作，才让真爱展现出来。

都希格说，创造力可能很难捉摸，但创造的过程是可以总结和模仿的。《冰雪奇缘》的剧本创作过程其实就是一个解决问题的过程：你先想好自己想要什么，然后再解决怎么得到这些。

对有志于创造内容的人来说，从这个故事里可以学的东西实在太多了，但我最想说的是迪士尼的创作态度。

现在中国电影从票房到投资，可能都不逊色于好莱坞，可是为什么有些国产电影的剧情看着那么愚蠢、那么虚假呢？我们在特效技术之类的硬件方面投入很多，而在编剧这个环节上，是不是比人家落后很远呢？

你到底想呈现一个什么故事？我们的编剧曾经有过这种内心追问吗？

有三个激发创造力的办法：

（1）把你最想要的东西列出来，用解决问题的思维，想想怎么实现它。

（2）个人的经历往往是创作的源泉。你要做的是把自己投入过情感的经历与新的东西连接起来，这就是创作。

（3）旁观者清。陷入一种情境不能自拔的时候，主动换一个视角。

但更重要的教训是这个：只有对内心追问到迪士尼编剧们这样的程度，让自己信服，才能让观众信服。

自己感动过的，才能让观众感动。

Let it go，你得先有过这样的情绪，它才是一个立得住的、撑得起整部电影的主题情绪。

◎ 一个神人的世界观

我一直觉得，如果你计较的是思想，那么我们这个真实世界和武侠世界、魔法世界其实差不多。这个世界里不但有普通人和牛人，还存在神人——类似仙侠世界里传说级的人物。其中不但有科学家、哲学家，还有实干家。他们并不追逐权力，没有狂热的粉丝，可是他们的思想却照耀着人类历史。

未必所有人都支持这个说法，但以我之见，斯蒂芬·沃尔夫勒姆（Stephen Wolfram）大概就是一位神人级别的人物。我们都是通过Mathematica软件知道他的。我们知道，沃尔夫勒姆从小就是个神童，20岁就在加州理工学院拿到了理论物理博士学位并且获得任教资格，在物理上取得了相当高的成就之后转而研究复杂性理论，27岁开发出Mathematica软件，并创立了斯蒂芬·沃尔夫勒姆公司。

可是，如果你说他是一个弃学从商的成功的"创业者"，那你就太低估沃尔夫勒姆了。沃尔夫勒姆自始至终都在追求人类的最高智慧。

沃尔夫勒姆自诩，他目前为止的成就有三个。

第一是Mathematica软件。我在大学第一次用Mathematica的时候都惊呆了——这不是一个传统的"编程"语言，这是一个"符号计算系统"，它可以像人一样计算积分和推导方程！……如今的Mathematica已经到了深不可测的地步。

第二是开发了Wolfram|Alpha，这是一个"人类知识搜索引擎"。

Google是搜索网页，而这个引擎搜索的是事先封装好的、标准化的知识。比如，苹果手机助手Siri背后的知识库，就是由Wolfram|Alpha支持的。

第三是写了一本书《一种新科学》（*A New Kind of Science*，简称NKS）。这本书争议极大，其中的思想，就是我们今天要谈论的主题。

不过我要说的不是《一种新科学》，而是一本非技术性的小书，《计算与人类状况的未来》（*Computation and the Future of the Human Condition*）。这本书其实是沃尔夫勒姆2010年在哈佛大学讲座的一个内容整理，可以直接在他的网站（www.stephenwolfram.com）上看到。

沃尔夫勒姆讲了一个概念，并由此对人类未来做出了两个论断。

概念：不可约化的复杂

想要完全理解沃尔夫勒姆思想的技术细节，对一般人来说可能比较困难；但想要知道它大概是什么意思，还是比较容易做到的。

我们先从一个特别简单的游戏开始。

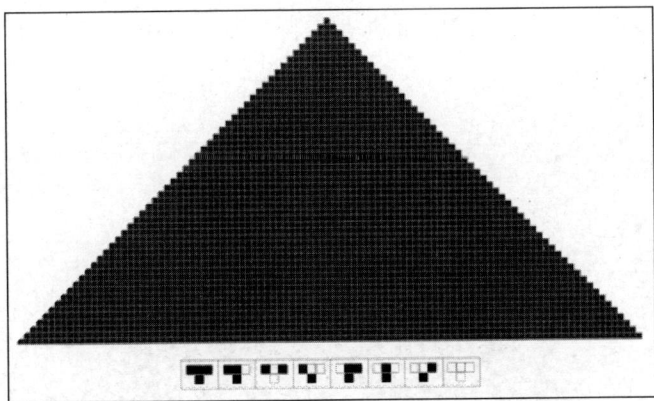

上面这张图叫"元胞自动机"，非常简单，值得你花点儿工夫体会一下。

从上往下看，你可以看到图中有很多小格子。最上面的一行只有一个黑点。往下每一行，每个格子是黑是白，由它头顶上三个格子的颜色决定。具体的规则一共有八条，都列在图的下面。

比如说，如果上方三个都是黑格，那么这一格子就是黑格；如果上方三个格子是黑—黑—白，接下来依然是黑格；如果是黑—白—黑，接下来是白格，以此类推。

这样按照规则一行一行地画满整个画面，你就会得到一个三角形的图案。这个规则非常简单，产生的图案也不复杂。

但如果对规则稍加变动，你就会得到非常不一样的图形。如下图所示，图中的三角形有大有小，层层嵌套，非常有趣。但这也是简单规则所产生的简单图形，有一定的结构，但不复杂。

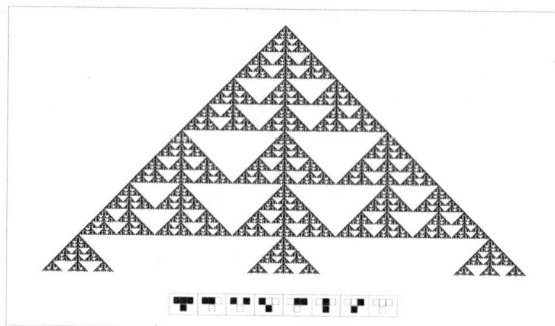

接下来我们看第三张图，依然是看似平常的八条规则，但所产生的图形就变得非常奇怪！

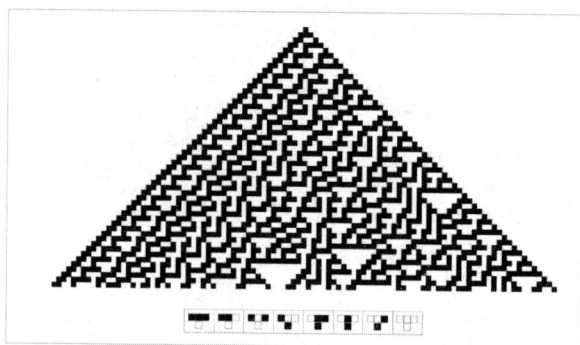

这张图看似有规律，但并不整齐，总会打破规律。如果你认为它没有规律也不太对，它并不是完全杂乱无章的，仍然具备某种结构。我们把这张图继续往下推演，从大尺度上看看。

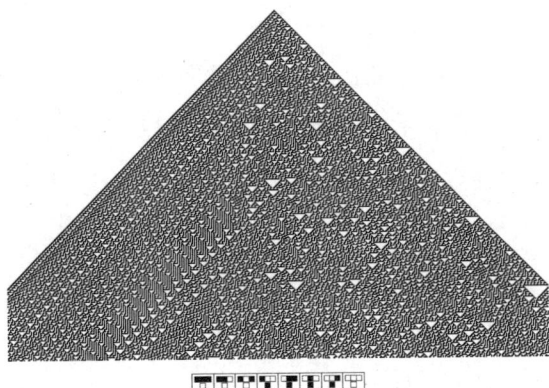

　　最左侧的结构是简单的，越往右越复杂，有很多三角形的图案，可是这些图案的出现也没有固定的规律。

　　这个图，才是真正意义上的"复杂"。

　　产生这张图的规则，被沃尔夫勒姆命名为"第30号规则"。沃尔夫勒姆甚至说，这个"第30号规则"，就是他本人迄今为止最大的发现！

　　一套特别简单的规则，居然演化出了一个特别复杂的结果。

　　而且沃尔夫勒姆说，这个结果的"复杂"，跟你用任何一套复杂规则所产生的复杂结果的"复杂"，是一样的"复杂"。

　　这就是他的《一种新科学》这本书的核心思想：计算等效原理（Principle of Computational Equivalence）。

　　这一原理说，像前面那些简单程序得到的是简单结果，但只要结果超过了一个很小的界限，所有的程序，不管有多复杂，最后得到的结果都是同等的复杂，并不能说哪个更复杂。

　　说白了，我们可以得出一个非常有意思的结论：即使再先进的事物，它的复杂度和我们刚刚看到的图形的复杂度，其实也是一样的。

　　据此，沃尔夫勒姆就得到了几个非常重要甚至能让人震惊的思想。

　　计算不可约性（Computational Irreducible），即真正复杂的东西是无法进行简化的。这就导致一个问题：没有哪个复杂系统是可预测的！

　　比如，你要预测一个什么系统，其实你有一个潜在的假设，就是你认为自己有一个比这个系统更复杂的工具。所以在面对复杂系统时，我们都是把它简化成一个简单的模型，然后用超出这个简单模型的演化速度的计算速度去预测这个模型的未来，并以此预测原来那个复杂系统的未来。

比如预测天气，你得先把自然系统的风云运动简化，然后计算这个简化的模型。如果你计算这个简化模型的速度比天气实际演化的速度快，才是真正的预测。

可是如果这个系统本身是不可简化的——计算不可约，你就无法预测它，唯一的办法是只能坐等系统自身演化！

比如，你要问我第30号规则产生的那个图形的第10万行上都有什么，我就没有任何捷径可走，只能老老实实地把图形画到第10万行。

沃尔夫勒姆说，一切真正的复杂系统其实都是计算不可约的，也就是不可预测的。这就很有意思了——人类历史就是计算不可约的复杂！也正因为此，我们现在所干的一切事情才有成就感，我们才谈得上自由意志，否则如果做什么事别人早就预测好了，我们再演一遍还有什么意思？

这里要附带说明一下，关于"计算不可约性"和"计算等效原理"，现在有人认为，在沃尔夫勒姆之前就有人得出过类似的结论，所以沃尔夫勒姆的主要成就是实践上的，而不是计算理论上的……我对这个官司没有发言权，先不去管它。

不论如何，从这个原理出发，沃尔夫勒姆对人类未来有两个判断。

技术进步的终极方法

传统上，我们技术进步的方法都是迭代，比如这一代iPhone什么样，一年后有了新的技术突破，你就可以再改进一下……所有新技术都是在原有技术的基础之上演化出来的。

这个过程跟生物进化非常类似。所谓的创新，其实就是模仿和融合，也可以说新技术是老技术杂交生育的结果。

可是沃尔夫勒姆提出，所有的技术都只不过是算法，而这些算法的复杂程度其实都是一样的，并不存在谁比谁"高级"，那我们就没有必要再等着迭代去获得新技术了。

所有的可能算法，在数学上，组成了一个"算法宇宙"。我们直接从算法宇宙里找到各种算法拿来用就是了！一步到位，无须逐步改进。

也许其中有好多算法都是特别简单的规则，但是能产生同样复杂的效果，同样有用。

沃尔夫勒姆，他的NKS这个事业，就是从算法宇宙里直接找算法来为人所用的。

比如前面说的"第30号规则"，看似没什么用，可它现在就是Mathematica软件中的随机数产生器核心算法。

而且，Mathematica软件中有很多算法都是从算法宇宙里直接找出来用的。这些算法包括函数计算、数据处理、图像处理，都不是人为设计的。包括Wolfram|Alpha知识搜索引擎中的一些语义分析算法和数据可视化算法，甚至包括一个计算机自动根据不同风格创作音乐的算法，都是如此。

人类想要理解这些算法为什么好用，非常困难。但现在，Wolfram的工程师们却把这些算法找到了，还用上了。

将来人类一旦可以大规模地从算法宇宙中选择各种算法来用，那我们岂不是在短期内就能一步到位地得到各种技术，而不用等着缓慢改进了吗？这不就是技术进步的终极方法吗？

这就引出了一个哲学问题。

未来人眼中的历史

到了人可以随意选择各种技术为我所用的时候，人会选择哪些技术呢？人想用这些技术干什么呢？

第一步肯定是要解决生存问题。可是在沃尔夫勒姆看来，所谓生存，或者说生命，乃至"智能"，其实都没有一个客观抽象的判断标准，都是历史的产物。

我们认为生命就是由DNA和RNA这些东西构成的，但也许宇宙中就存在一种生命形态并不是由这些东西构成的。我们对智能的定义，也仅仅是站在人类角度上的"智能"，也许存在一种事物，它的"智能"是人类无法理解的，但是同样"复杂"。

计算不可约性，其实揭示了自然界一个最大的秘密：在一定的复杂程度之上，所有的复杂都是等价的。人类的生命和智能，实际上和自然界的一阵风、一堆原子的复杂度是同等的！

从抽象的角度来看，我们并不能认为哪个事物一定比另一个事物更加高级。比如，你观测到一个电磁信号，你能判断它是天然的还是外星人故意发给我们的吗？从本质上来说不能。

天然的信号，比如脉冲星的信号，也可以很有规律。人为的信号，也可以看上去很随机，比如，现在的手机信号就被压缩到几乎是随机信号的程度了。

所有的复杂都是等价的。如果我们用一组数字信息代表所有的人类行为，一组数字信息代表某个外星文明的行为，一组数字信息代表一盒子空气分子的行为，那么沃尔夫勒姆说，从抽象的学术角度来看，你根本无法判断哪组信息更高级。

这听起来非常抽象，我编个故事你就明白了。有个人，从小在农村长大，身上有随地吐痰和吃饭发出很大响声之类的小毛病。但是，他聪明而且勤奋，一番拼搏之后成为百万富翁，并且跻身上流社会。他认为自己身上的小毛病都是历史的产物，需要加以改正，力争成为一个真正的现代人。于是，现在的他非常懂得社交礼仪，还对红酒很有品位。

有一天，他遇见了一位禅师，就问禅师："现在的我已经不再是过去那个农村的穷小孩了，我改掉了历史在我身上留下的痕迹，我已经是上层社会的一员，我是不是更像个纯粹的人了？"

禅师回答："你所说的上层社会的习惯，吃西餐和喝红酒的礼仪，其实是欧洲历史的产物，你并没有摆脱历史，你只是换了一种历史而已。"

沃尔夫勒姆说，排除历史的因素，人类文明并不比一袋空气更高级。

这就引出了一个结论：指引我们行动方向的——我们的目的和价值

观——恰恰是我们的历史包袱。

现在，人类的行为在很大程度上是以生存为目的的——想要战胜疾病，繁衍后代，住更大的房子，开更好的汽车，享受更优越的生活。但如果将来技术迅速进步，人类长生不老，这些欲望都能得到满足，你不必再繁衍后代，房子车子的意义也荡然无存，并实现了最大限度的自由，那么人类生活的目的何在？

你看着算法宇宙中的各种算法，就如同一个已经没有欲望的神仙看着自己法宝库里的一大堆法宝一样，他要这些法宝还有什么用呢？他选择用哪个法宝，又有什么标准呢？

沃尔夫勒姆说，到那个时候，人类就只能从历史中寻找意义了。

当限制彻底不存在以后，你再回想起过去有限制条件的历史时，可能会羡慕当初那种还需要为生计奔波、被生理条件限制的生活，你甚至可能想要模仿他们的生活。

就好像现在有的人会重走一遍自己父母当初走过的路，体验父辈的生活。他也许会问：今天的我是从哪里来的？我要以家族的历史为荣。

作为一个未来人，你也许会特别沉迷于回望历史。

而回望历史，人们能回到的最佳时代，就是21世纪的今天。在此之前的生活并没有很好的历史记录，而再往未来，人类的限制会更少，没有限制的生活也了无乐趣。只有我们所处的这个时代，才同时具备详细记录和生存限制。

我们是人类历史中极为特殊的一代。

沃尔夫勒姆说，我们这代人的使命，除了为将来人类的技术进步做铺垫，还有一点，就是记录下此时的生活，为将来人类体验受限制的生活提供示范。

你想想看，我们今天这个时代是一个充满目的的时代，每个人都很有干劲儿。未来的人类将会羡慕今天这种充满限制但同时又很有目标的生活！所以，我们应该通过多种途径记录自己的生活，比如发朋友圈，写文章，拍视频，让未来的人在回望历史的时候能够有充分的数据。